EU TE AMO, mas
não estou apaixonado
por você

Andrew G. Marshall

EU TE AMO, mas não estou apaixonado por você

Tradução
Débora Guimarães Isidoro

CIP-BRASIL. CATALOGAÇÃO-NA-FONTE
SINDICATO NACIONAL DOS EDITORES DE LIVROS, RJ.

M328e Marshall, Andrew G.
Eu te amo, mas não estou apaixonado por você / Andrew G. Marshall ;
tradução Débora Guimarães Isidoro. - Rio de Janeiro : Best Seller, 2008.

Tradução de: I love you but I'm not in love with you
Apêndice
ISBN 978-85-7684-154-8

1. Relações homem-mulher. 2. Amor. 3. Comunicação interpessoal. 5.
Relações humanas. I. Título.

08-4308

CDD: 646.77
CDU: 392.6

Título original norte-americano
I LOVE YOU BUT I'M NOT IN LOVE WITH YOU
Copyright © 2006 BY Andrew G. Marshall
Copyright da tradução © 2006 by Editora Best Seller Ltda.

Publicado mediante acordo com Warner Books, Inc.,
New York, New York, USA.

Capa: Sense Design
Editoração eletrônica: Abreu's System

Todos os direitos reservados. Proibida a reprodução,
no todo ou em parte, sem autorização prévia por escrito
da editora, sejam quais forem os meios empregados.

Direitos exclusivos de publicação em língua portuguesa
para o Brasil adquiridos pela
EDITORA BEST SELLER LTDA.
Rua Argentina, 171, parte, São Cristóvão
Rio de Janeiro, RJ – 20921-380
que se reserva a propriedade literária desta tradução

Impresso no Brasil

ISBN 978-85-7684-154-8

PEDIDOS PELO REEMBOLSO POSTAL
Caixa Postal 23.052
Rio de Janeiro, RJ – 20922-970

Para Polly Vernon e Ed Jaspers

Agradeço por me terem ajudado a fazer este livro decolar

Agradecimentos

Obrigado pela ajuda, pelo apoio e pelos conselhos que tornaram este livro possível: Rosemary Davidson, Mary Davis, Kate Bland, Emily Sweet, Ignacio Joaquin, Chris Taylor, Gail Louw, Jamie Mackay, Sue Quinn, Patrick Walsh, Alan Oliver, Alexandra Pringle, Ruth Logan, Isabella Pereira, Victoria Millar, Lucy Howkins, Jessica Clark, Rosalind Lowe, Nan Parry, Tessa Hilton e Rachel Calder.

Sumário

Introdução   11

Os sete passos para devolver a paixão ao seu relacionamento

Passo 1: *Compreender*   19
    1. Afinal, o que é "amor"?   21
    2. Os seis estágios do relacionamento   39

Passo 2: *Discutir*   59
    3. Por que discutir é bom para o relacionamento?   61
    4. Ter o tipo de discussão que resolve problemas   75

Passo 3: *Direcionar*   93
    5. Vocês dois falam a mesma língua?   95

Passo 4: *Brincar*   111
    6. Como promover intimidade verdadeira?   113

Passo 5: *Assumir a responsabilidade*   127
    7. Identidade: Amar você me impede de ser
      eu mesmo?   129
    8. É o relacionamento ou outra coisa?   147

Passo 6: *Dar*   167
    9. A Teoria dos Pontos de Desequilíbrio   169

Passo 7: *Aprender* — 183
  10. As seis habilidades especiais de casais
      bem-sucedidos — 185

Se seu relacionamento chegou a um ponto crítico
  11. Ter a conversa "Eu amo você, mas"/Ouvir a
      confissão "Eu amo você, mas" — 197
  12. Lidar com o cotidiano — 212
  13. Culpa — 226

Depois da crise
  14. Como formar o elo novamente — 239
  15. Se o pior acontece: entender o fim — 255
  16. Como voltar a voar alto — 264

Finalmente... — 275

Apêndice — 277

Nota sobre o autor — 279

Introdução

Há cinco anos, outro casal se apresentava em meu consultório depois de um dos parceiros ter confessado, "Eu te amo, mas não estou apaixonado por você". No início, eu me surpreendi; a frase parecia adequada a uma personagem de comédia de costumes. No entanto, pessoas reais a usavam para descrever algo profundo que acontecia em seus relacionamentos. Como alguém podia amar, mas não estar apaixonado?

Esses casais descreviam os parceiros como melhor amigo, ou contavam que o relacionamento era mais parecido com o que se tem com um irmão, exceto pela presença da prática sexual na maioria deles. Em essência, a parceria passara a ser definida mais pelo companheirismo do que pela paixão, e isso não era mais suficiente. Com o tempo, mais e mais casais apresentavam a mesma queixa. Nem todos usavam espontaneamente a frase "Eu te amo, mas não estou apaixonado por você", mas todos reconheciam os sentimentos. Para eles, o dilema era especialmente doloroso: o parceiro cuja paixão havia desaparecido ainda gostava muito do outro, e certamente não desejava magoá-lo, mas queria terminar o relacionamento.

Um casal típico foi Nick, um gerente de vendas de 42 anos, e Anna, professora de 39 anos. Nick e Anna eram casados há 15 anos e, apesar de algumas dificuldades, como a redundância de Nick, o relacionamento havia prosperado. Assim, quando Nick jogou a bomba "Eu te amo, mas...", Anna ficou arrasada. "Pensei que nosso relacionamento fosse feliz, pensei mesmo. Não era perfeito, é claro, mas quem pode fazer essa afirmação? Tentei arrancar dele uma explicação sobre por que deixou de me amar, mas ele diz apenas que não sabe. O melhor que conseguiu dizer é que não o escuto. Mas ele nunca me disse que estava infeliz." Nick explicou que há alguns anos esse sentimento era crescente e que ele precisava conversar com os dois filhos adolescentes e separar-se judicialmente. "Ele não tem honra nem lealdade", disparou Anna. "É completamente egoísta. Sinto que está me trocando por alguém que ainda nem conheceu."

Ao me deparar com casais como Nick e Anna, busquei casos parecidos na literatura acadêmica e só encontrei casais que se desgostam ou que até se odeiam, e eu precisava saber sobre casais que não se amavam o suficiente. Pior ainda: não consegui encontrar pesquisas sobre quão constante se tornara o problema, nem teorias sobre por que ele ocorria naquele momento ou que programa de tratamento era sugerido. Só havia uma solução: eu mesmo teria de preencher essa lacuna.

Iniciei um projeto de pesquisa no qual todos os casais que me procuravam pedindo ajuda eram solicitados a preencher um questionário depois da primeira sessão. Eles recebiam uma lista de problemas comuns que poderiam ter favorecido a decisão de buscar a terapia. Os resultados foram surpreendentes: 47 por cento dos casais alegavam que "a paixão desaparecera", enquanto 43 por cento dizia "Amo meu parceiro, mas não estou mais apaixonado/Meu parceiro não me ama mais". Muitos dos motivos tradicionais pelos quais os casais procuram ajuda alcançaram índices mais baixos: questões financeiras foram apontadas por 24 por cento; um romance, por 21 por cento; opiniões divergentes sobre como educar os filhos foram mencionadas por 19 por cento; e brigas que escapavam ao controle por 15 por cento. Quando os casais eram incentivados a escolher o problema que *mais* incomodava, "Amo meu parceiro, mas não estou mais apaixonado/Meu parceiro não me ama mais" surgia em terceiro lugar, com 24 por cento, logo atrás de "dificuldade em compreender o ponto de vista do outro", com 26 por cento, e "discutir demais", com 25 por cento.

A pesquisa também mostrou algo que eu havia observado em meu consultório: pessoas que assinalavam a opção "Eu te amo, mas..." tinham uma probabilidade menor de assinalar também "Discutimos demais" e maior probabilidade de escolher a opção neutra "Temos dificuldades para entender o ponto de vista um do outro". Anna não gostava de discussões. "Meus pais gritavam o dia inteiro um com o outro, e eu jurei que nunca submeteria meus filhos a isso." Quando a situação alcançava um ponto incontrolável, ela simplesmente se retirava. De sua parte, Nick se preocupava tanto em considerar o lado de Anna que acabava sempre se convencendo a não entrar em discussões. "Gostaria que Anna não fosse para a cama tão cedo. Não tenho sono até bem mais tarde, e sou obrigado a andar pela casa sozinho e na ponta dos pés, mas a culpa não é dela, realmente, porque depois das 22 horas ela mal consegue se manter acordada." De fato, ambos se esforçavam tanto para considerar o bem-estar do outro que a única área de conflito declarada era passar as roupas da casa: ambos apreciavam a tarefa e queriam desempenhá-la. Essa situação pode parecer ideal, mas, quando alguém não consegue expressar o que sente, nem mesmo sobre as questões menos importantes, o relacionamento esfria. Lentamente, ao longo dos anos, passo a passo, todas as emoções vão sendo entorpecidas. Em resumo, evitar discussão sempre é tão prejudicial quanto discutir o tempo todo.

Minha segunda observação a partir de clientes "Eu te amo, mas..." (ETAM) foi que essa ausência de confronto exacerba a tendência de os dois parceiros se tornarem mais e mais parecidos um com o outro. A tendência moderna de ser amigos e amantes é outra pressão, já que normalmente escolhemos para amigos pessoas que são parecidas conosco. Pode parecer maravilhoso, mas relacionamentos também necessitam de atrito. É o conflito dentro da ostra que produz a pérola, e é a diferença que provoca o interesse amoroso. Mais importante, quando há uma pressão excessiva para ser tudo na vida um do outro, dividir amizades e até preferências, sobra pouco espaço para ser também um indivíduo, além de ser a metade de um casal. "Comecei a sentir que não podia ser eu mesmo", Nick explicou. "Estava encurralado pelas expectativas dos outros."

A terceira observação crucial foi que muitos dos parceiros que relatavam o fim da paixão haviam passado recentemente por uma experiência importante, um fato que mudara sua vida. No caso de Nick, esse evento foi a morte do pai: "Lembro-me de ter permanecido em pé ao lado da cama dele pensando se não devia estar fazendo alguma coisa com minha vida. Pior ainda: pude perceber que eu tinha pouco tempo." Enquanto Nick lidava com questões abstratas sobre o significado da vida, Anna também se tornava introspectiva. "Eu era muito ligada ao pai de Nick, quase como se tivesse nele um segundo pai, mas decidi que seria mais útil oferecer apoio. Então, contive as lágrimas para não sobrecarregá-lo com minha dor também." Anna queria ser forte por Nick, mas ele interpretou sua resposta à morte do pai como descaso, ausência de sentimento, e se sentiu muito sozinho. Em vez de compartilharem essas reações diferentes, nenhum dos dois disse nada, com receio de aborrecer o outro. Só mais tarde, já na terapia, Nick deixou vir à tona seu ressentimento. Outros eventos, como a comemoração de uma data importante, o nascimento de um filho ou o divórcio dos pais, também podem detonar uma crise de autocrítica que, por sua vez, pode levar ao questionamento da relação.

Ao longo de um período inicial de 12 meses, experimentei alguns programas de tratamento com esses primeiros clientes ETAM e comecei a pesquisar uma literatura mais diversificada e ampla. Examinei livros escritos por homens de negócios, filósofos, cientistas sociais e gurus do marketing; pesquisei relacionamentos alternativos e encontrei uma modesta quantidade de pesquisas sobre casais bem-sucedidos. Algumas dessas idéias podiam ser levadas diretamente ao consultório, enquanto outras tinham de ser adaptadas. Lentamente, descobri algo que não só salvava relacionamentos, mas também auxiliava casais ETAM a alcançar uma intimidade muito mais profunda e estabelecer um elo realmente satisfatório.

Decidi escrever este livro por três razões. Primeiro, queria compartilhar um programa que funciona tanto com pessoas em crise quanto com outros terapeutas. Segundo, senti que boa parte da informação que pode melhorar significativamente um relacionamento é difícil de ser transmitida em uma sessão de terapia. A terapia trata de ouvir os problemas das pessoas, não de lecionar. Com este livro, casais e indivíduos podem absorver as idéias num ritmo próprio. Terceiro, e mais importante, quis anunciar que deixar de estar apaixonado não significa o fim de um relacionamento.

Como o programa funciona?

Este livro não é um discurso sobre se esforçar mais ou não esperar muito do amor. Já existem muitos outros com essa função. Minha missão é ajudar as pessoas a entenderem o amor e apontar os hábitos diários que pensamos proteger os relacionamentos, mas que, na verdade, só os prejudicam. Quando as pessoas descobrem meu trabalho, a reação mais comum é se aproximar de mim e perguntar: "É mesmo possível recuperar a paixão?" Minha resposta é sempre a mesma: um enfático "Sim". Mais importante: os casais podem emergir com uma compreensão melhor de si mesmos e do outro e com uma ligação mais forte. Este livro explicará por que e como.

Os sete passos para devolver a paixão ao seu relacionamento vai ajudá-lo a: comunicar-se melhor; ter discussões mais produtivas; levar sua vida sexual em um nível mais profundo de intimidade; encontrar equilíbrio entre sentir-se realizado como indivíduo e ser metade de um casal. *Se seu relacionamento chegou a um ponto crítico* vai propor uma estratégia para discutir os problemas e lidar com as conseqüências imediatas. *Depois da crise* mostra como recuperar a ligação e redescobrir o amor. Como alternativa, se você já se separou, essa sessão o ajudará a compreender o que aconteceu, definir suas opções e prosseguir rumo a um futuro mais gratificante. Ao longo do livro, você vai encontrar exemplos de meus estudos de casos, embora eu tenha alterado nomes e detalhes, e às vezes até mesclado dois ou três casos para proteger a identidade dos casais e sua privacidade. No final de cada capítulo, há uma série de exercícios. Eles podem ser feitos sozinhos ou, se você está lendo este livro com seu parceiro, juntos.

Os sete passos para devolver a paixão ao seu relacionamento

Passo 1

Compreender

"Você sabe que temos tido problemas."
"Pensei que as coisas tivessem melhorado."
"Tenho sentido isso há muito tempo; esperava que as coisas mudassem."
"O quê? Você não disse nada."
"É que... Eu te amo, mas não estou apaixonado por você."

Quando o relacionamento chega a um ponto crítico, a resposta natural é tentar consertá-lo o mais depressa possível. Mas, na hora do pânico, é muito fácil confundir-se quanto à verdadeira natureza dos problemas e seguir na direção errada. Portanto, o primeiro passo é realmente COMPREENDER.

Capítulo 1

Afinal, o que é "amor"?

No passado, casais se separavam porque se odiavam; hoje, é igualmente provável que se separem por não se amarem o suficiente. O amor passou de um simples ingrediente para uma relação bem-sucedida a tudo: ele é a cola que nos mantém juntos. Nas gerações anteriores, os casais podiam permanecer juntos por necessidades econômicas, por receio do que os vizinhos iam dizer ou pelo bem dos filhos, mas não estamos mais preparados para viver relacionamentos que não sejam apaixonados e gratificantes. Em alguns sentidos, isso é maravilhoso. Numa sociedade obcecada por longas horas de trabalho, maior produtividade e objetivos mais elevados, o amor ainda se mantém como um farol de felicidade. Mas, por conseqüência, essas novas demandas criam muita tensão nas relações.

Se nossos relacionamentos devem viver ou morrer por amor, precisamos ter uma boa idéia sobre o que é o amor e o que o sustenta. Mas, quando tudo vai bem, tendemos a relaxar; deixamos o amor amenizar os problemas diários e não fazemos perguntas, como se permitir a entrada da luz significasse destruir a magia. Não há nenhum problema nisso, até que o amor desaparece e um casal se surpreende tentando entender o que aconteceu: um parceiro não consegue explicar por que ainda podem se amar, embora não estejam mais apaixonados, enquanto o outro quer saber o que eles fizeram de errado. Às vezes, o parceiro "Eu te amo, mas..." (ETAM) chega ao meu consultório com uma lista de queixas: "Ele é desrespeitoso", "Ela grita com as crianças", "Ele é rude com meus pais" e outras acusações similares. Mas, por mais abrangente que seja, a lista nunca explica o que aconteceu com todas as promessas: "Amar eternamente, até o fim dos meus dias, no melhor ou no pior." O que aconteceu com o tempo em que simplesmente ouvir o nome da pessoa amada podia acelerar sua pulsação, ou com toda aquela sensação de andar nas nuvens? O que houve com o sentimento de que, juntos, vocês dois poderiam conquistar o mundo? Mais do que tudo, esses casais querem saber como a paixão se transformou de algo especial para algo simplesmente bom e, finalmente, em algo decepcionante. Sem compreender a causa, como eles podem consertar tudo?

Um exemplo típico é oferecido por Michael e Fiona, ambos com quase 40 anos e juntos desde o final da adolescência. "Não me sinto mais especial para Fiona", reclamou Michael. "Sei que temos responsabilidades, mas antes éramos tudo um para o outro. Agora é como se eu ocupasse um lugar mais baixo na lista de prioridades. Costumo dizer brincando que sou menos importante que o porquinho-da-índia das crianças, mas, na verdade, isso não é engraçado." Michael tem esse sentimento há anos e se retraiu. No início, Fiona pensou que pudesse haver outra pessoa, mas, finalmente, Michael confessou que a ama, mas não estava mais apaixonado e pensava em ir embora. "Não somos mais um casal de garotos", ela reclamou. "Não pode mais ser como antes. Pense em todas as coisas que faço para você: cozinhar, limpar, passar roupas. Acha que me sinto especial todos os dias? A vida não é assim!" Michael e Fiona falavam de amor, mas tinham definições diferentes. Sem concordarem sobre a essência do amor, eles mantinham uma conversa que girava em círculos.

Quase toda canção popular fala sobre o amor, bem como metade de todos os filmes e novelas; lemos sobre o assunto ou o encontramos na TV todos os dias. Deveríamos entender o amor e, no mínimo, ter a capacidade de defini-lo. Mas é aí que começa a confusão. Podemos amar nossas mães, nossos filhos e amigos, ou até mesmo chocolate. Quando falamos de nossos parceiros, o amor tanto pode descrever os dias loucos e inebriantes do início do relacionamento e, dez anos mais tarde, segurar a mão dele, afagá-la e sentir segurança, confiança na relação. Pode realmente uma palavra tão pequena cobrir tantas emoções distintas? Os dicionários não são de grande valia. Relacionam quase duas dúzias de definições diferentes, incluindo afeição, ternura, cuidado, simpatia, preocupação, atração, desejo e paixão, e todos concordamos instintivamente que há uma grande diferença entre a simpatia e a completa paixão. O problema é que temos uma palavra para três emoções muito diferentes: os primeiros dias da chamada paixão "de lua-de-mel"; a intimidade diária com um antigo parceiro; e o instinto protetor por um filho ou o laço com pai e mãe. Para esclarecer as diferenças entre essas três emoções, precisamos de um novo vocabulário, em parte para remover a confusão entre dois parceiros com visões distintas, como Fiona e Michael, mas, principalmente, porque ao nomear e explicar as diferenças, podemos entender melhor o amor.

Um novo vocabulário

Nos anos 70, a psicóloga experimental Dorothy Tennov se dispôs a entender o que acontece quando alguém se apaixona, mas foi surpreendida por quão poucos fundadores de sua disciplina haviam examinado o fenômeno. Freud reduzia o amor romântico a simples impulso sexual bloqueado, enquanto Havelock Ellis, pioneiro no ramo da sexologia, resumiu essas complicadas emoções em uma equação: amor = sexo + amizade. Tennov entrevistou profundamente cerca de quinhentas pessoas e, apesar das diferenças de idade, sexualidade e formação, encontrou uma surpreendente similaridade em como cada entrevistado descreveu seus sentimentos nos primeiros dias de amor. Estas são algumas das descrições mais comuns de estar apaixonado:

- Pensamento intruso: é impossível deixar de pensar no amado.
- Uma dor no coração quando um desfecho é especialmente incerto.
- Animação, vivacidade como de quem caminha no ar, quando existe alguma chance de reciprocidade.
- Uma intensa sensibilidade a quaisquer atos ou pensamentos que possam ser interpretados de maneira favorável. Por exemplo: "Ela usou aquele vestido por saber que gosto dele"; "Ele ficou depois da reunião para poder conversar comigo".
- Total incapacidade de se interessar por mais de uma pessoa num dado momento.
- Medo de rejeição e timidez perturbadora na presença do amado.

COMPREENDER

- Intensificação de sentimentos pela adversidade (pelo menos até um ponto).
- Todas as outras preocupações perdem importância, como disse um entrevistado na pesquisa de Tennov: "Problemas, contratempos, inconveniências que normalmente ocupavam meus pensamentos tornaram-se menos importantes."
- Habilidade para enfatizar o que é realmente admirável no amado e evitar reconhecer o negativo, respondendo até com compaixão a atributos negativos e vertendo-os em outro possível atributo positivo. "Não importa que ele seja tímido, porque posso apreciar o desafio de tirá-lo da concha"; "Ela pode ser temperamental, mas isso mostra como tem sentimentos profundos com relação a tudo."
- Uma sensação de que, apesar de todo o potencial para a dor, o amor é um "prazer supremo" e "o que faz valer a pena viver".

As pessoas em todo o mundo não só experimentam quase exatamente os mesmos sentimentos nessa fase inicial do romance, mas também homens e mulheres reportam a mesma intensidade. Para distinguir entre essas emoções dominadoras e aquelas mais acomodadas de um casal mais antigo, Tennov cunhou uma nova palavra para descrever esse começo da paixão: *Limerence.*

A natureza obsessiva e invasora do *Limerence* seria imediatamente reconhecida por Martin, um homem de 28 anos que foi por mim aconselhado: "Eu a conheci em uma aula de salsa, a atração foi instantânea e acabamos trocando números de telefone, embora eu soubesse que ela era casada. Aquilo ia contra tudo em que eu acreditava, mas não pude evitar. Era impossível trabalhar enquanto não tínhamos nossa conversa matinal; eu sofria se ela não telefonasse e até me surpreendia passando 'por acaso' pela rua dela para olhar para a janela, poder imaginar de onde ela dava aqueles telefonemas clandestinos." Doze meses mais tarde, quando o caso chegou ao fim, Martin admitiu que eles provinham de origens e formações inteiramente distintas e pouco tinham em comum. Ele creditou a atração à luxúria, mas, na maior parte do tempo, o envolvimento não foi sexual. Tennov concorda: "Atração sexual não é suficiente, com certeza. Os padrões de seleção para *Limerence* não são, de acordo com meus informantes, idênticos àqueles pelos quais meros parceiros sexuais são avaliados, e o sexo raramente é seu foco principal. Mas é preciso sentir o potencial para o envolvimento sexual, ou o estado descrito não é *Limerence*."

Limerence pode ocorrer, como aconteceu com Martin, quando uma centelha de interesse é correspondida e se torna o que os franceses chamam de *coup de foudre*, um relâmpago. Como alternativa, esse interesse pode crescer furtivamente, e mais tarde o momento é reconhecido como algo muito especial. Anthony, um web designer de 39 anos, namorava Tasha havia alguns meses. Eles apreciavam a companhia um do outro, mas Anthony não a considerava "a mulher" até eles irem juntos a uma exposição de arte. "Ela ficou tão envolvida com a tela que não percebeu que eu a observava. Naquele segundo isolado no tempo, fui tomado de assalto pela ternura. Os verdes e azuis vibrantes saltavam do quadro para Tasha. De alguma forma, ela havia se integrado aos corpos nus e bronzeados da tela, à água fresca e aos reflexos das árvores e da grama. Todas as cores naturais da cena haviam sido intensificadas e exageradas pelo artista, e eu me descobri sendo também sugado por aquela obra. Meus sentimentos eram mais ousados e coloridos, também. Poderia essa ternura ser realmente amor?"

Para outros casais, uma amizade pode transformar-se em algo apaixonado quando um dos parceiros finalmente enxerga o outro sob uma luz diferente. Juliette e Edward, hoje com 40 e poucos anos, freqüentaram juntos a escola e compartilharam interesse pela música, mas era só isso. Ou melhor, foi só isso, até a festa de comemoração dos 18 anos de Edward. "Não sei como, mas de repente vi Juliette como uma mulher. Foi como se aquilo tomasse conta de mim. Talvez tenham sido os cabelos longos e escuros, não sei, mas, de repente, uma luz se acendeu: amor à primeira vista, mas depois de vários meses. Reuni coragem e decidi beijá-la, mas tinha plena consciência de que ela era uma amiga e me preocupava com sua reação. Foi estranho, e lembro-me daquela expressão confusa de Juliette quando comecei a me aproximar. Era quase como se ela dissesse: sabe o que está fazendo? Sem palavras, apenas com o olhar, mas esperava que ela me entendesse. Sim, eu sei."

Como se sugeriu anteriormente, *Limerence* pode ser a origem tanto de infelicidade quanto de prazer. É possível que o objeto seja um completo desconhecido, ou alguém que conhecemos, mas que não tem consciência de nossos sentimentos. Mesmo nessas circunstâncias pouco promissoras, o *Limerence* ainda pode crescer e desenvolver-se. Samantha fazia um curso de idiomas e acabou obcecada pelo professor: "A maneira como os músculos sob a pele bronzeada se enrijeciam quando ele erguia o braço para escrever no quadro; os pêlos escuros nos antebraços quando ele se debruçava sobre minha carteira para corrigir um exercício; o jeito como ele passava os dedos pelos cabelos escuros. Mesmo que ele vivesse até os 100 anos, era evidente que nunca ficaria careca." Samantha começou a imaginar um conjunto de complicadas cenas sobre como um relacionamento poderia se desenvolver: "Minha fantasia favorita envolvia meu carro quebrando depois da aula e uma espera de 5 horas pelo socorro mecânico, o que o faria me oferecer uma carona para casa. Porém, o carro dele quebraria no meio de uma floresta, um detalhe estranho, considerando que eu morava na cidade, e nenhum de nós tinha um celular. Nossa única esperança de resgate seria um carro passar por ali, mas ninguém passava por aquela estrada deserta. Tínhamos de nos manter juntos para obter calor." Na verdade, Samantha era tímida demais para expressar os sentimentos e, de qualquer forma, o professor em questão era casado. No entanto, anos mais tarde, o cheiro do corredor de uma escola — "uma estranha combinação de cloro, roupas de ginástica e giz" — ainda pode trazer de volta lembranças nítidas para Samantha, recordações que são tão potentes quanto aquelas associadas a relacionamentos longos e verdadeiros.

É importante dispormos dessa nova palavra para esses sentimentos intensos. Primeiramente, *Limerence* reconhece a normalidade do comportamento quase maluco, no limite da sanidade, nos primeiros estágios do amor; em outras circunstâncias, ficar por perto esperando pelo amado seria considerado assédio, provavelmente. Em segundo lugar, quando o *Limerence* se esgota, algumas pessoas temem que a paixão esteja morrendo, quando, de fato, trata-se de um fenômeno natural que acontece com todo mundo; os românticos podem acabar viciados com as alturas e passar a vida toda saltando de um caso amoroso a outro, esperando encontrar aquela pessoa especial que vai fazer a efervescência durar para sempre. Em terceiro lugar, quando alguém fala sobre amar, mas não estar apaixonado, parte dessa definição de amor se relaciona com a mágica do *Limerence*.

Tennov descreve em seu livro, *Love and Limerence* (Stein & Day, 1980), cinco estágios de *Limerence*.

1. Olhares se encontram. Embora a atração sexual não seja necessariamente imediata, há alguma "admiração" pelas qualidades físicas do amado.
2. *Limerence* aparece. Alguém nesse estado se sente flutuando, eufórico e, ironicamente, livre — não só da gravidade, mas também de qualquer fardo emocional. Todos esses lindos sentimentos são atribuídos às inúmeras qualidades do amado. Os entrevistados de Tennov identificaram esse estágio como, provavelmente, a última oportunidade de escapar.
3. *Limerence* cristalizada. Com a evidência da reciprocidade do amado, seja ela real ou mera interpretação, alguém em estado de *Limerence* experimenta extremo prazer, até mesmo euforia. Tennov escreve: "Seus pensamentos são principalmente ocupados pela consideração e reconsideração do que você pode julgar atraente no OL (Objeto Limerente), pela revisão de eventos ocorridos entre vocês e o OL e pela apreciação das qualidades em si mesmo. É nesse ponto em *Amor, sublime amor* que Maria canta *I fell pretty*.
4. Obstáculos surgem e o grau de envolvimento decresce. "Você atinge o estágio no qual a reação é quase impossível de desalojar", relata Tennov, "seja por ato de vontade própria ou pela evidência de qualidades indesejáveis no OL. A dúvida e a intensidade aumentada do *Limerence* minam sua satisfação anterior com você mesmo. Você adquire novas roupas, muda o corte de cabelo e torna-se receptivo a qualquer sugestão sobre como aumentar seu poder de atração aos olhos do OL. Está instalado o medo da rejeição".
5. Vaguear em estado de euforia ou depressão. (Os entrevistados de Tennov demonstraram surpreendente disposição para se descrever como deprimidos: 42 por cento haviam estado severamente deprimidos por um caso de amor e 17 por cento chegaram a pensar em cometer suicídio.) "Você prefere suas fantasias a quaisquer atividades", escreve Tennov, "a menos que seja: a) fazer alguma coisa que, em sua opinião, o ajude a conquistar o OL; ou b) estar de fato na presença do OL". Uma terceira opção é falar interminavelmente sobre seu amado

para os amigos. Como entoam todas as canções populares a respeito dos sofredores de amor declarados, nem mesmo ser rejeitado ou ignorado pode reduzir a loucura.

Os entrevistados de Tennov mencionaram o contato visual com tanta freqüência — "o jeito como ele olha para mim, ou a maneira como ela raramente me olha" — que ela passou a crer que os olhos são o verdadeiro órgão do *Limerence*, no lugar do coração. De fato, a pesquisa dos psicólogos sociais Michael Argyle e Mark Cook confirma a importância do encontro de olhares em uma sala cheia de gente. Eles descobriram que, quando o ser humano experimenta emoções intensamente prazerosas, as pupilas se dilatam, o que, inconsciente e involuntariamente, trai nossos sentimentos. Mais ainda: uma discreta elevação na secreção dos canais lacrimais faz os olhos brilharem, produzindo o que Argyle e Cook chamam de "olhos brilhantes de amor".

Então, quanto tempo dura o *Limerence*? Tennov encontrou poucos casos plenamente desenvolvidos que se acalmaram antes de um período de seis meses. No entanto, o mais freqüente — e a média, também — é que a duração do *Limerence* fique entre 18 meses e três anos. Isso está de acordo com as descobertas da bióloga social Cindy Hayman, de Cornell University, que rastreou três substâncias do cérebro (dopamina, feniletilamina e oxitocina) em 5 mil sujeitos em 37 diferentes culturas e também descobriu que a fase intensa da atração durou entre 18 meses e três anos.

Mas, quando o *Limerence* esfria, ele tem de desaparecer completamente? Por certo, o aspecto louco, obsessivo e possessivo do *Limerence* não pode ser recuperado, mas a intensa alegria, o caminhar nas nuvens e o prazer supremo podem retornar, embora mais comumente como lampejos, não como os envolventes estágios iniciais dele. Esses lampejos surgem sempre depois de períodos de adversidade, como estar separado da parceira enquanto ela viaja para fazer um curso ou durante a fase de reconciliação depois de ele ter cometido uma traição. De acordo com Stendhal, um escritor francês do século XIX, famoso por seus ensaios sobre o amor, "os prazeres do amor são sempre proporcionais ao medo". Muitos casais sentem uma explosão do *Limerence* após uma briga, principalmente durante a fase de "fazer as pazes". Phil e Edina passaram por isso depois de Phil ter quebrado o laptop de Edina, destruindo um relatório que ela estava escrevendo. "Nós dois odiamos discutir, mas aquela discussão se estendia interminavelmente; nem mesmo na manhã seguinte voltamos a nos falar de verdade. Eu via as coisas do meu jeito, ela as via de maneira diferente, e era assim", conta Phil. "Não havia saída. Na hora do almoço, tivemos de sair para um compromisso comum. A caminho do carro, ela roçou os dedos na parte posterior do meu braço. Senti uma corrente elétrica, uma alegria intensa, pois sabia que ela também não queria brigar. Podíamos encontrar uma solução para o conflito. Meu coração saltou do peito e flutuou pela rua."

Resolver um conflito ou retornar de uma longa viagem são as maneiras mais eficientes de experimentar *Limerence* outra vez, mas existem outras idéias menos dramáticas na seção de exercícios no final deste capítulo. No entanto, é importante lembrar que nem a forma intensa de *Limerence* nem sua atração biológica associada duram para sempre e, portanto, não devemos nos penalizar quando não sentimos mais as mesmas coisas do início do relacionamento. E talvez seja melhor assim. Seria realmente prático passar a eternidade pensando exclusivamente no ser amado, ignorando todo o restante, ou, sempre que se aproximar dele, sentir-se tímido e temeroso de uma rejeição? Quando as pessoas cometem erros de julgamento graves e se envolvem em relacionamentos impróprios e, mais tarde, dizem terem estado "cegas de amor", quase sempre descrevem os efeitos do *Limerence*. Em muitos sentidos, isso pode ser uma maldição, além de um prazer.

Então, o que acontece com o amor depois do *Limerence?* Mais uma vez, o problema consiste em como definir os termos. Às vezes, livros e artigos referem-se a um "amor maduro", o que soa muito entediante, ou a "sentimentos profundos", o que pode soar desdenhoso com o *Limerence*, como se esse não fosse tão profundo quando é fortemente experimentado. Mais uma vez, precisamos de uma nova expressão para explicar esse segundo tipo de amor, e eu cunhei o termo Ligação Amorosa. Esse tipo de amor não é tão reluzente quanto o *Limerence*, mas é igualmente belo: seu parceiro sai do banho numa manhã de domingo e você repentinamente o vê de um novo ângulo, lembrando-se de sua beleza; juntos, observam os filhos no pátio da escola e trocam um olhar de orgulho;

comprar um vaso de jacintos para a parceira quando saiu de casa só para ir comprar o jornal. Compreender a Ligação Amorosa é vital porque aqui temos uma importante dica para os casais ETAM. Quando alguém fala sobre não estar apaixonado, está, na verdade, reclamando da ausência de uma Ligação Amorosa.

Limerence versus Ligação Amorosa

Os mitos românticos de nossa cultura, como "O amor tudo conquista" e "Vou amar você em quaisquer circunstâncias" foram construídos a partir de experiências do *Limerence* vividas por poetas e compositores. A magia nos une e ajuda a superar os primeiros obstáculos, mas, para alcançar e manter uma relação bem-sucedida, é necessário algo mais: a Ligação Amorosa. Uma das maneiras mais fáceis de entender esse tipo de amor é compará-lo ao *Limerence*. Alguém sob este encanto está fortemente ligado ao amado, seja qual for o comportamento dele, bom ou mau. No caso de Samantha e seu professor, ele a ignorava e nem sabia de seus sentimentos, mas a atração dela por ele se mantinha forte. Em contrapartida, a Ligação Amorosa precisa ser alimentada, ou, então, ela murcha e morre. Enquanto o *Limerence* faz alguém transformar as fraquezas do amado em qualidades, os casais de relações longas, ou casais com uma Ligação Amorosa, apenas têm consciência das fraquezas do parceiro. Finalmente, um casal sob o encanto do *Limerence* não se incomoda com questões práticas, como ganhar a vida, por exemplo, porque tem o amor para "mantê-los aquecidos", enquanto parceiros unidos por uma Ligação Amorosa enfrentam juntos as dificuldades da vida e suas exigências práticas.

Infelizmente, os mitos sobre o amor romântico — e a falta de conhecimento sobre o *Limerence* — nos faz crer que, uma vez encontrado nosso parceiro, podemos relaxar, porque o amor resolverá automaticamente todos os problemas. Mesmo quando estamos sobrecarregados com o trabalho ou preocupados com os filhos, imaginamos que o parceiro vai entender se estiver ocupando um lugar mais baixo em nossa lista de prioridades, ou que nos perdoará se o decepcionarmos completamente no cumprimento daquela determinada tarefa solicitada por ele. Em curto prazo, a Ligação Amorosa sobreviverá a esse tipo de negligência. Mas, se sofrer abusos constantes, um relacionamento vai se deteriorar. "Sinto que sou vista como algo certo", explicou Antonia, enquanto o marido dela, Jerry, mudava de posição na cadeira até estar quase de costas para a esposa. "Desde que a casa funcione bem e as crianças não façam muito barulho, ele me ignora. Chega em casa, liga a TV ou joga videogame com os meninos. Ele não conversa comigo, não sobre coisas importantes." Isso foi demais para Jerry; finalmente, ele se virou e segurou a mão dela: "Mas eu a amo. Não é o suficiente?" Jerry presumira que seu relacionamento ainda funcionava como antes, quando eles se conheceram, quando o *Limerence* estava no auge e o elo entre eles poderia sobreviver a qualquer coisa. Muitos casais foram parar no meu consultório porque um dos parceiros sentia que o amor não era correspondido e, com o tempo, acabou por se distanciar, rompendo a ligação. Foi o caso de Antonia. É fácil imaginar que o amor acaba por causa de um único e monstruoso episódio de mau comportamento, mas, com freqüência muito maior, ele se destrói gradualmente em decorrência de um milhão de pequeninas mágoas. De fato, a Ligação Amorosa nunca pode ser tomada por certa e, como qualquer bem precioso, necessita de cuidados.

O que alimenta a Ligação Amorosa?

Para muitas pessoas, a seguinte lista será uma segunda natureza. No entanto, casais sob tensão desconsideram ou ignoram essas necessidades do relacionamento.

- **Ouvir:** Com total atenção, assentindo e formulando perguntas para que o locutor saiba que está sendo realmente ouvido.
- **Compartilhar:** Sentimentos, detalhes de seu dia ou de suas tarefas.
- **Generosidade:** Pode ser no seu tempo, realizando uma tarefa do parceiro que ele não gosta, ou um pequeno presente.
- **Contato Físico:** Um aconchego no sofá, afagar as costas do parceiro no carro ou contato sexual pleno.
- **Apoio:** Assistir à prática esportiva do parceiro, elogiá-lo, cuidar dos filhos enquanto ele ou ela freqüenta as aulas de um curso, incentivar seus sonhos.

- **Senso de humor compartilhado:** Piadas particulares, bagunça e bobagens em geral são uma excelente forma de manter os laços.
- **O esforço extra:** Devemos apreciar os gestos que são realmente difíceis para o parceiro, como se relacionar bem com nossa mãe tão intransigente ou concordar com aquela conta bancária em conjunto.

Se a Ligação Amorosa se perdeu, é possível refazê-la? Acredito firmemente que sim, e no final deste capítulo proponho um exercício para dar início a esse processo.

Em seguida, vamos examinar o terceiro tipo de amor, que oferece mais dicas para a compreensão do ETAM. Se a Ligação Amorosa foi negligenciada e o casal se distanciou, o "amor" se transforma em Consideração Afetuosa, que é muito semelhante ao que sentimos por nossos pais, filhos, irmãos e melhores amigos. Consideração Afetuosa nos faz cuidar de alguém, desejar o melhor para essas pessoas e, certamente, não desejar magoá-las, mas o destino dessa pessoa não parece estar entrelaçado ao nosso, como acontece no caso da Ligação Amorosa. No ETAM o "Eu amo você" significa invariavelmente "Tenho *consideração afetuosa* por você".

Ligação Amorosa *versus* Consideração Afetuosa

Enquanto a Ligação Amorosa precisa ser nutrida para prosperar, esse terceiro tipo de amor raramente é condicional. Eu o chamo de Consideração Afetuosa porque a afeição existe em grande parte sem depender do comportamento do recipiente. Por isso, os laços entre pais e filhos podem sobreviver a maiores deslocamentos e até a negligências, o que é diferente dos laços entre parceiros. É uma triste realidade que muitos filhos vítimas de abuso por parte dos pais ainda queiram se relacionar com eles, e geralmente pais de assassinos continuam defendendo apaixonadamente seus filhos. É claro que a maioria das relações pai-filho não precisa suportar esses extremos. Mas, mesmo nas famílias mais felizes, os pais podem causar aos filhos sofrimentos que não seriam aceitáveis vindos de outras pessoas. Em via oposta, por mais que nossos filhos nos desapontem ou irritem, nossa Consideração Afetuosa por eles é duradoura, sólida. O amor por um amigo próximo também é Consideração Afetuosa, já que, novamente, "deixamos passar" comportamentos que não aceitaríamos em um parceiro. Um exemplo pobre, mas revelador, seria um amigo que faz barulho ao tomar seu chá; esse é um comportamento moderadamente irritante quando eventual, mas conviver diariamente com ele o levaria rapidamente à loucura. Defeitos de caráter mais graves podem ser relevados nos amigos; nossa vida não está intimamente entrelaçada à deles. Podemos simplesmente ignorar o comportamento ou ver essa pessoa com menos freqüência. Por isso as amizades fluem e refluem, mas a Consideração Afetuosa permanece.

Confundir Consideração Afetuosa com Ligação Amorosa pode causar muita infelicidade. Foi o que aconteceu no caso de Nick e Anna, o gerente de vendas e a professora. As necessidades de Nick no relacionamento não foram atendidas, e ele se distanciou. "Sempre saímos com outros casais", ele reclamou quase em desespero, perguntando à esposa: "Quando foi a última vez que saímos sozinhos, só nós dois?" Anna via as coisas de maneira diferente: "Mas ainda nos divertimos. Quando alugamos o chalé em Devon, por exemplo. Jogamos Banco Imobiliário, lembra? Com strip!" Nick não podia discordar, mas, em sua opinião, o casamento se assemelhava a um banho morno: confortável, mas não muito excitante. Anna não havia percebido em que ponto as coisas haviam chegado, porque havia cometido um erro de leitura com relação à Consideração Afetuosa — sobras de 15 anos de memórias compartilhadas —, interpretando-a como Ligação Amorosa. De fato, Nick descrevia o relacionamento comparando-o àquele entre irmão e irmã. Para ele, a perda da paixão do *Limerence* era um desapontamento crucial.

Então, por que a Ligação Amorosa resvala para a Consideração Afetuosa? Continuarei examinando o tópico nos próximos capítulos, mas há dois principais culpados: a negligência da intimidade física e não permitir que o outro seja suficientemente diferente. Em vez de serem dois indivíduos em um relacionamento, os parceiros transformam-se em um casal amorfo e um dos cônjuges, ou ambos, passa a reclamar de perda de identidade, um sintoma comum de ETAM. Aqui vai um dos mais difíceis paradoxos sobre sustentar a Ligação Amorosa: para ser longa, devemos encontrar muitas semelhanças com nosso parceiro, sejam elas culturais, sociais ou emocionais, a fim de estabelecer uma conexão, mas temos de manter diferenças suficientes para impedir a estagnação do relacionamento. É o conflito provocado pelo contato entre as arestas que promove a centelha da paixão. Pensem em todas as grandes personagens da ficção pelas quais nos apaixonamos no cinema, no teatro e na literatura: Rhett Butler e Scarlett O'Hara, Cathy e Heathcliff, Elizabeth Bennett e Mr. Darcy, Romeu e Julieta. Além de todos serem passionais em seus relacionamentos, cada um deles é muito diferente do parceiro. Você pode não desejar uma relação tão eletrizante, mas considere a alternativa: o único casal fictício famoso e livre de conflitos são Darby e Joan[1]. E quem quer ser como eles?

Resumo

- O romance popular alimenta em nós o ideal do amor incondicional; durante a fase do *Limerence,* sempre se obtém algo próximo disso. No entanto, assim que um casal passa para a Ligação Amorosa, o amor realmente incondicional torna-se uma memória distante.
- Diferente do *Limerence,* a Ligação Amorosa morre se não obtiver reciprocidade, especialmente no aspecto sexual. No entanto, ela pode durar para sempre.
- Quando um relacionamento se desenvolve satisfatoriamente e por um bom tempo, é possível confundir o sentimento caloroso com Ligação Amorosa, quando, na verdade, o que se tem é Consideração Afetuosa, o desejo de que tudo corra bem e o cuidado com uma pessoa, mas sem o ingrediente da paixão romântica.
- Quando alguém diz "Eu te amo, mas não estou apaixonado por você", provavelmente quer dizer: "Tenho Consideração Afetuosa por você, mas perdi a Ligação Amorosa". Nos piores casos há um fator adicional: "Sinto tanta falta da Ligação Amorosa que agora tenho saudades da excitação do *Limerence.*"

---

[1] Casal de meia-idade mencionado pela primeira vez em um poema publicado pela *The Gentleman's Magazine* em 1735. Tornaram-se tão famosos que se transformaram em sinônimo de casamento feliz, mas monótono, de acordo com *The Reader's Encyclopedia.*

- Consideramos apaixonar-se e sustentar o amor como algo mágico, e escolhemos deliberadamente envolver o processo em mistério. Compreendemos que saber como um mágico cria a ilusão de serrar uma mulher ao meio pode arruinar essa mesma ilusão, mas entender o amor é o primeiro passo para descobrir como revitalizá-lo.

Exercícios

Exercício de *Limerence*: contato visual

Para citar os autores de canções populares, nos primeiros dias do *Limerence* "Só tenho olhos para você" ou "Não consigo tirar os olhos de você". No entanto, assim que nos acomodamos e vamos morar juntos, passam a existir incontáveis outras distrações para nos desviar dos belos olhos do parceiro: a televisão, o jornal e outros interesses. De fato, quando o psicólogo experimental de Harvard Zich Rubin conduziu um experimento usando um sofisticado aparato de registros, descobriu que casais cujos questionários indicavam maior intensidade do amor passavam mais tempo olhando nos olhos um do outro do que casais menos apaixonados. Casais apaixonados passam 75 por cento do tempo olhando um para o outro enquanto conversam, quando a média gira em torno de 30 a 60 por cento.

Poderíamos debater para sempre: realmente deixamos de olhar nos olhos do parceiro e o amor enfraquece, ou o amor enfraquece e deixamos de olhar? Rubin certamente acredita que olhar nos olhos um do outro pode induzir o cérebro a produzir feniletilamina, uma anfetamina natural e uma das substâncias cerebrais que fazem as pessoas se apaixonarem. Experimente o seguinte exercício de contato visual:

1. Atraia a atenção do parceiro, chamando-o pelo nome ou tocando seu ombro. A segunda parte é particularmente eficiente, já que você pode empregar certa pressão para fazê-lo virar a cabeça e desviar os olhos da tela do computador, por exemplo, e olhar para você.
2. Espere até ter a total atenção do parceiro, até ele olhar em seus olhos e imaginar o que está acontecendo.

3. Olhe nos olhos dele. Não precisa ser por mais que um segundo. Apenas o suficiente para que realmente se enxerguem.
4. Beije-o nos lábios.
5. Seu parceiro provavelmente vai ficar desconfiado e pode perguntar alguma coisa, como "O que você quer?".
6. Apenas sorria e se afaste.
7. Repita o procedimento no dia seguinte.

Se o parceiro fizer perguntas sobre o beijo, não fique na defensiva (Não posso nem pedir um beijo?) nem ataque (Tenho de pedir um beijo porque você nunca me beija espontaneamente.). Explique apenas que você apreciava muito o contato visual na época do namoro. No início, o exercício vai parecer forçado, mas, em pouco tempo, será incorporado à rotina e se tornará natural.

Exercício de *Limerence*: conexões

Nos primeiros estágios do *Limerence*, Tennov notou como as pessoas se desesperam para estabelecer elos com o amado. "Se um determinado pensamento não tem prévia ligação com o objeto limerente", ela escreve, "você cria uma imediatamente. Supõe ou imagina o que OL vai responder, o que será dito entre vocês dois e que ações se seguirão, ou poderão seguir, com relação a isso." Essa situação parece bem diferente das tediosas noites de muitos casais de relações longas: "Como foi seu dia?" "Tudo bem." Fim da conversa.

Para reintegrar esse elemento de *Limerence* ao relacionamento, procure por eventos que possam ser guardados e compartilhados com seu parceiro à noite. Você pode até anotá-los para não esquecer nada. Há dois segredos para tornar esses relatos interessantes: primeiro, procure por detalhes que dêem vida à história; segundo, procure por eventos, opiniões e personagens que correspondam a interesses particulares do parceiro.

É comum com casais ETAM que um parceiro esteja editando as notícias diárias. Pode ser por uma variedade de razões: receio de aborrecer o parceiro; desejo de protegê-lo dos aborrecimentos da rotina diária nos negócios; simplesmente para esquecer irritações menores. Todas essas razões podem ser válidas, mas evitar compartilhar a realidade pode criar um lapso entre vocês dois. Então, tente não editar e, em vez disso, como ocorria nos estágios iniciais do *Limerence*, faça um relato completo e franco.

Em última análise, todos precisam de uma testemunha para sua vida. Sem isso nos sentimos invisíveis, incompreendidos e, nos piores casos, sem amor. Assim, ouça atentamente o que o parceiro tem a dizer, faça perguntas para incentivá-lo a falar e mostre que está realmente interessado.

Exercício de Ligação Amorosa

Tente rever tudo o que aconteceu ontem entre você e seu parceiro:

1. Comece pela hora em que acordou, faça uma lista em um lado de uma folha de papel. Uma relação típica seria: café-da-manhã; preparar-se para ir trabalhar, beijo de até logo; telefonar do trabalho; jantar juntos; conversar sobre o dia; assistir à TV. No final de semana, a lista seria mais longa e variada.
2. Agora leia sua lista e pergunte o que alimentou sua Ligação Amorosa, se é que houve algum tipo de alimento.
3. Faça um sinal mental ao lado de cada item positivo na lista, mas certifique-se de que o evento realmente tenha fortalecido a ligação. Por exemplo, um telefonema para conversar pode merecer um sinal, mas um telefonema para pedir ao parceiro para pegar alguma coisa no mercado a caminho de casa não.
4. Há itens que podem ser modificados de modo que, no futuro, possam alimentar sua Ligação Amorosa? Por exemplo, você pode massagear os pés dela enquanto assiste à TV, ou deixar suco de laranja fresco em um copo sobre a mesa da cozinha para quando ele descer, mais tarde.
5. Você pode acrescentar um gesto de delicadeza para o dia seguinte, como preparar um banho para ela ou enviar um texto sexy para ele?
6. Há alguma coisa na lista que você gostaria de não ter feito? É comum esquecermos convenientemente nossos gestos menos amorosos, mas anote-os também. Isso vai incentivá-lo a ser mais paciente no futuro.

Aqui vão algumas questões que meus clientes formulam sobre a auditoria da Ligação Amorosa:

P. Quanto tempo leva para esses gestos fazerem diferença no relacionamento?

R. A mudança não acontece do dia para a noite. Geralmente, são necessárias três ou quatro semanas para os casais perceberem mudanças
significativas no que sentem um pelo outro.

P. Se eu deixei de estar apaixonado por meu parceiro, não devia ser tarefa dele promover a mudança?

R. Quando estamos aborrecidos com alguém, nosso instinto natural é
tratar essa pessoa mal, ou não tão bem. Sabe de uma coisa? Eles des-
cem naturalmente ao nosso nível e o relacionamento acaba contido
em um círculo negativo. Por que não dar o exemplo, então, e fazer
algo positivo? Seu parceiro pode não responder imediatamente da
mesma maneira, mas, em pouco tempo, vai se sentir mais disposto
e preparado para retribuir o favor. Milagre dos milagres, você estabeleceu um círculo positivo. É necessário apenas que alguém faça o
primeiro movimento. Por que não você?

Capítulo 2

Os seis estágios do relacionamento

Nas histórias clássicas de amor, os olhares se encontram em uma sala lotada. Duas pessoas se apaixonam, se casam e vão viver juntas. Mas o que acontece depois do "e foram felizes para sempre"? Nossa cultura propõe alguns eventos marcantes — noivado, casamento, batizado —, mas nem todo casal pode ou quer seguir esse padrão. Sem um modelo próprio do que esperar, como podemos saber se os problemas são parte natural de uma relação que muda e amadurece ou uma falha fundamental? Infelizmente, psicólogos e cientistas sociais não são de grande ajuda: eles investiram sua energia no estudo das relações fracassadas e praticamente ignoraram as bem-sucedidas. Assim, muitos casais são deixados no escuro, comparando-se com amigos, mas com pouco entendimento real.

No início da década de 1990, quando comecei a atender casais homossexuais, havia ainda menos idéias sobre o que acontecia depois da primeira troca de olhares do que para os heterossexuais. Então, comecei a pesquisar a literatura e encontrei um estudo de David McWhirter e Andrew Mattison, *The Male Couple* (Prentice Hall, 1984). Ao longo de cinco anos, eles pesquisaram 156 casais de homossexuais entre 20 e 69 anos na Califórnia. Nenhum deles estava em terapia e, portanto, representavam melhor a população em geral. McWhirter e Mattison logo encontraram padrões e prosseguiram para a identificação de uma série de estágios pelos quais passavam esses casais, cada um com seus assuntos e problemas específicos. Usando minha experiência de aconselhamento, adaptei esse modelo e, surpreso com sua grande utilidade, decidi apresentar minhas descobertas aos colegas. Antes mesmo da metade do caminho, ficou evidente para todos nós que esses estágios eram igualmente aplicáveis aos casais heterossexuais. Removendo todas as expectativas da sociedade sobre como devem progredir os relacionamentos, revelamos os padrões subjacentes do real desenvolvimento de todas as parcerias.

Meu mapa da rota desde o primeiro e hesitante "Amo você" até uma vida inteira de união compreende seis estágios, cada um deles com seus obstáculos e lições específicas para manter o amor vivo. Em alguns casos, os casais interpretarão questões que surgem naturalmente na progressão de um estágio para o outro como fracasso pessoal, ou até como "Deixar de estar apaixonado". Mas, na verdade, a Ligação Amorosa passou para uma nova fase e sofreu mudanças sutis. Outros casais ficam retidos em um ponto da jornada, ou um parceiro passa para o estágio seguinte mais depressa do que o outro, abrindo um lapso de diferentes atitudes e expectativas. Este capítulo explora cada estágio e o respectivo momento, olhando para as habilidades a serem adquiridas.

Fusão

PRIMEIRO ANO A 18 MESES DE RELACIONAMENTO

Os novos amantes só querem estar juntos. Dorothy Tennov, que nomeou esse fenômeno, escreve: "O objetivo do *Limerence* não é a posse, mas um tipo de fusão, uma 'unicidade', a euforia de êxtase da reciprocidade." Não há lugar onde esse estágio seja mais tangível do que no quarto, com os casais reportando elevada atividade sexual. Paula e Mark namoravam há três meses quando ela admitiu: "Adotamos o costume de escovar os dentes um do outro e passamos a usar a mesma escova. Sei que parece nojento, mas eu acho que é sexy, e essa prática nos aproximou ainda mais." Todas as diferenças são relevadas ou ignoradas quando duas pessoas se fundem em uma.

A *fusão* promove novas experiências e uma oportunidade para o autocrescimento. Se uma pessoa tem uma paixão, como por ópera, por exemplo, ou por montanhismo, egiptologia ou criação de cães, o parceiro vai mergulhar no hobby mesmo que nunca tenha tido interesse por ele. Isso pode começar como parte do processo de compartilhar tudo com o amado, mas pode crescer e transformar-se em uma vida inteira de divertimento. "Namorando Paula, eu me senti mais inteligente", explicou Mark, um rapaz de 29 anos. "Não cursei a universidade, apenas aprendi meu ofício. Paula tem um diploma, mas é tão interessada em tudo que se relaciona comigo que conquistei a confiança necessária para me expressar mais no trabalho." As experiências de Mark são típicas: durante a *fusão*, os parceiros se apropriam de qualidades desejadas que encontram no outro e as integram à própria personalidade.

A intensidade do estar junto significa que as duas pessoas sentem que entendem o parceiro e são completamente entendidas em retribuição. Quando os casais recordam esse período, ele parece repleto de magia e loucura. De fato, o ser humano precisa de um pouco de cada, ou jamais confiaríamos em um estranho o suficiente para deixá-lo entrar em nossa vida.

Problemas mais comuns:
- Cada parceiro teme aborrecer o outro e perder seu amor, por isso não mede esforços para evitar confrontos.
- Quando há uma discussão, é como se o mundo acabasse. Diferentes dos casais que estão juntos há anos, os casais na fase de *fusão* não têm a experiência de distanciamento um do outro, de discordância ou de reconciliação depois de uma briga. Intelectualmente, esses casais sabem que é possível sobreviver a uma briga, mas, sem uma prova concreta dessa sobrevivência, temem que qualquer confronto seja fatal.
- Um parceiro se contém por medo de perder a identidade.

Habilidade: Soltar-se
É importante render-se aos sentimentos durante a *fusão*. Por um lado, o *Limerence* ajuda os casais a baixarem suas barreiras, mas, ao mesmo tempo, a voz racional está sempre avisando, "Tome cuidado". Relacionamentos promovem o confronto entre dois instintos humanos fundamentais: todos nós queremos estar com alguém, ser compreendidos, abraçar e ser abraçados, mas também queremos estar no controle, ser donos do próprio destino. Relacionamentos bem-sucedidos promovem um equilíbrio entre essas duas necessidades. No entanto, para começar a jornada, especialmente à medida que ficamos mais velhos e mais cínicos, precisamos confiar e acreditar que dessa vez será diferente.

Aninhar

SEGUNDO E POSSIVELMENTE TERCEIRO ANO

O casal se torna mais comprometido e decide ir morar na mesma casa. O desejo sexual progride de um nível frenético para outro mais administrável. Finalmente, o casal se torna mais consciente das coisas que existem além do quarto, e construir um lar passa a ser a nova maneira de expressar o amor. É então que começa a Ligação Amorosa. Mas a vida em comum e a redução no nível do *Limerence* significam que questões suprimidas durante a *fusão* agora vêm à tona. Anteriormente, quando iam visitar a casa um do outro, era fácil evitar discussões sobre "quem faz o quê", mas agora esses assuntos práticos ocupam o centro do palco. "Não era mais a mesma coisa", relatou Nina, que vivia com Nigel havia pouco menos de dois anos. "Senti muito medo de estar deixando de amá-lo. Em alguns sentidos, isso até que não era ruim; eu me concentrava mais no trabalho. Deus sabe o que meus colegas podem ter pensado enquanto eu passava metade do dia ao telefone com Nigel." Enquanto o estágio anterior capitalizava a atração e minimizava as distrações, morar na mesma casa pode enfatizar as diferenças. "Pensei que Nina também quisesse comprar nossa casa, nosso cantinho", contou Nigel, "mas ela achava que pagar crédito escolar era mais importante. Pela primeira vez, olhei para ela e pensei: conheço mesmo essa mulher?" Felizmente, em vez de negar as diferenças ou ignorá-las, Nina e Nigel conversaram e resolveram os problemas. "Decidimos comprar alguns móveis de boa qualidade que poderíamos levar conosco", Nigel revelou. "Estamos pintando o apartamento alugado", acrescentou Nina. "Nina tem jeito para decoração", elogia Nigel. "Sei que não é muito, mas, quando mostramos o lugar a nossos amigos, sinto que realizamos algo importante: isso reflete o que nós somos", opina Nina, concluindo o pensamento dele. Infelizmente, alguns casais na fase do *ninho* preocupam-se com as diferenças emergentes, especialmente aqueles com ETAM. "O que está errado conosco?" Essa é uma pergunta típica. Esses casais em particular necessitam da confirmação de que o relacionamento não vai morrer, mas vai mudar para outra etapa.

Problemas mais comuns:
- Familiaridade pode gerar irritação: excentricidades transformam-se em hábitos detestáveis.

- Discussões freqüentemente centradas nos papéis do homem e da mulher dentro de casa. Por mais moderno que possa ser um casal, morar na mesma casa pode trazer de volta antigos modelos de papel a ser desempenhado aprendidos na infância.
- Argumentos andam em círculos sem serem resolvidos.
- Pesquisadores da Universidade do Texas sugerem que 18 meses a três anos correspondem ao período ideal de namoro para um casamento feliz. Mas alguns casais enfrentam dificuldades com a idéia do compromisso e decidem que morar na mesma casa é uma grande decisão.
- Durante a *fusão*, o casal só tem olhos um para o outro, mas agora amigos e família voltam a ser importantes. O retorno dessas forças externas pode causar tensões entre os parceiros.

Habilidade: Discutir

As discussões parecem ser sempre por coisas pequenas, como de quem é a responsabilidade de limpar o banheiro ou de que cor pintar as paredes do quarto, e os casais, especialmente os casais ETAM, acabam sempre sentindo que é inútil provocar uma cena. Esse tipo de discussão não deve ser evitado, porém, em parte porque as questões vão ganhar força, mas, principalmente, porque *discutir* oferece uma oportunidade para resolver conflitos. É melhor aprender com problemas menores, enquanto os riscos são mínimos, do que esperar até algo maior e inevitável aparecer de repente.

Auto-afirmação

TERCEIRO OU QUARTO ANO

Nesse ponto, os casais já enfatizaram semelhanças, talvez incentivando o parceiro a adotar um hobby favorito ou até a desistir de algo para passarem mais tempo juntos. No entanto, durante a *auto-afirmação*, um casal precisa ter confiança suficiente para desfrutar de atividades separadamente, para lembrar que existe um "eu", além de um "nós". Afinal, não são necessárias duas pessoas para comprar um martelo na loja de ferragens. É natural que traços, hábitos e características individuais reapareçam, e relacionamentos realmente necessitam da individualidade de cada parceiro para assegurar o crescimento.

Um exemplo de casal que negociou com sucesso a habilidade da independência e da interdependência é trazido por Maya e Robin, que já tinham filhos de relacionamentos anteriores. "No início, só fazíamos coisas como uma família", explica Robin, "mas, depois de algum tempo, comecei a sentir falta de jogar tênis, e como meu filho e os filhos de Maya também estavam interessados, comecei a treiná-los nas manhãs de sábado. Senti-me culpado quando sugeri a atividade, porque não queria excluir Maya, mas ela ficou feliz com a possibilidade de levar minha filha para fazer compras. E isso não nos impede de almoçar juntos." Na primeira semana desse novo arranjo, Maya se mostrou insegura, mas logo se convenceu: "Foi bobagem esperar que seríamos tudo um para o outro. Robin não gosta de ir ao cinema, e nada me impede de ir assistir a bons filmes com minhas amigas no início da semana. É mais barato." Robin e Maya encontraram outros benefícios. "O afastamento nos dava algo sobre o que conversar mais tarde, quando nos encontrávamos", explicou Robin.

Durante esse estágio, cada parceiro precisa equilibrar seus interesses com os do relacionamento. Isso pode ser um choque, especialmente depois da *fusão* e do *ninho*, quando as necessidades do relacionamento sempre estão em primeiro lugar. Alguns casais fingem que suas necessidades pessoais não têm importância, mas isso, em longo prazo, favorece a instalação do ressentimento e de possíveis problemas de identidade, um marco no ETAM. Outro problema durante a *auto-afirmação* é um parceiro colocar suas necessidades pessoais antes do outro. Isso é sempre interpretado como crítica pessoal — "Por que você não quer mais passar tanto tempo comigo?" —, não como um fenômeno natural desse estágio do relacionamento.

Problemas mais comuns:
- Se uma metade do relacionamento não tem uma idéia clara de quem eles são, ou tem baixa auto-estima, pode parecer mais confortável para ambos se esconder em um casal do que restabelecer uma identidade separada, paralela.
- Com casais ETAM, um parceiro vai sempre pensar que o tempo que o outro passa sozinho é uma ameaça à parceria, ou um parceiro será incapaz de expressar suas necessidades pessoais independentes.

- Um parceiro tenta impedir o outro de ter esse tempo pessoal, com medo de que isso assinale o fim do relacionamento.
- A disputa pelo poder ocupa o centro do palco.

Habilidade: Compromisso

Quando as disputas durante o *ninho* são resolvidas, o casal tem mais facilidade para lidar com as questões maiores que se escondem por trás das menos importantes. Durante os primeiros dois estágios, a necessidade básica humana de estar perto ocupou posição de destaque. Agora, com a *auto-afirmação*, a necessidade de estar no comando do próprio destino reaparece. Então, o casal recorda suas necessidades individuais e começa a negociar quanto tempo pessoal é permissível. Isso pode levar horas e horas de discussão, e com questões menores, especificamente, a situação pode ser exaustiva. Compromisso é importante, ou o equilíbrio deixará de existir, propiciando o favorecimento de um único parceiro e levando ao prejuízo da relação.

Colaboração

APROXIMADAMENTE DO QUINTO AO DÉCIMO QUARTO ANO

Os casais utilizam a segurança conquistada dentro do relacionamento e o maior senso de si mesmo obtido pela *auto-afirmação* para fazer deslanchar projetos externos bem-sucedidos. Pode ser uma mudança na carreira, um curso de extensão universitária ou simplesmente novos interesses. Esse estágio é chamado *colaboração* por conta do elevado grau de apoio oferecido pelo outro parceiro. O entusiasmo e o frescor gerados retornam ao relacionamento e são compartilhados. O projeto também pode ser comum ao casal, usando habilidades complementares, como, por exemplo, a escolha mais comum, ter filhos. Casais que se conhecem mais tarde na vida podem optar por um projeto comercial ou por uma viagem. Seja qual for o objetivo, comum ou individual, ele trará novos dados para o relacionamento e evitará a estagnação.

Durante a *colaboração*, confiança e fidelidade substituem insegurança e medo de possível perda, ambas existentes nos estágios anteriores. Os casais conquistaram uma confortável familiaridade e desenvolveram habilidades complementares na casa; sabem como o outro pensa e sente, mas sem as ilusões do primeiro ano. Uma espécie de taquigrafia compartilhada é utilizada para solucionar as diferenças, o que é bem distinto das horas de negociação dos estágios anteriores. Embora esse tipo de comunicação seja eficiente com relação ao tempo, pode causar mal-entendidos. Se um casal está cansado e estressado com as crianças, um parceiro sempre precisa de apoio extra. "Sei que Miranda me ama", disse Don, "mas seria bom se ela demonstrasse de vez em quando". "Quando nos conhecemos, ele tinha aquela mania engraçada de beijar diferentes partes do meu corpo e dizer que as amava", respondeu Miranda. "Parece estúpido pedir, mas seria muito bom." Se esse tipo de pensamento não é tratado, um dos parceiros acaba se sentindo isolado, como um companheiro de quarto, não um amante, e vai se tornar candidato fácil para o ETAM.

Problemas mais comuns:
- Tomar o outro por certo, ou um parceiro crescer mais depressa e, portanto, arriscar-se a deixar o outro para trás, o que é especialmente comum com casais que se conheceram pouco antes ou pouco depois dos 20 anos, no final da adolescência.
- Se a comunicação for deficiente, um parceiro pode envolver-se demais em projetos externos e negligenciar o outro.
- Há um limite tênue entre atividades separadas que enriquecem um relacionamento e aquelas que podem distanciar o casal.
- Esse é, provavelmente, o mais difícil dos seis estágios. Portanto, não surpreende que a duração média de um casamento fracassado no Reino Unido seja de 11,3 anos (Fonte: Office for National Statistics, 2004).

Habilidade: Generosidade
Anteriormente, compatibilidade e objetivos comuns eram os ingredientes para um relacionamento de sucesso. Nesses últimos estágios, a chave é a ausência do sentimento de posse. Pode ser uma transição difícil, e é especialmente dura quando um parceiro se envolve com algo novo, enquanto o outro ainda não está preparado ou não encontrou o próprio caminho. Casais ETAM sempre enfrentaram dificuldades relacionadas à

independência dentro da relação; é uma pena, porque casais que negociam com sucesso questões de *colaboração* deixam de viver apenas um do outro. A distância extra ajuda a manter vivo o interesse no parceiro e minimiza o potencial para o tédio. Casais nesse estágio devem ser generosos o bastante para incentivar os projetos do outro e acreditar que vão servir para melhorar o relacionamento, não prejudicá-lo.

Adaptação

QUINZE A VINTE E CINCO ANOS

Esses casais estão ocupados se *adaptando* às mudanças que surgem, em vez de lidarem com as alterações internas do relacionamento. Pode ser qualquer coisa, de filhos que saem de casa a pais idosos. A essa altura, cada parceiro já superou a fantasia do que o outro pode ser e desenvolveu a tendência para pensar que "Ele é assim, sempre foi e provavelmente sempre será" ou "De que adianta ficar sempre apontando suas manias? Elas são até engraçadinhas". Perversamente, é quando alguém deixa de tentar nos modificar e nos aceita como somos que passa a existir a maior probabilidade de união. Os casais nesse estágio se sentem contentes; amizade e companheirismo são importantes. Com a autoconfiança elevada e menor preocupação com a opinião de terceiros, esse é sempre um período de redespertar sexual. A freqüência pode não ser tão elevada quanto era no primeiro estágio, mas a qualidade é muito superior.

Nick e Anna servem de exemplo de como as pressões externas podem causar impacto sobre o casal: ele se sentia mais responsável pela mãe depois da morte do pai, enquanto Anna falava sobre como seria quando os dois filhos adolescentes saíssem de casa para cursar a universidade, deixando a casa vazia. Para eles, verificar como o relacionamento havia mudado durante os cinco primeiros estágios do amor proporcionou não só uma nova perspectiva, mas também um atalho na terapia. Antes, Anna era sempre a mais animada, sempre voltada aos aspectos positivos do relacionamento. Ao se concentrar nos desafios do estágio de *adaptação*, que, em seu caso, eram representados pela saída dos filhos de casa, ela disse: "Não é só a presença física, porque eles nunca estão em casa, mas é a idéia de que seremos só nós dois. Sinto tudo muito vazio."

Ela olhou para Nick: "Só você e eu no almoço de domingo." Agora Nick entendia que mudanças reais tinham de ser feitas para salvar o relacionamento.

Embora o estágio de *colaboração* possa ser o mais difícil, a *adaptação* é o estágio em que existe a maior possibilidade do ETAM. O lado negativo de aceitar o parceiro, com defeitos e tudo, é que a mudança passa a parecer impossível. Com esse ponto de vista, "ela/ele sempre foi assim" deixa de ser reconfortante e passa a ser deprimente. Homens e mulheres dizem "Quero me sentir especial novamente". E eles podem. Com um olhar renovado e algum esforço, o que parecia estagnado e vazio logo recupera o calor e a vitalidade.

Problemas mais comuns:

- Os parceiros podem tomar um ao outro por certo e passar a expressar menos os sentimentos, demonstrando menos emoção.
- Embora haja vantagens em aceitar os defeitos do outro, há também um aspecto negativo. Casais ETAM em particular sempre presumem que o parceiro é incapaz de mudar e, assim, romper o relacionamento parece ser a única solução.
- Às vezes, durante uma crise, um dos parceiros deseja retornar à segurança de um estágio anterior: homens que se tornaram ociosos sentem-se compelidos a fazer melhorias na casa, como no estágio do *ninho*, ou desejam um retorno à proximidade da *fusão*; mulheres que antes se encarregavam da maior parte dos cuidados — com os filhos e os pais idosos — podem retornar à *auto-afirmação*.
- Um parceiro presume que o outro tem muito com que se preocupar e não divide seus problemas.
- Problemas adormecidos começam a emergir, redespertados por eventos familiares. Por exemplo, a morte ou a grave enfermidade de um pai pode fazer alguém reavaliar a infância, o que pode ter um efeito bombástico e direto no relacionamento atual. Os filhos de um casal chegam à idade em que eles se conheceram, o que traz de volta questões há muito tempo enterradas. Essas conexões são difíceis de situar. No entanto, exatamente por isso, os casais precisam conversar sempre, em vez de se retrair para cantos distintos.

Habilidade: Ouvir

Nesses estágios os parceiros sentem que conhecem um ao outro muito bem, mas grandes mudanças de vida, como luto, eventos marcantes e traumas, podem provocar efeitos inteiramente imprevisíveis. Casais em *adaptação* presumem as reações dos parceiros e suas necessidades tomando por base o passado, que nem sempre serve de melhor prognóstico para o futuro. Portanto, é importante ouvir, realmente, tanto o que está sendo dito quanto o que fica subentendido. Algumas pessoas tentam resolver os problemas do parceiro, mas ouvir é ainda mais importante, especialmente quando alguém ainda está absorvendo o choque da mudança.

Renovação

VINTE E CINCO A CINQÜENTA ANOS OU MAIS

Casais mais velhos são freqüentemente os mais românticos e próximos. Isso é muito mais do que um eco do *Limerence* durante a *fusão*. A proximidade no primeiro estágio tem por base a promessa de um futuro em comum. Agora, o laço se baseia na realidade de uma vida inteira juntos. Parceiros em *renovação* deixam de olhar para fora do relacionamento e voltam toda a atenção para dentro dele. Na verdade, eles descreveram o círculo completo e começam a colher os lucros do investimento feito na relação. Memórias compartilhadas e piadas particulares são sempre muito importantes para os casais em *renovação*: "Todas as noites, antes de apagar a luz, digo a Martha que a amo", contra Iain, "mas ela tem sempre de dizer que me ama mais do que eu a amo. E talvez ela esteja certa; enfrentamos muitas coisas juntos, mas eu sempre soube que podia contar com ela." Esse tipo de segurança torna esses casais os menos propensos a enfrentarem ETAM.

Problemas mais comuns:

- Às vezes, no estágio de *fusão*, esses parceiros podem ter medo de expressar diferenças, especialmente quando outras pessoas começam a invadir o tempo de que dispõem juntos, por exemplo, quando os filhos pedem ajuda excessiva para cuidar dos próprios filhos.

- Preocupações com a saúde podem isolar e transformar a proximidade em claustrofobia. No entanto, essas são dificuldades menores para o relacionamento e esse estágio pode ser chamado de "o melhor de todos".

Habilidade: Paciência

À medida que envelhecemos é como se nos tornássemos uma caricatura de nós mesmos. Por exemplo, alguém que antes podia se preocupar apenas com a possibilidade de um ou outro atraso começa a percorrer o trajeto de uma ou outra viagem só para ter certeza de quanto tempo vai levar nele. Isso pode tornar a convivência conosco mais difícil, o que não é surpreendente. Portanto, paciência e compreensão podem ser habilidades úteis para negociar uma via de escape das idiossincrasias e manter o pior sob controle.

Por que não me enquadro nesses estágios?

Em geral, os primeiros três estágios se aplicam a qualquer idade em que alguém conheça o parceiro, seja o primeiro amor ou o de número 29. Os estágios 4 e 5 são sempre de menor duração para casais que se conheceram mais tarde na vida e para os segundos casamentos, enquanto o estágio 6 é outra experiência universal. Lembre-se de que *Os seis estágios de um relacionamento* servem de guia, não de prescrição. Então, não se preocupe se você não fez tudo na ordem certa. Por exemplo, alguns casais têm um filho (estágio 4: *colaboração*) antes de irem morar na mesma casa (estágio 2: *ninho*). Embora isso dificulte o equilíbrio entre independência e interdependência de uma relação bem-sucedida (uma habilidade crucial no estágio 3: *auto-afirmação*), muitos casais encontram uma saída. O caminho será mais acidentado, porém, o potencial para o crescimento será ainda maior. Em outra possibilidade, quando os tempos são difíceis, você pode se surpreender recuando para um estágio anterior. Um exemplo clássico é um casal que retoma o compromisso com o relacionamento depois de um dos parceiros ter tido um romance fora da relação. Essas pessoas vão passar vários meses muito intensos repetindo a *fusão*, mas o estágio será mais breve do que em sua primeira ocorrência.

Resumo

- Relacionamentos têm um ritmo natural e cada estágio tem uma época natural.
- Embora cada parceria seja diferente e sujeita a circunstâncias particulares, seguir o padrão geral propicia uma jornada mais fácil.
- Em tempos de estresse, um dos parceiros — ou os dois — pode recuar para um estágio anterior. Uma vez seguro novamente, no entanto, o casal será lançado de volta ao estágio natural.
- Problemas surgem porque as pessoas presumem que seus parceiros terão sempre as mesmas necessidades do início do relacionamento, mas a vida nos muda e muda nossas expectativas.
- Ficar retido em um estágio por deficiência no aprendizado da principal lição pode prejudicar seriamente a relação.
- Casais ETAM consideram o estágio da *auto-afirmação* sempre mais difícil porque preferem enfatizar as necessidades do "casal" a olhar para as necessidades individuais.
- Compreender *Os seis estágios de um relacionamento* é o primeiro passo para diagnosticar alguns dos problemas por trás da crise ETAM. E também pode ser o primeiro passo de um caminho rápido de volta a um relacionamento satisfatório.

Exercícios

Embora cada exercício tenha sido criado para seu estágio, essas habilidades podem ser úteis em qualquer momento. Por isso, vale a pena dar uma olhada em todos os exercícios e descobrir outras idéias sobre como resolver suas questões.

Fusão: Entrar em contato com seu adulto interior

Um novo amor pode transformar até o mais seguro dos adultos em um adolescente apavorado. Este exercício busca ajudá-lo a reencontrar o lado adulto e seguro de sua personalidade.

1. Em um lado de uma folha de papel, faça uma lista das coisas sobre as quais você discutiu no primeiro ano de relacionamentos anteriores.
2. Do outro lado da folha, registre como você resolveu essas questões. Isso o levará a retomar o contato com suas habilidades de vida duramente aprendidas.
3. Se você tem dificuldade para lembrar os problemas, aqui vão alguns títulos que podem servir de sugestão: dinheiro, limpeza, tempo de afastamento, amigos, educação dos filhos, arrumação, quem telefona mais vezes para o outro.
4. Finalmente, pense em como você pode usar essas habilidades para solucionar problemas atuais.

Discussões são vitais para limpar o ar e aprender sobre as necessidades do outro. Quando você constatar que essas questões podem ser resolvidas, será mais fácil se soltar e confiar no coração.

Aninhar: Questionar uma decisão

Ir morar com outra pessoa é uma grande decisão e muitos casais tentam adiá-la tanto quanto possível. Se você enfrenta problemas nesse campo, lembre-se de que relacionamentos não podem ser sempre iguais, imóveis; precisam se desenvolver. A melhor maneira de lidar com a ambivalência é questionar os sentimentos. Costumo comparar essa idéia a um entrevistador de programa de TV. Ele coloca o entrevistado em uma poltrona e arranca dele o máximo possível de informações sem fazer julgamentos de valores.

Normalmente, tentamos aplacar os medos de nossos parceiros. Para todo possível problema, temos uma resposta. Essa pode ser uma solução prática, reassegurar ("Não se preocupe, eu nunca faria tal coisa") ou desprezar ("Não seja idiota!"). Com esse exercício, você não apenas ouve os medos do parceiro, como também pede a ele para expandi-los e discutir todos os "e se" possíveis para o assunto. Experimente essas perguntas: Quais serão as conseqüências de irem morar na mesma casa? Com que outras desvantagens você está preocupado? O que pode acontecer de pior? O que mais?

Não tenha medo do silêncio enquanto seu parceiro pensa. Como terapeuta, descobri que mover a cabeça em sentido afirmativo incentiva as pessoas a se abrirem mais. Isso demonstra ativamente que você está ouvindo, mas não interrompe a linha de raciocínio do parceiro. Não se sinta tentado a falar para amenizar os temores do outro; apenas siga questionando o medo até que todas as possibilidades tenham sido esgotadas. Anote cabeçalhos que englobem os medos (por exemplo, "falta de espaço") e siga para a próxima área. Se os medos saem em jorros, escreva-os e depois estude um a um os cenários "e se".

Assim que todos os medos estiverem enquadrados em algum cabeçalho, você vai começar a ver quais são os mais importantes. Depois de um medo ter sido nomeado e anotado, é comum que meus clientes digam: "Na verdade, esse nem me incomoda tanto." Então, ele é removido da lista. Depois de ouvir os medos de seu parceiro, identifique aqueles que compartilha e acrescente outros que ele não tenha mencionado, mas que você sinta.

Assim que tudo for colocado abertamente e nos sentirmos ouvidos, nossos medos serão mais administráveis. Agora você está pronto para buscar possíveis soluções.

Auto-afirmação: Mesa de Reuniões do Relacionamento

Este exercício vai ajudá-lo não só a separar as responsabilidades individuais das compartilhadas, mas também a proporcionar uma oportunidade para o compromisso, o principal aprendizado deste estágio.

1. Em cartões separados, registre as maiores tarefas e responsabilidades geradas pela vida em comum. A relação pode incluir os seguintes tópicos: dinheiro, vida social, carro, jardim, cozinha, supermercado, decoração, seguro, pagar as contas, família, fazer compras, férias, animais de estimação, tarefas domésticas, lavanderia. Alguns casais gostam de incluir idéias abstratas como diversão, espontaneidade e carícias. A escolha é sua, mas, quanto mais cartões e mais detalhes, melhor.

2. Pegue uma folha de papel para cada um e divida-a em três colunas: eu, você e nós.

3. Anote onde acha que cada tarefa deve estar; depois compartilhe suas respostas e o pensamento por trás delas. Com freqüência, vocês vão concordar sobre quem faz o que, mas pode haver uma condição espe-

cial. Por exemplo, um parceiro se responsabiliza pelos cuidados com o carro, mas decidir a troca é uma responsabilidade conjunta. Essas condições oferecem uma oportunidade para esclarecer até onde vai o poder de cada um.

4. Lembre-se de que compromissos só funcionam quando as duas partes se beneficiam deles. Então, volte e verifique: A divisão é justa? Um de vocês recuou depressa demais? Um de vocês estava ansioso demais para agradar? Com compromisso genuíno, não há vencedores ou perdedores.

Aqui vai um exemplo da Mesa de Reunião do Relacionamento em ação: Samantha pegou imediatamente o cartão da "vida social", mas, em seguida, admitiu: "Nunca fui muito boa com questões de dinheiro e nem imagino como fazer um orçamento. Bob é muito bom nisso, então deixei que ele ficasse com a tarefa de calcular quanto gastamos em diversas áreas. É um alívio deixar de me preocupar com isso." Bob ficou satisfeito por pegar o cartão com essa responsabilidade específica. Logo ficou claro onde residia a força de cada parceiro. Os problemas surgiram quando Bob ou Samantha começaram a sentir que não eram devidamente consultados quanto às áreas do outro. Então, encontramos um compromisso: Samantha perguntaria a Bob se ele queria ou não ir a um concerto, mas ela se encarregava das reservas e convidava os amigos. Bob consultaria Samantha sobre orçamentos, mas ele tomaria as providências práticas, como consolidar empréstimos. O segredo é encontrar um equilíbrio que tire proveito dos pontos fortes de cada um, porém, sem minar o laço de amor.

Colaboração: Encontrar seu sonho

Se você ainda não encontrou um projeto no qual embarcar, seja com o parceiro ou sozinho, este exercício pode ser útil. Antes de começar, é importante entender os bloqueios que o impedem de alcançar seu potencial. Em vez de fantasiar sobre um possível projeto ou interesse e investigar propriamente as possibilidades, muitas pessoas dizem imediatamente a si mesmas uma destas coisas:

- "Não é prático." Esqueça a praticidade; qualquer coisa é possível em sonhos.

- "Não vai render dinheiro algum." Os sonhos alimentam a alma e expressam quem você é, provendo um interesse tão envolvente que o tempo simplesmente desaparece. Pode ser um curso de arte, construir uma estrada de ferro em miniatura no jardim de casa ou melhorar no golfe. Dinheiro não tem nada a ver com isso.
- "Não tenho talento suficiente." Os sonhos tratam de diversão, de prazer pessoal, então, se você realiza alguma atividade, razoavelmente ou mal, não tem importância. Se gosta de fazer isso, continue. Além do mais, pesquisadores descobriram que qualquer um pode alcançar o nível profissional em qualquer atividade, qualquer que seja sua aptidão original. São necessárias apenas 10 mil horas de prática. Quem sabe?

Depois de silenciar temporariamente seu crítico interno, agora você está pronto para:

1. Encontrar um local silencioso onde não será perturbado.
2. Fechar os olhos e imaginar onde gostaria de viver, que trabalho gostaria de fazer, que tipo de relacionamento, vida social e hobbies gostaria de ter?
3. Imagine todos os detalhes de modo que a fantasia pareça o mais real possível. Não imponha regras, não rotule nada como impossível até acabar de criar sua vida perfeita.
4. Preencha os cenários adequadamente. Que cores, cheiros e sons ele tem?
5. Imagine uma porta para seu mundo de sonhos, abra-a e entre nele. O que mais você pode aprender enquanto mergulha nesse sonho?
6. Abra os olhos e pense em como começar a realizar seu sonho.
7. Dê o primeiro passo no dia seguinte: marque as aulas de golfe, compre um livro sobre técnicas para pintar aquarelas ou comece a medir o jardim para construir a estrada de ferro em miniatura.

Adaptação: Habilidades para ouvir

Neste estágio do relacionamento, os casais pensam saber tanto sobre o parceiro que podem prever o que ele vai dizer, mas é possível que tenham deixado de ouvir realmente.

Todos se julgam bons ouvintes. Afinal, basta concentrar-se um pouco e não dizer nada. Simples. Ou não é? Em 1984, Howard Beckman e Richard Frankel registraram quanto tempo os médicos deixaram seus pacientes falarem sem interrompê-los. A média foi de *18* segundos. Lembrem, esses médicos sabiam que estavam sendo observados. É de se imaginar que tenham tentado demonstrar sua capacidade de ouvir. Quando viram os resultados da pesquisa, os médicos reagiram de duas maneiras distintas: primeiro, insistiram que haviam deixado os pacientes falarem por mais de 18 segundos; segundo, alegaram que, se os deixassem falar sem interrupções, jamais conseguiriam fazer nada, e os pacientes falariam interminavelmente. Então, Beckman e Frankel decidiram fazer uma nova pesquisa complementar. Dessa vez, os pacientes puderam falar por quanto tempo quiseram, sem nenhuma interrupção. Muitos falaram por 30 segundos, apenas, e nenhum deles falou por mais de 90 segundos.

O exercício de ouvir é muito simples, e um dos mais eficazes.

1. Jogue uma moeda para decidir quem começa.
2. O parceiro 1 pode falar por quanto tempo quiser sobre uma questão atual, sem interrupções.
3. Para provar que o parceiro 2 estava mesmo ouvindo, não ensaiando uma resposta, ele deve resumir os principais pontos quando o parceiro 1 terminar de falar. Três exemplos do que o parceiro 1 disse já são suficientes.
4. Troquem de lugar. O parceiro 2 fala, enquanto o parceiro 1 escuta.
5. O parceiro 1 resume os pontos colocados pelo parceiro 2.
6. Repita o procedimento quantas vezes forem necessárias.

Renovação: Esculpir o relacionamento

Neste estágio os casais se conhecem há tanto tempo que é bom ter uma nova perspectiva. Este exercício traz sentimentos complexos à superfície e ajuda a traduzi-los com palavras. Pode ser feito por uma só pessoa, mas é melhor quando realizado com o parceiro.

1. Pegue uma caixa de botões ou um punhado de moedas e espalhe-os sobre uma mesa.
2. Se você estiver fazendo o exercício com um parceiro, divida os objetos de modo que cada um tenha a metade deles.

3. Sem conferir, cada pessoa escolhe um objeto para representar a si mesma, um para o parceiro e um para cada membro da família.

4. Agora você vai criar uma imagem da família com esses objetos, sejam eles botões ou moedas.

5. Comece por você e seu parceiro. Quão perto ou quão longe deve colocar esses objetos?

6. Não pense muito em onde vai colocar todas as coisas. Siga os instintos, por enquanto.

7. Agora prossiga posicionando a família. Sua filha é mais próxima de seu parceiro do que de você? Às vezes ela se coloca entre os dois, e por isso deve ser posicionada no meio? Seu filho parece alheio à família? Qual é a melhor forma de demonstrar isso?

8. Agora acrescente hobbies, animais de estimação, interesses ou trabalhos que fazem parte de seu mundo. Onde esses objetos devem ser colocados?

9. Quando acabar de acrescentar tudo, examine o cenário e verifique se tudo está em seu lugar certo.

10. Compartilhe seu pensamento com o parceiro. Vocês escolheram o objeto que os representou por alguma razão especial? Explique o que simbolizam todos os objetos e suas razões para colocá-los naqueles lugares.

11. Finalmente, se pudesse mudar algo em seu cenário e no de seu parceiro, o que seria? Como é possível promover essa mudança no âmbito da realidade?

Lembre-se: mente aberta e novas idéias permitirão que o relacionamento continue crescendo.

Passo 2

Discutir

"Você nunca fala comigo, não adequadamente."
"Eu falo."
"Nunca sei em que você está pensando."
"Concordo com suas sugestões, não?
Ninguém perde a cabeça; é melhor assim."
"Mas nada é esclarecido."

Muitas pessoas preferem evitar discussões; são desagradáveis e às vezes agravam os problemas. No entanto, a escassez de confronto é tão ruim para o relacionamento quanto o excesso de briga. Um ou os dois parceiros vão engolir suas opiniões e acabarão ressentidos, ou o casal simplesmente se distanciará. Nada melhor do que começar a DISCUTIR para trazer à tona todas as questões.

Capítulo 3

Por que discutir é bom para o relacionamento?

Quando os pacientes que enfrentam o dilema do "Eu te amo, mas..." chegam ao meu consultório, é comum que não saibam responder à pergunta que mais incomoda o parceiro: Por que você deixou de estar apaixonado por mim? Meu diagnóstico mais comum é que o casal não está discutindo o suficiente. Há vinte anos, casais chegavam a meu consultório reclamando de brigas horríveis. Hoje, eles dizem: "Não conseguimos nos comunicar." É quase como se as boas discussões estivessem banidas de muitos relacionamentos modernos.

Nada de discussões, distanciamentos ou amargura. Parece maravilhoso, mas é realmente possível transcender completamente as tensões e viver em eterna felicidade? Na realidade, discutir é parte importante de uma parceria saudável; é assim que desvendamos as questões que são realmente importantes, e os parceiros passam a ter a capacidade de distinguir entre pequenas irritações e problemas sérios. Uma discussão cria o ímpeto de falar, extravasar, atropela desculpas e cria o sentimento de que "algo deve ser feito". Apesar do desconforto causado pelas discussões, elas podem ser saudáveis.

Então, por que temos tanto medo de brigar com aqueles que amamos? A primeira razão para evitar confronto é que, hoje, os casais sofrem pressão para ser amigos, além de amantes. Amigos não gritam um com o outro; amigos devem apoiar, compreender e, mais importante, aceitar o outro como ele é. "Meu marido tem o terrível hábito de interromper as pessoas", diz Kate, uma pesquisadora de mercado de 32 anos. "O padrinho de casamento dele até fez uma piada sobre o assunto em nossa cerimônia. Tento incentivá-lo a mudar, mas ele alega que eu conhecia seus defeitos quando nos casamos. Então, agora tenho de morder a língua."

Casais com filhos podem se sentir especialmente nervosos com relação às brigas. "Não na frente das crianças" é o lema de uma geração ultracautelosa com qualquer fator que possa ameaçar a confiança dos filhos ou causar problemas psicológicos. E com os filhos dormindo mais tarde, à medida que crescem, "Não na frente das crianças" torna-se uma desculpa para banir inteiramente as discussões. É uma pena, porque, quando testemunham uma discussão construtiva, as crianças aprendem lições importantes sobre honestidade, compromisso e reconciliação.

Outro motivo é que os casais são simplesmente gentis demais para discutir. Em muitas dessas parcerias, um ou ambos viram os pais se divorciarem e têm consciência de quanto um confronto pode ser apocalíptico. "No dia em que nos casamos, eu disse a Jim que discutiria e o ouviria, mas não brigaria", conta Lydia, uma técnica dental de 59 anos. "Vi meu pai e minha mãe brigarem incessantemente e aquilo não é vida." Em um mundo inseguro, no qual o trabalho é constantemente reestruturado e nossos parentes vivem longe de nós, os relacionamentos tornam-se mais importantes que nunca. Então, é tão espantoso assim que evitemos o conflito em prol da segurança?

Agendas profissionais atribuladas obrigam os casais a passarem menos tempo juntos. Em um nível mais simplista, se as pessoas raramente se encontram, não têm chance de brigar. Mas a questão é mais profunda. Da mesma forma que pais que se dedicam à carreira enfatizam a importância do "tempo de qualidade" com os filhos, casais querem que o pouco tempo que passam juntos seja perfeito. Essa expectativa não só pressiona o casal a tirar o máximo proveito dos momentos de lazer em comum, mas também torna os parceiros menos dispostos a expressar insatisfação. "Nosso único tempo juntos é nos feriados ou nos finais de semana", explica Robert, parceiro de Kate, vendedor de software de 35 anos. "Depois de gastar milhares de dólares em uma viagem aérea para as Maldivas, não vou ficar enciumado porque Kate flertou com os tripulantes." É necessário um bom tempo de convivência para que as pessoas se sintam relaxadas e baixem as barreiras, manifestando abertamente suas

POR QUE DISCUTIR É BOM PARA O RELACIONAMENTO?

insatisfações. Quando um casal formado por dois profissionais de carreira poderá ter esse tempo?

A natureza mutante do local de trabalho é outro ingrediente nessa combinação que nos torna menos propensos a discutir. Novas técnicas de administração têm banido o antiquado confronto em prol da busca pelo consenso, e isso se faz sentir também em casa. Michael tem 40 anos e é administrador na London Underground. Sua esposa, Sue, notou uma diferença nele depois de um treinamento específico. "Ele decidiu que só poderíamos expressar uma opinião se estivéssemos segurando o bastão da fala: uma colher de pau", ela relata. "Senti vontade de atacá-lo com a colher. Mas, cada vez que eu perdia a calma, ele dizia coisas como 'Ouço sua raiva' ou 'Não vamos resolver nada desse jeito'. E eu tinha de ficar repetindo que não era um dos subordinados dele na empresa." Sue descobriu que são necessárias duas pessoas para que haja uma discussão.

Alguns casais mais jovens e empolgados, particularmente aqueles com menos de 30 anos, sentem uma imensa pressão para serem perfeitos. Esses indivíduos podem ter sido excelentes na escola, freqüentado as melhores universidades e atuarem em profissões excitantes e bem remuneradas, e agora estão comprando suas casas. O relacionamento perfeito é outra conquista a ser registrada e, infelizmente, as discussões não cabem nesse perfil. Michelle, pesquisadora de TV de 27 anos, fala por muitos que buscam a perfeição: "Eu teria ficado mortificada se um de nossos amigos soubesse que Claude e eu enfrentávamos problemas de relacionamento." Michelle se preocupava muito com as próprias conquistas, e procurava saber inclusive se um de seus colegas fora promovido, caso estivesse sendo superada. O casamento tornou-se só mais um aspecto dessa competição. Lamentavelmente, esse casal fez tão bem o jogo que nem mesmo a própria Michelle percebeu as dificuldades, até o marido dela desaparecer por dois meses e ressurgir do outro lado do mundo.

Outros casais não discutem porque um parceiro quer tanto ajudar o outro a crescer que acaba se tornando quase um terapeuta ou guru. Como alguém pode reclamar disso? Afinal, é tudo pela melhor causa possível. "Só quero o melhor para você." No entanto, esses parceiros bem-intencionados podem acabar dizendo à outra metade o que se deve sentir. Martin, consultor financeiro de 42 anos, descobriu-se nessa posição: "Meu pai havia falecido e eu estava chocado. Pensava que ele estaria sempre ali para me ajudar. Como aquilo havia acontecido? Só queria ficar sentado e quieto no carro, olhando para frente e pensando, tentando pôr as minhas idéias em ordem. Mas, ao longo de toda a viagem de quatro horas, minha esposa repetia: "Você precisa pôr isso para fora." Há uma linha tênue entre tentar ajudar alguém e querer controlar essa pessoa.

Subjacente a todos os motivos acima relacionados para se evitar discutir, há um medo unificador: O que vai acontecer se a discussão sair do controle? Meus clientes confessam: "É grande a freqüência com que gostaria de explodir, mas tenho medo de não conseguir me controlar", ou "Se eu der vazão à raiva, vou enlouquecer completamente?" e "Ele/ela vai pensar menos de mim/me rejeitar?" É claro que todas essas preocupações são perfeitamente razoáveis, especialmente para alguém que raramente explode. Outro grupo de casais já teve discussões no passado, mas viveu experiências negativas: "Quando ela perde a cabeça, grita comigo, e eu odeio isso" ou "Se me zango, ele me ignora por dias e o clima fica horrível". Então, como esses casais superam seus temores? Em minha sala de terapia, garanto aos clientes que não permitirei que a discussão se torne abusiva e ainda os faço lembrar que nossa sessão tem um limite de tempo (55 minutos), de modo que o confronto não poderá durar para sempre. (É óbvio que tenho de me manter atento ao relógio para ter certeza de que os clientes não terão de ir embora em ponto de ebulição.) Também asseguro que não vai haver agressões ou silêncios frios. Em suma, meus clientes podem estar realizando proezas de grande risco, mas eu estendo a rede de segurança.

Se você tem muito medo de discutir ou não gosta mesmo de discussões, como pode se sentir seguro o bastante para se soltar em casa? Isso é importante porque, mesmo que você concorde com os méritos de discutir e digerir todas as técnicas para discussões construtivas — que serão apresentadas no próximo capítulo —, ninguém está preparado para entrar em uma arena sem proteção. Após vinte anos testemunhando discussões entre casais, descobri três armadilhas-chave que transformam os confrontos dessa natureza de frutíferos e, em última análise, curadores em algo improdutivo: culpar, depreciar e andar em círculos. Para cada uma dessas armadilhas, há uma estratégia distinta para evitar cair nelas ou escapar rapidamente. Para que essas estratégias sejam entendidas, preciso explicar a filosofia subjacente: as três Leis de Disputas no relacionamento. Esse conhecimento vai se tornar sua rede de proteção. A seção de exercícios no final do capítulo traz orientações sobre como incorporá-las a seu relacionamento.

As três Leis de Disputas no relacionamento

1. Todas as discussões são "seis de um e meia dúzia do outro"

Essa colocação tão sábia sempre foi a resposta de minha mãe quando minha irmã e eu brigávamos e tentávamos convencê-la a tomar partido de um ou do outro. Depois de vinte anos de experiência profissional, ainda não conheci um casal que não divida igualmente as responsabilidades por seus problemas, com exceção de comportamentos violentos e abusivos, ou quando um dos parceiros é dependente químico. De tempos em tempos, ouço uma história tão persuasiva que sou tentado a crer que finalmente encontrei uma exceção para a primeira lei. No entanto, com uma pequena investigação, sempre acabo descobrindo que a história não é o que parece. Os dois lados contribuíram igualmente, mesmo que de maneiras distintas, para a infelicidade que estão vivendo.

Infelizmente, nossa cultura, e particularmente a lei, se dispõem a separar o inocente do culpado. Quando dizemos a nossos amigos "Você não vai acreditar no que ele me disse" ou "Adivinhe o que ela fez agora", editamos a história para nos mostrarmos à melhor luz possível. Não mencionamos que estávamos a dois milímetros do nariz do parceiro, gritando com todo o ar dos pulmões, ou esquecemos convenientemente nossos gestos de crueldade e falta de consideração. Quando reconstruímos a briga, seja mentalmente ou para alguém ouvir, nós nos tornamos certos, enquanto o parceiro é o errado. Esse processo pode tornar mais fácil a convivência consigo, mas vai dificultar a vida com o parceiro.

E quanto ao adultério? Também é *seis de um e meia dúzia do outro*? Depois de uma traição amorosa, a sociedade gosta de rotular o "culpado", o que trapaceou, e o "inocente", o que foi enganado. Mas, de acordo com minha experiência, as circunstâncias são sempre mais nebulosas. Quando Donna teve um romance no trabalho e seu marido, Martin, descobriu, ela se sentiu profundamente envergonhada, e os dois procuraram a terapia. "Martin não quer ouvir as razões pelas quais me senti tentada", explicou Donna. "Ele tem estado tão ocupado que nem parecia prestar atenção em mim. Quando aquele colega de trabalho me notou, foi uma grande tentação. Ele até parecia se interessar pelo que eu dizia." Antes de tudo acontecer, Donna procurou conversar com Martin e planejar mais atividades conjuntas, mas o contrato mais importante de Martin se aproximava da data de renovação. Preso ao trabalho, ele nem notou que a esposa mantinha um caso. Donna ficou ainda mais aborrecida. "Eu me arrumava melhor sempre que ia sair, e estava saindo mais, é claro. Minha disposição também era outra, sempre oscilando entre a euforia e o horror por ser capaz de me comportar daquela maneira. Mas Martin nem percebia." No final, ela confessou o romance e o encerrou. O que Donna fez foi errado, mas o comportamento de Martin contribuiu para isso. Inocente? Culpado? Alguém pode realmente atribuir culpa? E, em última análise, isso importa?

Quando todos os "se", "mas" e "circunstâncias atenuantes" são removidos, a responsabilidade em toda disputa de relacionamento é sempre dividida igualmente entre as partes. Uns podem dizer que a divisão fica em 48 por cento e 52 por cento, mas alguém com alguma generosidade de espírito, outro atributo importante em um relacionamento, vai sugerir que é bobagem discutir ninharias.

Quando o *seis de um e meia dúzia de outro* é posto na mesa, os casais têm menor probabilidade de cair na armadilha da atribuição de culpas durante uma discussão mais acirrada. Afinal, as duas metades contribuíram para o problema.

2. Iguais emocionais se atraem
Quando eu me preparava para ser terapeuta conjugal, tive dificuldade em aceitar essa idéia de que os iguais emocionais se atraem. Certamente, em todo relacionamento, uma pessoa é melhor que a outra para falar sobre os sentimentos, o que a torna potencialmente mais preparada para lidar com as emoções, certo? É comum ouvirmos dizer que metade de

uma parceria, normalmente a mulher, é melhor com os relacionamentos. Em muitas ocasiões, um parceiro traz o outro para a terapia com a mensagem implícita, às vezes verbalizada: "Eu estou bem, é ele/ela quem precisa de ajuda." No entanto, vinte anos sendo terapeuta me ensinaram que não é bem assim. Sorrio quando fica evidente que os dois parceiros precisam das sessões... igualmente.

Para explicar essa segunda lei, é importante entender o que configura um indivíduo emocionalmente saudável. O primeiro fator é a capacidade de se envolver com os sentimentos e ser honesto sobre eles. Toda família tem assuntos problemáticos transmitidos de geração em geração, com os quais a família se sente tão desconfortável que cada membro finge que nem existem. Exemplos comuns seriam sexo, raiva, dinheiro, competitividade, rivalidade entre irmãos e ciúme, mas a lista é interminável. "Quando eu estava crescendo, minha mãe ficava toda agitada sempre que a TV exibia um beijo", disse Terry, um encanador de 29 anos, "e, embora eu brincasse com ela sobre o assunto, nunca me senti realmente confortável para conversar sobre sexo e, diferente de meus colegas no trabalho, nunca me gabava de uma conquista nem fazia piadas indecentes. Não me sentia bem." É evidente que, por sermos humanos, não podemos nos desligar de todas as emoções complicadas, por isso as ignoramos. Comparo essa atitude a colocar uma tela para esconder uma imagem desagradável. Via de regra, quanto menos emoções ocultas atrás da tela, mais emocionalmente saudável o indivíduo é. Algumas pessoas têm telas baixas e olham por cima delas com facilidade para espiar as emoções complexas; outras mantêm telas tão altas e espessas que nem tomam consciência desses assuntos isolados.

O segundo fator para a saúde emocional são os limites bem equilibrados. Em algumas famílias, todos os membros se metem tanto na vida uns dos outros que fica difícil definir quais problemas e emoções pertencem a cada integrante da família. Esses limites tênues podem representar um problema, uma vez que as crianças podem se transformar em adultos que não respeitam a necessidade de privacidade de um parceiro nem entendem que pessoas diferentes podem ter pontos de vista distintos. Por outro lado, há famílias em que os limites são tão restritivos que os membros não compartilham absolutamente nada; essas crianças podem se transformar em adultos que se isolam dos pais.

Em muitos casos, alguém que parece ser muito bom ao falar de relacionamentos pode se sentir confortável apenas com um número restrito de emoções. Enquanto isso, o parceiro que fala menos, porém pensa com mais profundidade, pode ter facilidade para mergulhar nos assuntos complexos ocultos atrás da tela. De modo alternativo, o parceiro silencioso pode ser melhor ouvinte. Quaisquer que sejam as diferentes habilidades, telas e limites que cada parceiro leva para o relacionamento, ambos têm um nível compatível de maturidade emocional. É comum que essas habilidades sejam complementares, e o segredo da terapia conjugal reside em induzir um casal a exercer pressão na mesma direção.

Um exemplo de relacionamento que parecia ser emocionalmente desequilibrado é o de Carrie e Jay, pessoas com mais de 50 anos e com dois filhos adultos. Carrie sempre se encarregava de falar e, quando eu fazia uma pergunta qualquer a Jay, ele encolhia os ombros ou dizia: "Não sei." Essa era a dica para um longo discurso de Carrie sobre a mãe de Jay, sua infância e o que ele estava sentindo. Jay ficava ali sentado, assentindo. Carrie era certamente fluente na linguagem dos sentimentos, mas se sentia desconfortável quando os holofotes se voltavam em sua direção. Seus lábios produziam uma enxurrada de palavras, mas, posteriormente, quando eu lia minhas anotações, constatava que ela não dissera nada de concreto. Então, passei a pedir a Jay para falar sobre o passado de Carrie e, aos poucos, alguns fatos emergiram. "A mãe de Carrie esteve doente durante boa parte de sua infância, e ela costumava ficar deitada no sofá da sala", ele relatou. "Eu me tornei seus olhos e ouvidos", Carrie acrescentou. Lentamente, eles pintaram o cenário de uma menina pequena que passava horas ouvindo as queixas da mãe e era uma espécie de depositária de sua agonia. Carrie também era portadora de notícias da família e dos vizinhos, e eles discutiam os detalhes de cada relato. "Isso me fazia sentir importante, boa", explicou uma Carrie mais contida. Jay era fruto de uma família na qual ninguém falava sobre sentimentos.

Era fácil entender a atração entre os dois. Jay encontrou alguém com quem discutir aqueles sentimentos proibidos, enquanto Carrie encontrou um parceiro para seu ato de ventriloquismo. O relacionamento funcionou bem no início, mas Carrie foi se tornando mais expressiva, enquanto Jay ia mergulhando mais e mais no silêncio, até que eles começa-

POR QUE DISCUTIR É BOM PARA O RELACIONAMENTO?

ram a se odiar, como sempre acontece, pelas qualidades que, a princípio, os atraíram um para o outro.

Foi uma questão de Jay que trouxe o atalho para algumas respostas na terapia: "Você e sua mãe conversavam sobre seu relacionamento?" Carrie exalou com violência, como que para demonstrar impaciência. Eu fiquei quieto. "Não pode ter sido divertido passar os dias trancada em casa com sua mãe, enquanto as outras meninas iam brincar", Jay acrescentou pensativo. Carrie sempre analisara a família, mas havia limites tácitos. O relacionamento com a mãe e as restrições por ele representadas eram tabus. Apesar de ser mais distante da família, Jay havia utilizado esse distanciamento para aguçar a percepção. Ambos tinham seus pontos fortes e fracos no aspecto emocional; realmente, os iguais se atraem.

Iguais emocionais se atraem é uma filosofia muito difícil de aceitar. Lembro-me de tê-la explicado a uma jornalista, que ficou imediatamente pensativa. "Então, o que isso revela sobre mim, se acabei de ter um relacionamento breve com alguém carente e paranóico?", ela indagou. Lamentei não ter ficado quieto. Mas ela mesma respondeu à própria pergunta: "Depois do meu divórcio, acho que carente e paranóica é a melhor descrição para mim." Muitas outras pessoas teriam considerado mais fácil culpar o ex-parceiro do que olhar para si mesmas. Mas atribuir a culpa ao parceiro nos torna desrespeitosos e cruéis com ele e, em última análise, produz discussões destrutivas e depreciativas.

Entender que *iguais emocionais se atraem* torna as pessoas menos propensas a cair na segunda armadilha das discussões: a depreciação. Afinal, cada parceiro tem tantos defeitos — e qualidades — quanto o outro.

3. A regra 80/20

As questões renitentes, aquelas que são realmente difíceis de resolver, são quase 80 por cento relacionadas ao passado e só 20 por cento relativas ao presente. Padrões estabelecidos na infância têm um efeito devastador sobre os relacionamentos adultos, mas é comum que não se tenha consciência deles. Quando Kitty passou no exame de motorista aos 25 anos, não conseguiu compreender por que o fato de o parceiro não ser

DISCUTIR

capaz de dirigir se tornara um problema tão grande. "Nunca havia me incomodado antes", ela disse. Quando foi apresentada à idéia de que as discussões podem ter raízes na infância, porém, Kitty começou a fazer conexões: "Meu pai começou a perder a visão quando eu tinha uns 3 anos; de fato, minha lembrança mais antiga é a do carro sendo guinchado depois de um acidente terrível. Daquele dia em diante, minha mãe dirigia sempre, e havia ocasiões em que ela se ressentia por nunca poder beber nas festas." Para Kitty, o fato de o parceiro se sentar automaticamente no lugar do passageiro desencadeou associações passadas. Assim que entendeu os sentimentos e os explicou ao parceiro, dirigir passou a ser uma questão menos importante.

Outro exemplo da *regra 80/20* é oferecido por Brian e Andy, um casal homossexual para quem gosto e decoração são motivos de confronto. Eles sempre brigavam quando tinham de comprar alguma coisa para a casa. Os 20 por cento se relacionavam a um tapete de fibra natural para a sala de estar, mas os 80 por cento tinham raízes no passado, nas atitudes de suas respectivas famílias quanto a dinheiro. Andy foi criado por uma família de classe média, na qual dinheiro nunca havia sido problema, até o alcoolismo do pai escapar ao controle e os negócios irem por água abaixo. Com essa experiência, Andy aprendeu a desfrutar do dinheiro enquanto ele estava disponível. Brian cresceu em uma família da classe operária, com seis irmãos e irmãs, e apesar de o pai ter tido um emprego estável, dinheiro era sempre problema. Uma de suas lembranças mais nítidas da infância é ter encontrado um dinheiro na praia, a alegria de poder dá-lo à mãe e a comida extra que o achado proporcionou naquela semana. A lição que Brian aprendeu na infância é que dinheiro é escasso e deve ser poupado. Embora a compreensão da *regra 80/20* não tenha servido para decidir se Brian e Andy deviam ou não comprar o tapete, impediu que a disputa escapasse ao controle e prosseguisse em círculos intermináveis.

Compreender a *regra 80/20* vai impedir que as mesmas questões retornem repetidamente e que uma discussão resvale para as acusações amargas. Para aprender mais sobre as três Leis das Disputas no relacionamento, e para agregá-las a seu plano de segurança, verifique os exercícios no final do capítulo.

Resumo

- Discussões são necessárias para solucionar conflitos inevitáveis entre duas pessoas num relacionamento amoroso.
- Muitos casais temem discutir e perder o controle.
- Mal-entendidos, problemas e discussões são *seis de um e meia dúzia do outro;* com esse conceito em mente, os casais vão parar de se culpar.
- A segunda Lei da Disputa nos relacionamentos — *Iguais emocionais se atraem* — mostra não só que as duas metades de um casal têm habilidades iguais para solucionar uma discussão, mas também que essas habilidades costumam ser complementares.
- Se uma disputa parece ser insolúvel, verifique como os 80 por cento do passado direcionam os 20 por cento do presente. Isso ajuda os casais a compreenderem o que estão disputando realmente e impede que a discussão ande em círculos.

Exercícios

Seis de um e meia dúzia do outro

Naturalmente, é mais fácil identificar quando outros casais dividem entre si a mesma medida de culpa do que aceitar igual responsabilidade em nossos relacionamentos. Então, enquanto tenta se apegar a essa idéia, faça um intervalo no esforço de examinar sua vida e olhe para um casal de um programa de TV, de um livro ou de um filme.

Vejamos, como exemplo, Mr. Darcy e Elizabeth Bennett, o casal atemporal criado por Jane Austen, que até nos auxilia a identificar suas respectivas fraquezas dando ao livro o título de *Orgulho e preconceito*. Ela equilibra com cuidado suas personagens, de modo que a culpa por mal-entendidos e obstáculos à sua felicidade possa ser depositada igualmente aos pés de ambos. E Jane Eyre e Mr. Rochester, ou Rhett Butler e Scarlet O'Hara? Assista ao seriado *Friends* e examine a responsabilidade de Rachel e Ross ou Chandler e Monica.

Depois de algum tempo, fica mais fácil identificar o *seis de um e meia dúzia do outro* em casais famosos. Quando isso acontecer, comece a aplicar o mesmo teste em seu relacionamento.

Iguais emocionais se atraem

Quando é difícil acreditar em algo, é útil buscar evidências disso em sua experiência de vida. Este exercício vai ajudá-lo a explorar o conceito e servir de ponto de partida para uma reflexão sobre seu relacionamento.

1. Escolha um casal que você conhece bem e tenha oportunidade de observar regularmente. Se seus pais ainda estão juntos, essa seria a relação ideal, mas os pais de seu parceiro, um irmão e seu parceiro ou um casal de amigos também surtirão o mesmo efeito.
2. Pegue uma folha de papel, divida-a ao meio e, no topo de cada metade, escreva o nome de cada um dos parceiros.
3. Pense em todas as qualidades pessoais que colaboram para um bom relacionamento: expressividade de sentimentos; manter a proporção das coisas; saber ouvir; estar aberto a mudançaas; limites bem estabelecidos; ser criterioso; coragem; capacidade de perdoar; ser atencioso; ser assertivo; estar disposto a aceitar compromissos; ser afetuoso; ser curioso; saber elogiar; autocrítica; generosidade; ambição; simpatia; ser confiável em tempos de crise.
4. Localize cada uma dessas qualidades — e tantas outras que puder nomear — sob o nome de cada parceiro. Se ambos demonstram a mesma qualidade, anote-a para os dois.
5. Se quiser, pode acrescentar também os defeitos, mas não é essencial.
6. Compare os dois parceiros. O casal é bem equilibrado? O parceiro que parece ter menos itens em sua lista tem alguma qualidade oculta e difícil de identificar?

A Regra 80/20

Esse conceito é mais fácil de apreender do que os outros exercícios, por isso vamos começar mais próximos do objetivo.

1. Faça uma lista das coisas mesquinhas e pequenas que mais o irritam em seu parceiro. Por exemplo, ficar andando pela casa sem se vestir

no dia de folga; provocar o cachorro; deixar as contas jogadas no hall de entrada.

2. Agora investigue a si mesmo e descubra por que essas coisas o aborrecem. O que significa cada um desses hábitos para você? Que lembranças eles trazem? O que diriam seus pais sobre essas coisas? O que teriam dito seus antigos namorados ou parceiros?

3. Agora lembre sua infância e traga à tona a memória mais antiga. Verifique quantos detalhes consegue recordar. Onde você estava? Quem mais estava lá? Quais eram as cores, os cheiros e os sabores? Você tocava alguma coisa? Como se sentia? Assim que a lembrança for tão nítida quanto possível, procure outros momentos da infância que possam se relacionar a ela.

4. Ainda brincando de detetive, comece a montar um caso. Lembre-se de como os detetives primeiro experimentam uma teoria, explorando mentalmente as possibilidades e, em seguida, buscam evidências, seja para sustentá-la ou para abandoná-la. Utilize a mesma abordagem com as influências de pai e mãe sobre sua personalidade e nas questões de seu relacionamento. Por exemplo, Kitty — cujo pai perdeu a visão — poderia descobrir como essa primeira lembrança a havia amedrontado. Aos 3 anos, somos muito dependentes dos pais. Depois, ela poderia perguntar que impacto isso teria exercido em sua escolha de parceiros. Ela escolhe a segurança ao lado de um homem confiável? Contrariamente, é possível que a necessidade de confrontar os próprios temores a induza a escolher a excitação de estar com um homem perigoso. Não feche nenhuma linha de investigação sem considerá-la e sem testar sua reação instintiva a ela. Isso é difícil, porque somos naturalmente leais a nossos pais, mas o objetivo é compreender nós mesmos, não culpá-los.

5. Finalmente, pense nas colocações preferidas de seus pais. Eles podem ser filosóficos, dizendo, por exemplo, "A vida não é justa", ou "Faça o que gostaria que fizessem", ou "Não existe essa história de não posso", ou podem ser pessoais, como em "Por que não pode ser mais parecido com seu irmão?", ou "Rapazinhos não choram", ou "Não se preocupe, você é o mais..." (preencha a lacuna: lindo, esperto etc.). Verifique como o gotejar constante dessas idéias marcou sua personalidade ou sua visão de mundo. Quantas dessas questões

difíceis com seu parceiro foram construídas a partir dessas opiniões? Elas ainda são verdadeiras?

Considerar essas questões o ajudará a identificar os 80 por cento escondidos de um determinado problema atual com seu parceiro, fatores para os quais você pode não ter estado ciente até então.

Capítulo 4

Ter o tipo de discussão que resolve problemas

Desde a revolução sexual, na década de 1960, a sociedade deixou de considerar o sexo algo sujo, ruim ou constrangedor que deva ser escondido. O sentimento proibido da atualidade é a raiva. Mas esta, como o sexo, é parte do ser humano e não vai desaparecer só porque assim desejamos. Mesmo que não gostemos de admitir, todo mundo fica zangado em algum momento. Casais ETAM se sentem especialmente incomodados ou amedrontados com a raiva e, portanto, desenvolvem estratégias para manter o conflito longe. No entanto, todas essas estratégias não só falham em lidar com a raiva subjacente, como causam um sofrimento ainda maior do que o de lidar com ela imediatamente e de frente.

Estratégias para evitar a raiva

As quatro estratégias mais comuns para evitar a raiva são: distanciamento, racionalização, salto e bloqueio. Depois de examinar as armadilhas e os becos sem saída de cada estratégia, mostrarei o que acontece com a raiva não-resolvida. Finalmente, com nosso plano de segurança do capítulo anterior, estaremos prontos para estudar os detalhes das discussões produtivas: o que dizer, o que não dizer e quando se calar.

Distanciamento

Os casais dizem a si mesmos: "Não importa", "Vamos aceitar que somos diferentes" e "No final, quem se importa?". Deixar a raiva no gelo pode funcionar em curto prazo, mas essa estratégia pode congelar todos os outros sentimentos, inclusive os positivos. O efeito é devastador. Jennifer é uma advogada de 40 anos: "Havia coisas com as quais eu não concordava, coisas importantes, mas eu não queria criar problemas. Por isso, não dizia nada; eu me fechava e, aos poucos, todas as minhas emoções foram ficando entorpecidas." Um dia, Jennifer acordou em um casamento sem paixão, caminhando para o divórcio sem saber o que estava errado. "O foco de nossa terapia estava em aprender a discutir de maneira produtiva", explica ela. "Embora nada tenha sido solucionado enquanto estávamos gritando um com o outro, mais tarde, quando nos acalmávamos e tínhamos uma conversa civilizada, sempre chegávamos a um consenso." As conversas eram produtivas porque vinham após um conflito catártico. No entanto, isso é difícil, e muitos casais se descobrem presos em um círculo vicioso. Não discutem e não processam a raiva, e assim se tornam retraídos e menos propensos a se comunicar, até que a única estratégia que resta é o distanciamento.

Racionalizar

Enquanto os sentimentos são geralmente localizados no corpo — por exemplo, amor parece uma dor no peito, enquanto o medo é uma opressão no estômago —, racionalizar mantém tudo lógico, plausível e na cabeça. Nick e Anna preferiam descrever seus confrontos como "discussões acaloradas" e, em vez de extravasar a raiva, eles tentavam neutralizá-la mantendo tudo muito lógico. Um exemplo típico seria a ocasião em que Nick cotovelou Anna na cama durante a noite. "Ele me atacou", ela se queixou. "Não creio que tenha sido um ataque", protestou Nick. "Isso sugere um elemento de premeditação", Anna respondeu imediatamente: "Agora não posso nem ter uma opinião?" As questões subjacentes não eram tratadas, uma vez que a discussão passou a girar em torno da linguagem, e tudo no mais razoável tom de voz. Pelos padrões de Nick e Anna, aquela fora uma briga feia, mas eles ainda estavam satisfeitos e ferviam por dentro. Por isso começamos a descobrir as questões reais. O cotovelo nas costas durante uma noite agitada simbolizou o que Anna via como uma atitude descuidada de Nick. Mas, como queria que ele ficasse, ela se dispôs a ser "doce e suave". O sentimento ainda tinha de emergir de alguma maneira, e essa "discussão acalorada" era uma tentativa subconsciente de Anna para lidar com parte da frustração. Se ambos houvessem perdido a cabeça, Anna provavelmente teria explodido e revelado a verdade sobre conter os próprios sentimentos. Ao manter tudo muito racional, Nick e Anna se protegiam não só de vozes alteradas, mas também de uma compreensão apropriada da dinâmica de seu relacionamento e de uma solução duradoura.

Salto

Os casais concordam que ficam zangados, mas, como ainda se sentem culpados ou incomodados, empurram o sentimento para longe o quanto antes. A raiva é normalmente um chamado, um aviso de que algo está errado, mas, em vez de ouvir a mensagem escondida sob a dor, esses casais saltam diretamente para a solução da disputa. Jackie chegava em casa mais tarde que o parceiro, Peter, e começava imediatamente a preparar o jantar. Quando estava atrasada, ela pedia ao marido para cortar os vegetais ou a carne. Peter se dispunha a ajudar, mas a situação quase sempre acabava com um ou outro zangado. Às vezes, ela saltava a etapa da discussão tentando adivinhar qual poderia ser o problema de Peter. "Sei por que está irritado. Essa faca precisa ser amolada", dizia. Ou "Está aborrecido porque sua tábua de corte preferida continua na lavadora". Em outras ocasiões, era ele quem tentava dar uma solução imediata ao problema. "Teve um dia difícil no trabalho. Vá descansar e ponha os pés para cima." Assim que a raiva surgia em cena, Peter e Jackie tentavam evitar a discussão escapando pela saída mais rápida. Essas sugestões poderiam ser feitas com amor, mas, ao saltar a etapa da raiva, eles só encontravam respostas superficiais. Na terapia, removemos uma a uma as camadas sob as tábuas de corte, as facas sem fio e o cansaço: Jackie sentia que uma boa esposa devia ter uma refeição quente pronta num determinado horário; Peter conseguiu assegurá-la de sua flexibilidade. Mas havia mais em suas discussões do que esse sentimento. Em essência, o casal abrigava idéias muito rígidas sobre o que homens e mulheres faziam em um relacionamento. Jackie pensava estar sobrecarregada com uma parte muito grande das tarefas domésticas e queria mais ajuda, enquanto Peter temia que ela quisesse comandá-lo, como seu chefe fazia no trabalho. Embora estivesse disposto a realizar mais atividades em casa, não queria repetir no lar a mesma dinâmica que vivia no escritório. Quando deixaram de saltar a etapa da raiva, Peter e Jackie descobriram todas as camadas da discussão e encontraram uma solução adequada.

Bloqueio

Essa técnica para evitar a raiva é rara em casais ETAM, mas muito comum entre o restante de minha clientela; uma metade fica furiosa, enquanto a outra simplesmente se recusa a vivenciar esse sentimento. Nesses relacionamentos, o conflito é direto e, algumas vezes, amargo. Sian e Steven eram geralmente capazes de resolver suas diferenças, mas havia um tópico que superava completamente essa capacidade: Steven tinha dois cães enormes que haviam sido criados especialmente para recuperar objetos na água, e nos finais de semana ele participava de competições. Sian não era amante dos cães, muito menos de enormes cães molhados e peludos, e por isso os animais viviam em um canil do lado de fora. No entanto, o potencial para discórdia contido no hobby de Steven era imenso. Quando Sian tentava reclamar ou afastá-lo do hobby, Steven ficava silencioso e a deixava falar, ou se retirava do aposento. Sian ficava furiosa, consumida pela raiva. Embora Steven também se zangasse, e talvez até batesse uma porta, jamais expressava esses sentimentos diretamente a Sian.

Raiva não-processada

Algumas pessoas são tão determinadas em mascarar sua raiva — porque pessoas boas não ficam zangadas — que ela não tem outro lugar para ir a não ser para dentro. No final, a raiva se transforma em dores de cabeça, úlceras, enfermidades nervosas, depressão ou auto-abuso. Os outros custos da raiva encoberta são rebaixamento do auto-respeito e não obter aquilo que se quer. No outro extremo da escala, está a raiva súbita. Essas pessoas negam a raiva — porque não gostam do sentimento em si mesmas ou nos outros — até a pressão atingir níveis intoleráveis e ocorrer a explosão. Por exemplo, Virginia podia se tornar — como descreveu George, seu parceiro — furiosa. Ela gritava, praguejava e até atirava objetos, como a tigela do café-da-manhã que ele deixava na pia, em vez colocar na lavadora de pratos. Mentalmente, George desprezava esses acessos e rotulava a parceira como uma "doida descontrolada". Mas, como Virginia havia suprimido todas as irritações prévias, George não tinha consciência de milhares de outras coisas que vinham ameaçando sua compostura, apenas da última gota. Do ponto de vista dele, essa raiva não tinha propósito ou razão: "Eu já havia deixado o prato na pia centenas de vezes antes, e ela nunca reagira desse jeito. Foi desproporcional ao crime."

Casais ETAM normalmente encontram caminhos menos dramáticos para lidar com a raiva não-resolvida. Penso nisso como raiva furtiva, porque, em vez de confrontar diretamente a questão, a pessoa faz jogos, conscientemente ou não. Em casos de raiva furtiva, as pessoas podem parecer cooperativas na aparência, mas, na verdade, nunca fazem aquilo que lhe solicitam. Esquecem de dar telefonemas, adiam projetos importantes ou carregam a lavadora de maneira errada deliberadamente, de modo que o parceiro não volta a pedir tais favores. Os psicólogos chamam esse comportamento de passivo-agressivo. Enquanto a raiva positiva explode e limpa o ar, a agressão passiva permanece, paira, envenena o relacionamento. Na infância, essas pessoas foram ensinadas a não gritar, não responder, não perder a calma, não discutir nem se rebelar. Na verdade, seus pais estavam dizendo: "Vamos fingir que esses sentimentos e impulsos não existem em mim e eu fingirei que eles não existem em você." Adultos passivo-agressivos sempre têm um milhão de desculpas que dificultam a solução das questões reais.

Mark, funcionário público de 37 anos, aceitava fazer alguma tarefa solicitada pela parceira, mas não se sentia cooperativo. "Eu sorria e concordava. Sim, é claro, é minha vez de esvaziar o cesto de roupas sujas. Mas nunca ia lá e esvaziava o cesto. Não ia aceitar ordens." No final, a parceira retaliou e parou de fazer coisas por ele também. Eles chegaram à terapia com a relação estagnada, mas Mark aprendeu a ser honesto sobre seus sentimentos, em vez de esconder a raiva furtivamente. Por fim, eles conseguiram negociar quem faria o que, em vez de se atacarem surdamente. Outros jogos feitos por passivo-agressivos incluem: "Ops, esqueci"; "Sim, mas..." (acrescente aí uma desculpa qualquer); agir como estúpido e incapaz; e ficar de mau humor. Enquanto isso, o parceiro perde a paciência e a cabeça. Então, o passivo-agressivo reage indignado e culpa o parceiro pelo aborrecimento. Embora uma pessoa passivo-agressiva possa parecer poderosa, seu único mecanismo de controle reside em frustrar os outros; eles sempre perdem de vista as próprias vontades e necessidades, e acabam vivendo relacionamentos insatisfatórios. Há mais detalhes sobre lidar com a agressão passiva na seção de exercícios.

Outra alternativa de raiva furtiva é o ressentimento barato. As pessoas que fazem uso desse traço não lançam críticas diretas, apenas comentários com um tom diferenciado. Jilly, uma adestradora de animais de 45 anos, descobriu que o ressentimento barato estava arruinando sua vida: "Ele fazia comentários sarcásticos como 'Maravilhoso', ou, 'É claro, princesa', quando eu queria, por exemplo, sair com minhas amigas. Mas, quando eu o questionava, ele respondia apenas: 'Não posso nem ter uma opinião, agora?' Era impossível decifrá-lo. Ele se opunha à noite na cidade, ao que eu estava vestindo, ou estava apenas enciumado? Quem sabe? Acabávamos discutindo o tempo todo." Por trás de cada comentário sarcástico, havia vários sentimentos não-manifestos e muitas possíveis camadas diferentes de significado — desde um simples comentário divertido até uma mágoa profunda. É de estranhar que nenhuma das partes saiba o que estão realmente discutindo ou qual é a verdadeira posição do outro?

Depois de vermos o sofrimento e os problemas causados pelo hábito de evitar discussões, é hora de analisarmos as discussões construtivas. Quando explico o conceito a meus clientes, um parceiro sempre diz: "Tudo bem, mas não quero simplesmente provocar uma briga." O outro acrescenta: "Tudo parece muito artificial." Então, sejamos claros: não estou sugerindo que você se torne desnecessariamente beligerante ou promova discussões desnecessárias. Todos os dias somos convidados a nos zangar: alguém corta nossa frente no trânsito; um telefonema que não é retornado; somos criticados de maneira injusta. Na próxima vez em que uma discussão estiver se armando, tente não fugir dela. Alguns clientes que se sentem muito desconfortáveis com conflitos começam devagar, com desconhecidos ou colegas de trabalho. Jackie, que evitava discutir sobre o preparo do jantar, ficou muito aborrecida com uma balconista que estava ocupada demais conversando com uma colega para ir atendê-la. "Normalmente, eu teria ficado ali parada, fervendo por dentro", ela explicou, "mas, daquela vez, senti minha mandíbula tensa e pensei, 'Agora chega'. Foi surpreendente como soei calma ao pedir licença e solicitar o serviço da balconista da loja". A segunda surpresa para Jackie foi a total ausência de comentários ou respostas ríspidas. "A situação terminou ali", ela relatou. Depois de praticar com desconhecidos, Jackie estava preparada para ser honesta com Peter também. Ela reconheceu o convite para se zangar, mas muitos casais se tornaram tão adeptos da prática de evitar confrontos que esqueceram os sinais.

Os sete sinais de que você precisa de uma discussão

Casais que discutem regularmente podem se dar ao luxo de não se preocupar com os primeiros sinais, mas casais ETAM, que odeiam discordar, devem usar até mesmo um único sinal como um convite para discutir.

- Um parceiro está mais silencioso do que de costume.
  Linguagem corporal: não olhar nos olhos um do outro; ombros caídos; braços cruzados; mandíbula tensa; bater o pé no chão; andar de um lado para o outro.
- Mudanças no tom de voz: tensão nas cordas vocais as torna mais endurecidas, e o som fica mais áspero.
- Ofender-se com facilidade: "Por que você fez isso?"
- Verificações constantes do estado do outro — "Tudo bem com você?"; "Você está bem?" —, mas recebendo respostas ríspidas ou irritadas.
- Contradição inútil: "Não, eu não concordo"; "Tem certeza?".
- Comportamentos que você suporta há anos, sem reclamar, começam a irritar.

A única maneira de liberar adequadamente essa raiva é expressando-a. Os métodos podem variar de um comentário direto — como a solicitação fria de Jackie na loja — até se zangar de verdade, alterar a voz ou emitir um grito exasperado. Chamo esse processo de descarregar. Descarregar não só libera a raiva de maneira segura, mas impede que ela cresça e atinja níveis incontroláveis que lhe conferem essa má fama. Descarregar não inclui jogar objetos, empregar linguagem abusiva ou partir para a agressão física. Essas formas extremas de expressão só ocorrem porque provocações prévias foram ignoradas. Um aviso: descarregar só surte resultados positivos quando o processo é voltado ao alvo correto.

Descarregar de maneira indiscriminada — gritando, por exemplo, com um subordinado no trabalho depois de ter sido criticado por um superior — só vai aumentar ainda mais a raiva.

Três passos para a resolução do conflito

1. Exploração: "Preciso dizer..."

Isso se refere a descarregar a raiva e explicar aborrecimentos e frustrações, e espera-se que aconteça naturalmente em uma discussão. Para mais informações sobre extravasar sentimentos acumulados e contidos, veja "Como ser emocionalmente honesto" na seção de exercícios deste capítulo.

Às vezes um parceiro vai precisar descarregar mais do que o outro. Não tente argumentar: alguém tomado pelas emoções não tem acesso à mente racional. Reconheça esses sentimentos: "Percebo que está aborrecido." Certifique-se de que todos os sentimentos tenham sido descarregados antes de seguir para o segundo passo. Verifique com o outro: Precisa dizer mais alguma coisa?

Dica: Não seja muito pessoal. Em vez de criticar a pessoa, reclame de seu comportamento. Em vez de "Você é tão relaxado", experimente "Por favor, não deixe sua xícara de café sobre o móvel".

2. Compreensão

Ouça o outro apropriadamente. Não utilize o tempo enquanto seu parceiro estiver falando para ensaiar sua defesa; ouça. Faça perguntas de modo a esclarecer o que tudo isso significa, e certifique-se de que não restam mal-entendidos. Se você dá ao parceiro a honra de ouvir de verdade, ele vai retribuir o favor. Se você não é capaz de ouvir realmente, significa que ainda está zangado e precisa descarregar mais alguma coisa.

Parte 1: O que é minha responsabilidade?

Lembre-se de que as discussões são *seis de um e meia dúzia do outro* e pense em sua contribuição. Como seu comportamento aumentou ou aprofundou o problema? Quando tiver uma idéia clara dos próprios erros, encontre algo — mesmo que pequeno — e peça desculpas por ele. Por exemplo, Nick e Anna brigaram porque o filho deles obteve resultados ruins nas provas escolares. Anna estivera fora participando de um treinamento e culpou Nick por não ter supervisionado adequadamente os estudos do menino em sua ausência. A discussão seguiu em círculos intermináveis. Anna ainda estava aborrecida, mas pediu desculpas por sua contribuição para o atrito: "Lamento que o tenha castigado com meu silêncio." Algumas horas mais tarde, depois de mais reflexão, Anna tinha outro pedido de desculpas: "Fiquei furiosa com nosso filho e lamento ter extravasado parte desse sentimento em você."

Parte 2: Eu compreendo seus problemas

Tente examinar as questões do ponto de vista do parceiro. Existem circunstâncias atenuantes? Que problemas ele poderia estar enfrentando naquele momento? Há algo no passado que possa fazer disso um ponto cego? Por exemplo, Anna disse a Nick "Deve ter sido difícil assumir os papéis de pai e mãe enquanto eu estive fora".

Dica: Às vezes, quando os casais têm dificuldades para pedir desculpas por sua contribuição ou encontrar atenuantes para o parceiro, peço a eles para trocar de lugar e literalmente se imaginarem na pele do outro. Em geral, cinco minutos defendendo o lado oposto são suficientes, mas esse é um truque efetivo para compreender melhor a visão do parceiro. Alguns casais trocam de poltrona na sala, outros se posicionam em cantos opostos e alguns ainda preferem realizar a troca apenas mentalmente. Se você acha impossível ocupar o lugar do outro, provavelmente ainda está zangado demais. Retorne à etapa da exploração, se for o caso.

3. Ação

Enquanto vocês dois não descarregarem os sentimentos e tentarem entender o ponto de vista do outro, será impossível encontrar uma solução duradoura. Infelizmente, alguns casais — particularmente casais ETAM, que odeiam discussões — tentam passar diretamente à ação. Como discutimos anteriormente, essas soluções de atalho podem funcionar, mas geralmente deixam um parceiro ressentido e podem, portanto, lançar as sementes para futuras disputas.

Quando Nick e Anna realmente compreenderam o lado do outro no confronto, Nick aceitou fazer da supervisão dos estudos do filho uma prioridade maior, enquanto decidiu que, na próxima vez que tivesse de se ausentar para resolver questões profissionais, deixaria toda a roupa lavada e passada, de modo que Nick pudesse ter mais tempo para dedicar ao filho. Pergunte a si mesmo: "O que aprendemos com essa briga?" e "Faríamos alguma coisa diferente, caso essas circunstâncias se repetissem?"; "Como faremos as coisas diferentes na próxima vez?" "O que devemos fazer quanto a esse problema agora?"

Dica: Não se deixe obcecar pela vitória. Tente encontrar um compromisso que agrade as duas partes ou proponha trocas: "Eu não leio na cama se você abandonar esse hábito irritante de mergulhar os biscoitos na xícara de chá." Tomar consciência das áreas mais sensíveis e concordar que é preciso tratá-las com cuidado já é um desfecho favorável.

E se a discussão se tornar destrutiva?

- Lembre: é melhor ter uma discussão ruim do que não discutir.
- Quando a temperatura sobe, normalmente é um sinal de que os verdadeiros sentimentos começam a se aproximar da superfície, um sinal de esperança. Na terapia, as discussões pioram antes de melhorar.
- Resista à tentação de dizer, "Mais uma coisa" e lançar pontos adicionais. Esses exemplos podem fortalecer sua posição, mas também prolongam e complicam a discussão. Tente resolver uma questão de cada vez.
- Você tem criticado em vez de reclamar? No geral, as queixas usam o "eu", enquanto as críticas começam por "você". Por exemplo, uma reclamação seria: "Queria que fôssemos nos deitar na mesma hora." Colocada como crítica, a mesma questão se tornaria "Você não foi para a cama na hora." A primeira colocação convida a uma discussão sobre a hora de ir dormir; a segunda deixará o parceiro na defensiva e prolongará a discussão.
- Gritar e ser passional é aceitável. Mas se a linguagem se tornar abusiva ou se houver ameaça física, vocês devem se afastar por 10 minutos

e retomar o assunto quando estiverem mais calmos. Quem se sentir ameaçado deve pedir o "tempo". Isso significa separar-se de fato, ir para aposentos distintos ou sair para dar uma volta rápida. O tempo da separação deve ser determinado por cada casal e negociado previamente. É vital que a discussão seja retomada — alguns casais fazem um breve relicário, enquanto outros passam para o segundo round — ou a pessoa que estava descarregando não vai mais se dispor a aceitar o tempo solicitado pelo parceiro, por medo de não ter mais a oportunidade de expressar sua raiva adequadamente.

Lembre a *regra 80/20* (veja o Capítulo 3) e examine o que pode estar oculto sob as discussões que sempre retornam. Um casal que eu aconselhava brigava sobre descongelar o refrigerador. Ela achava que o marido comprava muitos produtos congelados sem antes usar o que já tinham em casa. Ele cozinhava e considerava que era sua responsabilidade planejar as refeições. A discussão ficou feia, especialmente quando os pais dela deram ao casal uma grande quantidade de frango que, ele alegava, ocupava a maior parte do espaço. Essa batalha recorria, com variações, e se estendeu por várias semanas, sem que o refrigerador fosse descongelado. Finalmente, analisamos a questão em profundidade e encontramos sua essência. Ela havia comprado o refrigerador antes de ele se mudar para a casa e sentia que o parceiro não respeitava sua propriedade. Em sua opinião, se não fosse adequadamente mantido, o aparelho se quebraria, e eles não poderiam se dar ao luxo de comprar outro. Ele tinha uma posição mais relaxada com relação a dinheiro, e geralmente acreditava que tudo se resolveria. Quando finalmente entendeu o receio da parceira, a questão desapareceu e o refrigerador foi, finalmente, descongelado.

Use os *Três passos para a resolução do conflito* (acima) para dissecar a discussão. Um bom começo seria pedir desculpas por sua metade no confronto. Em seguida, examine o que está errado. Uma boa maneira de conseguir essa análise, sem provocar uma retomada da discussão, é dizer algo como: "Não quero trazer esse assunto de volta, mas por que você acha que ele escapou a nosso controle?" ou "Como poderíamos ter tratado essa questão de maneira diferente?" ou ainda "O que podemos aprender?".

Às vezes minhas clientes reclamam que os maridos são tão deficientes na comunicação dos sentimentos, em particular da raiva, que é impossível discutir efetivamente. Procuro evitar os estereótipos dos gêneros, em parte porque conheci muitos homens emocionalmente articulados e mulheres que "não tinham contato com seus sentimentos", mas, principalmente, por causa da regra *seis de um e meia dúzia do outro*. Quase todas as mulheres que reclamam de o marido estar usando uma técnica para evitar a raiva também empregam uma técnica complementar. Às vezes é mais fácil criticar o parceiro do que reconhecer a própria contribuição para o problema.

Resumo

- Tentar evitar a raiva pode causar mais problemas do que mergulhar numa boa discussão.
- Estratégias destrutivas para manter a raiva longe incluem distanciamento, racionalização, salto e bloqueio.
- Só depois de descarregar seus sentimentos, um casal vai estar preparado para uma discussão positiva, em vez de negativa.
- Embora nenhuma discussão seja agradável, elas proporcionam uma boa oportunidade de resolver questões antigas.
- Se as discussões andam em círculo, é sempre porque um dos *Três passos para a resolução do conflito* — exploração, compreensão, ação — foi ignorado.
- Discutir e fazer as pazes é a forma mais intensa que se pode ter de estabelecer vínculos. Não é hora de provar o quanto você ama seu parceiro tendo uma discussão realmente boa?

Exercícios

Como ser emocionalmente honesto

Os casais gostam de pensar que têm integridade e geralmente dizem a verdade um ao outro. Um parceiro pode fingir que o novo home theater custou um pouco menos do que o preço real, enquanto o outro esquece de mencionar a stripper na festa de despedida de solteiro do amigo, mas são poucas as transgressões sérias. No entanto, quando tratamos de nossos sentimentos, as regras mudam. Dizemos constantemente mentiras bobas para preservar a paz ou não aborrecer o parceiro. Quantas vezes você disse, "Tudo bem", "Não tem importância", ou "Não faz mal", quando queria dizer justamente o contrário? Um casal sempre se gaba de "Podemos dizer tudo um ao outro", mas, na verdade, não dizem quase nada um ao outro. Embora dizer e ouvir a verdade seja algo que amedronta, a honestidade emocional vai libertar seu relacionamento e salvá-lo do tédio.

Siga estes passos simples:

Aprender a dar nome aos sentimentos

Muitos clientes alegam não ter muitos sentimentos, mas a verdade é que nem sempre têm consciência de todos. Alguns parecem confusos quando peço a eles para descrever tantos "sentimentos" quanto puderem. Mas ofereço um papel e, em pouco tempo, temos uma folha cheia.

- *Quantos sentimentos você pode relacionar?* Escreva o máximo possível em uma folha de papel e depois tente pensar em outros mais.
- *Olhe para a gama de seus sentimentos.* Sentimentos compõem famílias, por isso circule e conecte os que acha que têm relação. Em minha opinião, deve haver provavelmente sete grupos principais: *choque* (incluindo surpresa, confusão, espanto), *raiva* (fúria, ressentimento, frustração, aborrecimento, irritação, impaciência), *tristeza* (luto, decepção, mágoa, desespero), *medo* (ansiedade, preocupação, insegurança, pânico, ciúme, culpa, vergonha), *amor* (aceitação, admiração, apreciação, gratidão, alívio, empatia, compaixão), *desgosto* (desprezo, desdém, aversão, escárnio, repulsa) e *felicidade* (alegria, satisfação, prazer, contentamento, diversão). No entanto, você pode encontrar mais famílias ou decidir que algumas emoções pertencem a lugares diferentes. Não há escolhas certas ou erradas.
- *Entenda a complexidade de seus sentimentos.* Muitos desses sentimentos parecem ser negativos — quatro grupos inteiros, de fato — e os grupos do "amor" e da "felicidade" são sempre esquecidos em nossa primei-

ra tentativa de organização. Numa análise mais cuidadosa, entretanto, alguns deles são neutros, especialmente na família do "choque". Os negativos apresentam aspectos positivos: por exemplo, há sempre paixão aliada ao ciúme. Por outro lado, os positivos têm seus aspectos negativos: admiração, por exemplo, pode se transformar em idolatria.

- *Mantenha um diário de sentimentos.* Por uma semana, sempre que tiver alguns minutos livres, anote qualquer sentimento que tenha experimentado. Pode ser em um trem, quando sua consulta estiver atrasada ou enquanto observa as crianças brincando. Escreva todos os sentimentos, especialmente os desconfortáveis. Esse é um diário particular; portanto, seja emocionalmente honesto consigo. Não é necessário fazer nada com esses sentimentos; apenas tome consciência deles e pratique nomeá-los.
- *Seja ousado.* Dentro de cada grupo os sentimentos variam de amenos a selvagens. Quando não temos certeza de nossas emoções, tentamos reduzi-las, com medo de sermos dominados. No entanto, muitas pessoas experimentam uma pequena elevação na escala do que relataram inicialmente. Então, na próxima vez em que anotar que está aborrecido, por exemplo, tente ser mais honesto e explorar emoções ocultas como ansiedade, decepção ou frustração.

Ao examinar as famílias de sentimentos, pergunte a si mesmo: Estou experimentando sentimentos de todas as categorias? Se uma família é particularmente sub-representada, é importante entender por quê. Seus pais tinham dificuldades com esses sentimentos? Por que você era inibido? Tente examinar deliberadamente essas emoções na vida diária, mesmo que todas estejam no extremo mais ameno do espectro. Por exemplo, se você experimenta muito pouco das famílias do "amor" e da "felicidade", certifique-se de estar registrando os pequenos prazeres. Se costuma observar uma linda flor ou sorrir de uma tira cômica no jornal, anote "feliz" ou "contente".

Distinguir entre sentimentos e pensamentos

Colocar simplesmente "Eu sinto" no início de uma frase — por exemplo, "Eu sinto que você está errado", ou "Eu sinto que você está confuso" — não torna alguém emocionalmente honesto. Essas frases nada nos dizem sobre as emoções daquele que fala. Podemos adivinhar: decepção, talvez, mas frustração, também, ou até desprezo. O que o orador expressa é uma opinião.

- *Sentimentos sempre vêm do corpo.* Temos uma reação física: um aperto no peito; uma opressão no estômago; o coração bate acelerado; tremor.
- *Pensamentos vêm da cabeça.* São opiniões, idéias, julgamentos e crenças. Isso não os torna menos válidos, mas não são sentimentos.

Comunicar os sentimentos

Assim que se tornar fluente em identificar e nomear os sentimentos em seu diário, você pode passar a expressá-los ao parceiro.

- *Possua o sentimento.* "Eu sinto...", em vez de "Você me faz sentir..." Por exemplo: "Sinto-me furiosa quando você deixa as garrafas plásticas na porta dos fundos para que eu ponha na caixa de reciclagem." Não: "Você me faz sentir furiosa com sua falta de consideração." Quanto mais específica a reclamação, menos ela vai parecer um ataque à personalidade de alguém. Afinal, é muito mais fácil mudar nosso comportamento — o de deixar as garrafas na porta — do que nossa personalidade.
- *Reconhecer o sentimento quase sempre é o bastante para você se sentir menos perturbado.* Em alguns casos, você nem vai sentir mais a necessidade de falar ao parceiro, mas, se decidir falar, certifique-se de seguir a próxima sugestão.
- *Seja responsável quando lidar com os negativos.* Não há nada errado em ficar zangado, amedrontado ou aborrecido. Faz parte de ser humano, mas essas emoções exercem pressão negativa por não lidarmos bem com elas. Então, pense no que quer dizer antes e evite declarações do tipo "Você me faz". Tente começar todas as frases com "Eu sinto...". Depois de falar com o parceiro sobre seus sentimentos, ouça o que ele tem a dizer.

Ouvir atentamente

Da mesma maneira que você espera que o parceiro seja atencioso com seus sentimentos, prepare-se para retribuir com o mesmo respeito.

- *Não interrompa nem tente minimizar os sentimentos do parceiro,* e não diga a ele para não se sentir assim.
- *Reconheça o que foi dito, mesmo que tenha sido difícil de ouvir.* Uma maneira adequada de lidar com isso sem assumir toda a culpa seria dizer: "Fico triste por você dizer que eu..."

Lembre-se: uma consciência mais ampla dos sentimentos leva a uma vida mais rica, com melhor compreensão de si mesmo, melhor empatia pelo parceiro e melhores habilidades pessoais.

Trabalhar os três passos para a resolução do conflito

Casais ETAM querem minimizar discordâncias ou superá-las o mais depressa possível. Este exercício se destina a reduzir o ritmo de sua jornada pelos três passos.

1. Pegue três folhas de papel e escreva "exploração" no topo da primeira, "compreensão" na segunda e "ação" na terceira.
2. Considere uma disputa atual ou uma discussão ocorrida recentemente.
3. Exploração trata dos sentimentos, portanto, cada vez que um de vocês se deparar com um sentimento, anote-o na página da exploração.
4. Exploração também trata de opiniões e crenças, como "Um bom pai cuida dos filhos"; "Uma boa esposa não sai à noite". Escreva tudo isso também.
5. Exploração trata de fatos, como "Não consigo chegar em casa antes das 7h15"; "Nossa casa gera dez cestos de roupas sujas e alguém precisa lavá-las". Escreva os tópicos mais importantes.
6. Verifique sua página da exploração. Além dos fatos, certifique-se de que há também palavras de sentimentos e crenças em quantidade suficiente. Você é capaz de pensar em mais alguma coisa dessas duas categorias?
7. Às vezes, uma solução possível (da folha ação) pode surgir no início da conversa. Anote a descoberta na folha relevante, de modo que não se perca, mas volte a preencher a folha da exploração.
8. Agora pegue a folha da compreensão. Compreender envolve analisar as razões pelas quais as coisas acontecem. Por quê? "Fico nervoso porque estou estressado com o trabalho"; "Não sinto desejo sexual quando sou ignorado". Anote tudo isso.

9. Crenças sempre vêm de algum lugar: nossa criação, religião, cultura geral ou mídia. As particularmente poderosas são aquelas de nossa infância; como sua educação pode ter afetado suas crenças? Anote as descobertas.
10. Olhe para as páginas de exploração e compreensão e pense em como você pode usar essas descobertas para encontrar uma solução.
11. Soluções funcionam melhor quando há um benefício para cada parte. Por exemplo, o Parceiro A concorda em dar ao Parceiro B cinco minutos de paz e sossego depois de ele chegar em casa, mas, em troca, o Parceiro B concorda em dar banho nas crianças no final da noite, de modo que A possa descansar. Certifique-se de que as soluções podem ser verificadas, em vez de serem gerais e difíceis de determinar, como, por exemplo, "esforçar-se mais". Escreva o acordo na página da ação. Você pode até dar a ele a forma de um contrato: "Eu concordo... Se você concordar..." Os dois devem assinar a declaração.
12. Uma semana mais tarde, retome a folha da ação e veja se os dois estão mantendo suas partes na barganha. Caso contrário, pegue três folhas de papel em branco, escreva novamente os cabeçalhos e repita o exercício, explorando como cada um se sente, compreendendo o que deu errado e traçando um plano de ação melhor.

Como lidar com um agressor passivo

1. Pergunte a si mesmo: "Por que meu parceiro não é capaz de se expressar diretamente?" Agressão passiva é normalmente a escolha de pessoas que se sentem desprovidas de poder, fracas, impotentes. Seu parceiro tem o direito de dizer não?
2. Traga à superfície a hostilidade oculta. Questione o acordo aparentemente fácil: "Não creio que você queira..." Não se sinta culpado nem se deixe manipular para pedir desculpas por ter se zangado ou se aborrecido.
3. Evite mal-entendidos. Repita as instruções, defina prazos precisos e, no trabalho, estabeleça penalidades para a procrastinação.
4. Assim que tomar uma posição, siga-a. Se alguém está sempre atrasado e você já avisou que não vai esperar mais do que dez minutos, certifique-se de realmente ir embora depois desses dez minutos. A falha em cumprir as penalidades prometidas vai enfraquecer severamente sua posição.

Como deixar de ser passivamente agressivo

1. Aceite que a raiva é normal.
2. Aceite que você ainda pode ser uma boa pessoa mesmo quando se sente zangado.
3. Olhe para os benefícios de utilizar bem a raiva. Você realiza ações e conserta erros.
4. Compreenda seus medos relacionados à raiva. O que pode acontecer de pior? Que estratégias você pode adotar para se permitir a raiva, mas circunavegar esses temores?
5. Antigos comportamentos, mesmo que tenham sido favoráveis na juventude, precisam ser adaptados. Diferente de uma criança, que precisa ir à escola, querendo ou não, você tem escolhas.
6. Pratique dizer não. Isso reduz bastante o comportamento passivo-agressivo. Se há uma discussão, pelo menos vocês dois sabem por que estão brigando, em vez de mascararem a raiva sob um comportamento furtivo.
7. Diga ao parceiro quando se sentir pressionado.

Passo 3

Direcionar

"Como acha que estão as coisas entre nós?"
"Bem. Escute, eu não sei."
"Estou tentando melhorar as coisas. Amo você e farei qualquer coisa para tornar tudo melhor."
"Eu sei."
"Conversamos, mas não nos entendemos. O que você quer de mim?"

Em muitos relacionamentos de longa duração, não há falta de amor, mas, de alguma forma, é como se ele não fluisse. Não é de espantar que uma metade acabe não se sentindo amada. Uma melhor comunicação amorosa advém do DIRECIONAMENTO.

Capítulo 5

Vocês dois falam a mesma língua?

Se quisesse se comunicar com alguém do Japão, você deveria contratar um intérprete ou estudar o idioma dessa pessoa e sua cultura. No entanto, quando nos apaixonamos, presumimos que nosso parceiro tem exatamente a mesma visão de romance que nós. Durante os primeiros dias de um relacionamento — quando o *Limerence* está no auge —, essas diferenças não têm importância. Todo nosso foco está no ser amado e, considerando esse nível de atenção, temos quase uma garantia de encontrar uma linguagem amorosa mútua. O problema surge depois da fase de lua-de-mel, quando realidades como a de ganhar a vida começam a interferir no romance. Nesse ponto, recuamos para a nossa língua principal, adicionando, talvez, um pouco de um segundo idioma. Isso não será problema se a visão de amor de nosso parceiro for a mesma que a nossa, mas há um detalhe: identifiquei cinco diferentes línguas de amor. Então, o que acontece se você fala uma língua e seu parceiro fala outra?

Kathleen e Philip — um casal que buscou ajuda profissional — oferecem um bom exemplo desse tipo de comunicação prejudicada. Por trás de terríveis discussões, ficou claro que eles tinham um laço especial, mas nenhum dos dois se sentia amado. Quando perguntei como eles demonstravam seus sentimentos, Kathleen falou sobre passar meses antes de um aniversário ou do Natal percorrendo as lojas em busca do presente ideal, escondendo-o em algum canto secreto e, finalmente, decorando o pacote com fitas coloridas e especiais. De sua parte, Philip demonstrava os sentimentos elogiando a aparência de Kathleen e dizendo "Eu te amo" todos os dias. As duas formas de expressão eram igualmente boas. Mas, nesse caso, cada parceiro desejava secretamente que o outro falasse sua língua particular do amor. Conseqüentemente, ela se sentia arrasada quando ganhava do marido um cartão ou dinheiro para comprar o próprio presente; ele se aborrecia porque a esposa nunca murmurava palavras doces. Era compreensível que tivessem problemas.

Diferentes linguagens amorosas certamente explicam o dilema que muitos casais ETAM trazem ao meu consultório. Enquanto um parceiro já deixou de estar apaixonado, o outro ainda está, e sente-se arrasado com o que aconteceu. O parceiro "apaixonado" provavelmente supre as necessidades do casal, mas, sem perceber, não fala a língua amorosa do parceiro com a freqüência necessária para que ambos se sintam amados. Por que isso acontece? Infelizmente, presumimos que as necessidades amorosas de nosso parceiro sejam exatamente iguais às nossas. É uma dedução natural, porém fatal. Entre outros casais, um parceiro pode tentar formas variadas de expressar o amor, mas ainda assim fracassará. Alice, uma mulher de 42 anos que trabalha com preservação da vida selvagem, não estava mais apaixonada por Jasper, seu parceiro por 17 anos. Originalmente, Jasper se dispusera a fazer qualquer coisa para resgatar o relacionamento: começara a ajudar mais em casa, fazia elogios e tentava ser mais atencioso de maneira geral. "Não sabia que o amor exigia um trabalho tão duro", ele reclamou ao iniciar a terapia. Para agravar a situação, Alice ainda não estava certa de seu amor por ele. "Acho que ela quer que eu seja outra pessoa", disse Jasper, "e não sei se sou capaz disso, ou mesmo se quero ser outra pessoa." Não só ele fracassava em comunicar sua Ligação Amorosa, mas o esforço envolvido nessa tentativa estava afastando o casal. A resposta não era o maior empenho de Jasper, mas fazer menos e direcionar melhor.

Linguagens do amor

Ao longo dos últimos vinte anos, observei várias maneiras distintas de expressar amor, mas todas se enquadram em cinco amplas categorias, como segue:

Passar tempo livre juntos

Isso pode ir desde assistir à TV abraçados até férias em locais exóticos. Essas pessoas podem ficar fartas se o parceiro passar muito tempo com os amigos, cuidando de um hobby ou trabalhando. A queixa mais comum seria: "Nunca nos divertimos juntos" ou "Você tem tempo para tudo, menos para mim". A pior coisa que se pode fazer é cancelar uma "data" ou um "dia de família" para adiantar tarefas, ou porque um amigo precisa de ajuda.

Se esse é seu parceiro:
O evento é menos importante do que o tempo que se passa junto, mas um parceiro generoso escolheria uma atividade que dá ao outro metade do prazer. Mesmo que o programa envolva alguma coisa que você não goste particularmente, aceite-o com graça e isso vai lhe render alguns pontos. Durante o tempo com o parceiro, concentre-se nele, compartilhando não só o tempo, mas seus pensamentos também. Pode ser um comentário, uma atividade em comum ou algo pessoal que tenha acontecido durante a semana.

Ações carinhosas
Às vezes elas podem ser tarefas básicas da parceria, como ganhar um bom salário ou manter uma casa confortável e limpa, mas, normalmente, trata-se de algo mais íntimo: preparar uma refeição, ajudar o parceiro a limpar o quintal ou levar a irmã dele ao aeroporto às 3 da manhã, por exemplo. Pessoas que demonstram amor por meio de atitudes dessa natureza são mais propensas a dizer que "os atos falam mais do que as palavras". A pior coisa que o parceiro poderia fazer seria não concluir a tarefa prometida.

Se esse é seu parceiro:
As expectativas aumentaram desde os dias em que ganhar um salário e manter a casa arrumada realmente contavam como ações carinhosas, especialmente porque o trabalho remunerado e a boa administração doméstica podem passar desapercebido pela maioria das pessoas. Então, procure pelas coisas especiais que seu parceiro pode ainda nem ter considerado: levar o carro ao mecânico, instalar um novo programa anti-vírus no computador ou fazer um bolo. Essas ações são especialmente apreciadas se você não costuma realizá-las com freqüência. Se não tem certeza sobre o que pode constituir uma ação carinhosa aos olhos do parceiro,

ouça suas queixas. No momento você vai se sentir cobrado, mas procure um meio de transformar reclamações em demonstrações de amor. A queixa pode ser de um banheiro desarrumado, e nesse caso, não se limite a arrumá-lo; compre pequenas velas e prepare um banho quente especial para agradá-lo.

Contato físico afetuoso

Sexo vem à mente de imediato, mas abraços e beijos espontâneos são, geralmente, mais importantes. Essas pessoas adoram massagens nas costas e são propensas a dizer: "Venha aqui e me dê um beijo." Naturalmente, podem sentir-se devastadas se o parceiro as repelir por estar ocupado demais com alguma outra atividade.

Se esse é seu parceiro:

O contato físico afetuoso funciona melhor quando é levado para a arena sexual, já que a força de um orgasmo pode superar qualquer outra coisa. A mão na cintura da parceira quando você a guia por uma porta, afagar a mão do parceiro enquanto assistem juntos a um filme, ou um beijo na nuca quando você passa por ele no corredor; todas essas são formas simples e não-sexuais de demonstrar amor. O feedback é particularmente importante para essa linguagem, por isso não tenha medo de perguntar quais contatos são apreciados e quais causam desconforto ou são inconvenientes.

Palavras de apreciação

Se alguém tem tendência para escrever poesia romântica são as pessoas deste grupo. Elas querem que o mundo inteiro saiba que o parceiro é especial dedicando "anjos" ao "amor da minha vida" no karaokê do bairro, ou colocando anúncios melosos no jornal do Dia dos Namorados. São mais propensas a dizer "Eu amo você" e ficam aborrecidas se o parceiro argumenta "Você só diz isso por dizer".

Se esse é seu parceiro:

Elogios são muito importantes para essas pessoas, e elas querem que o parceiro seja uma espécie de líder de torcida, incentivando-as a buscar mais realizações. Não só o trabalho, mas também as tarefas domésticas e os eventos sociais precisam ser elogiados: "Obrigado por ter escolhido uma peça tão interessante" ou "Você deu um acabamento especial à pintura". Além de oferecer palavras apreciativas, certifique-se de adequar a elas sua linguagem corporal. Quando disser "Eu amo você" a seu parceiro, olhe nos olhos dele. Essas pessoas também gostam de elogiar, por isso, aceite-os com delicadeza e gratidão. Pode ser uma tentação diminuir a importância de um elogio dizendo, por exemplo, "Não foi nada", "Qualquer um teria feito o mesmo". Em vez disso, adote o simples e mais efetivo "Obrigado".

Dar presentes

Seja uma jóia cara ou uma barra de chocolate comprada no caminho de casa, essas pessoas adoram surpreender o parceiro e não pouparão esforços nesse sentido. São mais propensos a dizer "Vi isso e lembrei de você". A pior coisa que o parceiro pode fazer é não apreciar o presente ou desprezá-lo: "Não preciso de nada disso."

Se esse é seu parceiro:

Presentes são parte integrante do amor e ocupam papel de destaque nos rituais conjugais. No entanto, a cultura moderna é obcecada pelo valor dos presentes e esquece de considerar sua real mensagem: "Isso serve para dizer que pensei em você." Recortar uma imagem de uma revista e confeccionar o próprio cartão pode ser muito mais apropriado do que comprar automaticamente o mesmo perfume de sempre. Não espere ocasiões especiais; pequenos presentes serão suficientes para fazer esses parceiros se sentirem amados. E se você não for uma dessas pessoas que dá presentes com naturalidade? Primeiro, peça conselhos, ou das pessoas que conhecem os gostos de seu parceiro ou de uma balconista. Segundo, estude o tipo de presente que ele costuma dar. Isso vai proporcionar dicas sobre presentes que podem ser aceitáveis.

Linguagens do amor em ação

Peter e Elaine estavam juntos há dois anos. Ambos sabiam que algo não ia bem, mas não se dispunham a enfrentar o assunto, com medo do que poderiam descobrir. Finalmente, depois de um Natal tenso, Elaine se queixou de não se sentir amada. Tudo recaía sobre o primeiro casamento de Peter; a primeira esposa havia falecido cinco anos antes, e Elaine sentia que, embora não desejasse competir, ainda ocupava uma posição secundária. Peter insistia em dizer que a amava, mas ela reclamava: "Ações falam mais alto do que palavras. Demonstre." Quanto mais ela falava, mais ficava claro que sua linguagem amorosa era a das *ações carinhosas*. Expliquei o conceito a Peter, que foi embora pensando nele. O casal retornou na semana seguinte exibindo sorrisos radiantes. "Olhei para a minha casa com um olhar renovado, com os olhos de alguém que se sente excluído, e vi quantas fotos de minha ex-esposa ainda estavam por ali. Havia pelo menos uma em cada cômodo, talvez mais, e até no quarto havia retratos dela", relatou Peter. "Não preciso ver o rosto dela o tempo todo; ela está aqui", ele apontou para a própria cabeça. Peter retirou as fotos do quarto e várias outras, até restarem apenas em seu escritório e uma na sala de estar. Essa *ação carinhosa* falou ao coração de Elaine, que não só se sentiu amada ao descobrir o gesto, mas respondeu na linguagem dele: *palavras de apreciação*. "Sei que deve ter sido difícil para você", ela disse ao marido, "mas sinto que você realmente me entendeu".

Alice e Jasper, que conhecemos anteriormente, descobriram que as linguagens do amor podem ser um atalho para a solução dos problemas depois de algumas difíceis semanas de terapia. Durante a *discussão* — o estágio anterior nos *Sete passos...* — Alice havia se queixado repetidamente sobre quão pouco tempo eles passavam juntos. Jasper argumentara alegando que o trabalho exigia muito dele e relacionara idas recentes ao cinema, um jantar em um restaurante e as férias de verão. Quando mencionei as linguagens amorosas, Jasper identificou rapidamente *passar tempo livre juntos* como a linguagem de Alice. Então, ele apareceu no escritório dela em um dia menos atribulado e a levou para almoçar fora. Quando levar trabalho para casa era inevitável, Jasper fazia intervalos para passar algum tempo com Alice diante da TV, quando, anteriormente, teria usado esses intervalos para jogar no computador do escritório. Alice começou a se sentir realmente amada: "Esvaziar a máquina de lavar e todas as outras tarefas que ele fazia demonstravam gentileza, mas gostei especialmente do almoço. Devia ter visto a cara das garotas no escritório quando ele me levou de volta." Jasper direcionou sua energia para a linguagem amorosa mais efetiva aos olhos de Alice.

Kathleen e Philip, outro casal visto no início do capítulo, também começaram a falar a língua amorosa um do outro. Ele começou a levar flores para casa e ela passou a dizer "Eu te amo" sem ser incentivada. De fato, foram os dois que me apresentaram ao conceito das linguagens amorosas. Há vinte anos eu havia começado a terapia com um casal e conseguia progressos modestos, até meu supervisor, que parecia ter uma visão intuitiva sobre os problemas de meus clientes, sugerir que eu os questionasse sobre trocas de presentes. Minha sessão seguinte com Kathleen e Philip produziu a abertura; então, comecei a usar a idéia com outros casais e descobri outras maneiras de expressar amor.

Enquanto pesquisava esse projeto, fiquei fascinado ao descobrir que alguém mais chegara a conclusões semelhantes. Encontrei um livro chamado *As cinco linguagens do amor*, de Gary Chapman, que dirige seminários sobre casamento nos Estados Unidos. Ele usa nomes ligeiramente diferentes: *ações carinhosas* são "atos de serviço"; *palavras de apreciação* são "palavras de afirmação", *contato físico afetuoso* é "toque físico". Porém, basicamente, trata-se do mesmo conceito. (Para quem quer mais informações sobre o assunto, recomendo o livro de Chapman. Ele é particularmente bom ao enfatizar a importância de dar amor, enquanto muitos livros de auto-ajuda concentram-se apenas na recepção.)

Como encontrar a linguagem amorosa de seus relacionamentos

Muitas pessoas reconhecerão imediatamente sua linguagem amorosa principal. Se você não tem certeza, complete essas duas afirmações: "Eu me sinto mais amado quando..." e "É mais provável que eu reclame por meu parceiro nunca...". A segunda afirmação é especialmente reveladora, já que aquilo de que mais nos queixamos é, via de regra, o que mais queremos ter. Para descobrir a linguagem amorosa de seu parceiro, imagine como ele completaria essas afirmações. Também é útil analisar como seus pais demonstravam amor enquanto você crescia. Algumas pessoas falam uma linguagem amorosa porque foi a mesma que ouviram quando crianças, enquanto outras anseiam por aquilo que nunca tiveram. Há

Linguagens do amor ao contrário

Se a linguagem amorosa de seu parceiro é um atalho para a reconstrução da Ligação Amorosa, o que acontece quando você escorrega? A linguagem amorosa de Robert era a das *atitudes carinhosas*. Quando sua parceira, Elizabeth, esqueceu de pegar a roupa na lavanderia, o assunto se tornou uma questão importante. Ele disse a ela: "Isso demonstra que você não se importa." Elizabeth, cuja linguagem era a de *passar tempo livre juntos*, decidiu que ele perdia a proporção das coisas. Por não compreender a linguagem amorosa de Robert, ela o insultou sem ter essa intenção, como alguém que desconhece a cultura japonesa poderia ser considerado rude ao guardar um cartão comercial sem olhá-lo propriamente. Esses mal-entendidos simples transformam um momento potencialmente positivo do casal em uma experiência negativa.

O Dr. John Gottman, professor de psicologia da Washington University, montou um apartamento especial, como um laboratório, para estudar os casais. À medida que os voluntários iam vivendo suas interações "naturais", ele os observava e monitorava mudanças biológicas quando havia discussões em áreas de conflito. Ele afirma ser capaz de prever com 94 por cento de precisão quem seria feliz ou miserável no casamento, e até quem se divorciaria em um período de até quatro anos. Ele descobriu que, com os casais felizes, a atenção positiva supera a negativa por um fator de 5 a 1. Em outras palavras, para cada crítica haverá cinco elogios; para cada decepção causada ao parceiro, haverá cinco realizações positivas. Infelizmente, imaginamos que uma boa ação pode cancelar outra negativa, mas Gottman demonstra que nossos instintos naturais estão muito longe do alvo. Por isso é vital decifrar a linguagem amorosa do parceiro. Primeiro, isso vai ajudar a maximizar a interação positiva e construir a Ligação Amorosa. Segundo, evitará negativos não-intencionais. Terceiro, quando você precisa "fazer reparos" com o parceiro, prestar atenção à linguagem amorosa do outro pode servir para indicar a abordagem mais apropriada.

O que impede as pessoas de se comunicarem efetivamente?

Não é só o amor que é difícil de comunicar; alguns clientes alcançam um ponto em que quase tudo é mal interpretado. Esses parceiros não têm a intenção de ofender ou magoar; começam até a escolher cuidadosamente suas palavras, mas, de alguma forma, acabam sempre criando um clima negativo. Então, o que está errado, e como *direcionar* pode ser útil aqui?

Martin e Jackie discutiram porque Jackie não abasteceu o carro depois de usá-lo. "O que foi que eu fiz?", perguntou Martin. "Apenas formulei uma pergunta simples." Mas Jackie tinha outra idéia sobre o incidente. "Ele me abordou acusando, apontando todas as armas para mim", ela explicou na sessão de terapia seguinte. Eles haviam discutido e passaram uma noite desagradável, cada um em uma ponta do sofá, tendo interpretações distintas dos eventos. Jackie estava convencida de que o marido fora agressivo; Martin tinha certeza de que ela se ofendera sem motivo algum.

Um observador neutro teria se surpreendido por algo tão trivial ter causado uma disputa tão intensa. Mas a primeira coisa a compreender é que Martin e Jackie não são neutros. Cada um deles considera a discussão a partir de sua história compartilhada, de experiências individuais que podem remontar a infância e, mais crucialmente, a partir de um milhão de deduções. São essas deduções que minam uma boa comunicação.

Então, quando Martin e Jackie levaram o incidente à terapia, pedi a eles para repetirem a conversa, mas dessa vez eu intercederia e os ajudaria a revelar as deduções ocultas.

Martin começou:

— Minha pergunta foi: Por que você não abasteceu o carro depois de usá-lo?

Jackie tentou interferir, mas eu a detive. Logo ela teria sua chance.

— Por que isso era importante? — eu quis saber.

— Abastecer de manhã toma tempo e há sempre a possibilidade de haver fila na bomba — explicou Martin.

— Sabia disso, Jackie? — perguntei.

— Sei que ele fica preso no trânsito quando sai de casa muito tarde — ela respondeu. — Mas não sabia sobre as filas na bomba.

— Pensei que soubesse sobre como o tempo é escasso pela manhã. Cinco minutos podem fazer toda a diferença — argumentou Martin.

Aí estava. A dedução número 1.

— Não teria sido tão importante — Martin prosseguiu — se você tivesse me dito logo que chegou. Se eu soubesse que teria de abastecer na manhã seguinte, saberia também que seria necessário sair de casa mais cedo.

— Alguma vez disse isso a ela? — eu indaguei.

Martin teve de admitir que não. De alguma forma, ele presumira que Jackie sabia de tudo isso.

Dedução número 2.

Pedi a Jackie para voltar no tempo e repetir a resposta à questão de Martin sobre o tanque vazio.

— Eu disse a ele que não precisava ficar nervoso comigo.

— Parece que ficou muito aborrecida. De que maneira acha que ele ficou nervoso com você?

— Ele estava me acusando de ser preguiçosa, de não me dar ao trabalho de abastecer o carro.

— Pensou que Jackie estava sendo preguiçosa? — indaguei a Martin.

Ele balançou negativamente a cabeça. Jackie havia presumido a acusação. Dedução número 3.

Após uma breve discussão sobre sua infância, Jackie admitiu que o pai sempre havia sido muito crítico e sempre se queixara por ela não se esforçar o suficiente. Ele começava com uma pergunta aparentemente inocente sobre como ela estava se saindo na escola, mas logo iniciava o discurso sobre sua falta de empenho e aplicação.

Jackie reconheceu que a infância a tornava sensível às críticas:

— Martin não perguntou sobre o carro com esse mesmo tom calmo que acabou de empregar aqui.

— Como ele falou?

— Ele usou um tom agressivo.

De fato, 90 por cento da comunicação ocorre sem palavras — e isso é ainda mais verdadeiro quando estamos sob tensão. O tom de Martin, os gestos e a postura haviam conferido às palavras muito mais impacto do que ele pretendera.

Analisando como muitas deduções permeiam até a mais simples das conversas e como nossa linguagem corporal inconsciente complica ainda

VOCÊS DOIS FALAM A MESMA LÍNGUA?

mais a questão, é um milagre que os casais consigam se comunicar bem, mas, felizmente, amor e boa vontade acabam servindo para solucionar mal-entendidos em geral. Com esse estado de espírito, as deduções são todas positivas: ela provavelmente voltava para casa com pressa para assistir ao programa de TV que mais gosta; ele talvez tenha tido um dia duro no trabalho. Em contraposição, todas as suposições de Martin e Jackie foram negativas. A reação ofendida e exagerada de um parceiro a algo aparentemente pouco importante é sempre um sinal prematuro de fim da paixão. Para casais ETAM, a comunicação, antes simples e fácil, é rapidamente contaminada por presunções negativas que exacerbam ainda mais o desejo de partir já existente em um dos parceiros. Então, como deter as deduções ocultas e impedir que elas prejudiquem o relacionamento?

A declaração de três partes
Deduções acontecem porque deixamos de dar ao parceiro informações suficientes. Por isso a *declaração de três partes* é tão poderosa.

Eu me sinto (x) quando você (y) porque (z).
No caso de Martin, teria sido:
Eu me sinto (aborrecido) quando você (não abastece o carro) porque (não tenho tempo de manhã e posso me atrasar para o trabalho).

A beleza da *declaração de três partes* é que ela é tão perfeitamente direcionada que não deixa espaço para deduções. Jackie sabe exatamente o que Martin sente porque ele diz isso a ela. Parou de contar com a leitura de sua linguagem corporal e não *presume* mais algo pior do que um simples aborrecimento, como raiva, por exemplo, porque ele diz o que sente. O "quando você" na *declaração de três partes* mantém as coisas específicas. Jackie sabe que apenas um comportamento específico faz Martin experimentar esse sentimento, não ela como pessoa. No final, ela conhece a razão exata para os sentimentos de Martin e pode perceber que não há julgamentos morais ocultos. Embora a *declaração de três partes* possa parecer artificial no início, como todas as outras habilidades de relacionamento, logo se tornará uma segunda natureza. A seção de exercícios traz sugestões sobre como incorporá-la em sua vida diária.

Resumo

- Há cinco principais maneiras de expressar amor: *passar tempo livre juntos, ações carinhosas, contato físico afetuoso, palavras de apreciação* e *dar presentes*.
- O poder do *Limerence* significa que os casais usam as cinco linguagens simultaneamente; querem passar não só um tempo de qualidade juntos, mas todos os momentos; cada parceiro procura pequenos gestos para demonstrar interesse e atenção; eles não conseguem manter as mãos longe um do outro; os elogios ocorrem naturalmente; eles enviam cartões ou dão presentes pela simples diversão do gesto.
- Quando o *Limerence* se esgota, cada parceiro retorna a sua linguagem amorosa principal, algumas vezes duas delas, e espera que o outro fale a mesma língua.
- Quando um parceiro parece não responder, tente expressar o amor de maneira diferente.
- O *direcionamento* cuidadoso impede mal-entendidos, ataques não-intencionais e canaliza a energia para as formas mais produtivas de comunicação.

Exercícios

Cartas de amor

Este exercício é uma forma divertida de ajudar a descobrir sua linguagem amorosa pessoal e compartilhar a idéia com o parceiro.

1. Providencie um maço de cartões, ou cartões-postais em branco, e escreva o título de uma das cinco linguagens em um dos cartões. Continue até ter um jogo completo: *palavras de apreciação, dar presentes, contato físico afetuoso, ações carinhosas* e *passar tempo livre juntos*. Se você tem outra maneira de expressar amor que não se enquadre nessas categorias, crie outro cartão. Em seguida, crie um jogo idêntico

para o parceiro. Uma boa sugestão é usar conjuntos de cores diferentes, caso as cartas se misturem.

2. Encontre um bom momento. É melhor não introduzir esse exercício quando a atmosfera for tensa, porque ele exige certa boa vontade.

3. Faça-o soar divertido. Todos temem a frase "precisamos conversar". Via de regra, nós a interpretamos como "Você precisa ouvir enquanto eu reclamo". Apresente as cartas como um jogo ou um quebra-cabeças "para nos ajudar a entender um ao outro". Você também pode explicar que não vai tomar muito tempo. Conheci casais que completaram as cartas de amor em alguns minutos; outros levaram uma sessão inteira para discutir suas implicações. O ritmo é de vocês.

4. Dê as cartas ao parceiro. Peça a ele para espalhá-las sobre a mesa e depois colocá-las em ordem, da maneira mais importante a menos importante de manifestar amor. Enquanto seu parceiro faz isso, você também pode ordenar suas cartas do amor. Pode ser desagradável se alguém os estiver observando.

5. Peça exemplos. É tentador comentar imediatamente as escolhas do parceiro, mas, antes, certifique-se de entendê-las. Por exemplo, se o número 1 dele é *passar tempo livre juntos*, pergunte que momentos ele apreciaria mais. Você também pode compartilhar um de seus momentos mais apreciados e confirmar se os dois estão realmente falando sobre as mesmas coisas. Leia cada carta e peça mais exemplos. Seu parceiro pode ter dificuldade para pensar em exemplos para os últimos itens da lista; pode ser difícil para algo que consideramos menos importante.

6. Compartilhe seus exemplos. Agora é sua vez de exemplificar suas cartas de amor. Mantenha-os positivos. Lembre-se de que está falando sobre o que gosta de fazer, não sobre o que não quer fazer. Crianças respondem melhor a elogios — seu parceiro não será diferente.

7. Compare as respostas. Discuta a ordem na qual cada um de vocês colocou as linguagens de amor. Quais são as diferenças e semelhanças? Se você tem alguma idéia sobre por que uma linguagem é particularmente importante para você, divida-a — por exemplo, "Cresci em uma família em que ninguém nunca se abraçava, então...". Não se preocupe se as prioridades forem muito diferentes; o próximo passo será ajudar a cuidar disso.

DIRECIONAR

8. Aprendam a falar a linguagem um do outro. Lembre-se: a maneira como demonstramos amor também é a maneira como gostamos de recebê-lo. Então, tente aumentar a freqüência com que você fala a linguagem amorosa do parceiro. Isso é particularmente importante se o parceiro não está mais apaixonado por você. Pergunte a ele: "Que mudança eu poderia fazer e você apreciaria particularmente?" Essas tarefas devem ser simples e de fácil verificação. Se a principal prioridade do parceiro é *passar tempo livre juntos*, estabeleça um contrato assegurando uma refeição fora de casa todos os meses. Não deixe pontas soltas. Decida quem vai reservar a mesa e contratar a babá. Para que as mudanças se instalem, é necessário que haja benefícios para as duas partes, por isso peça algo pequeno em sua linguagem também.

Se o relacionamento enfrenta momentos difíceis, uma alteração útil neste exercício é rearranjar as cartas de amor e colocá-las na ordem em que você gostaria que estivessem no futuro. Um casal que ajudei começou com *dar presentes* como primeira escolha. Eles explicaram que essa era a única linguagem que sentiam ser segura. Quando examinamos suas ambições para o futuro, *dar presentes* caiu e *contato físico afetuoso* adquiriu maior importância.

A auditoria da linguagem amorosa
Faça a si mesmo as seguintes perguntas e identifique a última vez em que usou cada uma das cinco linguagens amorosas.

1. Quando elogiei meu parceiro pela última vez?
2. Quando foi a última vez em que comprei um presente para meu parceiro sem que fosse seu aniversário ou uma ocasião especial?
3. Quando meu parceiro e eu saímos juntos e sozinhos pela última vez?
4. Quando toquei meu parceiro pela última vez com ternura ou amor, sem que tenha sido um prelúdio para o sexo?
5. Quando fiz algum favor a meu parceiro pela última vez sem que ele/a o tenha solicitado?

Se a resposta foi nos últimos dias, parabéns; na semana passada é bom, e no mês passado também. Para questões cujas respostas tenham sido há mais de um mês, ou para aquelas que nem tenham tido uma resposta precisa, tente usar a linguagem relevante, a fim de demonstrar seu amor de um novo jeito.

A declaração de três partes

Em tempos de conflito em potencial, comentários ambíguos podem se tornar tão carregados de deduções ocultas — tanto do orador quanto do ouvinte —, que a comunicação clara torna-se quase impossível. A *declaração de três partes* destina-se a oferecer tanta informação quanto for possível e tão rapidamente quanto possível, limitando o potencial de discussões inúteis.

Não salte nenhuma parte neste exercício nem improvise, porque a receita funciona melhor quando seguida ao pé da letra.

x) Eu sinto...
y) quando você...
z) porque...

Poucas pessoas podem colocar automaticamente os pensamentos em uma fórmula de três partes. É preciso ter prática. Siga estes passos:

1. Pense na última vez em que você quis dizer algo e tudo deu errado.
2. Copie a fórmula anterior e preencha cada parte dela. Por exemplo: "Eu me sinto *humilhado* quando você *me ignora* porque *estou me esforçando muito para mudar.*"
3. Tente encontrar mais quatro exemplos do passado.
4. Agora pense em algo atual que você precisa comunicar. Não precisa ser necessariamente com o parceiro; a *declaração de três partes* funciona bem com adolescentes sensíveis e com colegas de trabalho, também.
5. Escreva a fórmula e complete cada parte novamente.
6. Pergunte a si mesmo: "Essa declaração é clara e exata, ou preciso acrescentar alguma coisa?" Se a resposta for afirmativa, faça as mudanças necessárias.
7. Pratique a declaração concluída algumas vezes; isso vai ajudar a fazê-la fluir naturalmente quando você for falar com a outra pessoa.

Passo 4

Brincar

"Parece que não fazemos nada juntos, só você e eu."
"Quando ofereço um afago, você me repele."
"Não estou falando de sexo."
"Por que me incomodo?"
"Pelo menos concordamos em alguma coisa."

Quando um relacionamento derrapa, a diversão é a primeira coisa que desaparece. Mas, para serem realmente próximos, não só colegas administrando uma casa ou criando os filhos, vocês precisam se reconectar com O BRINCAR.

Capítulo 6

Como promover intimidade verdadeira?

Todo mundo é a favor da intimidade; essa é uma das poucas coisas que todos nós queremos mais. Então, por que a intimidade nos escapa por entre os dedos tão facilmente, resultando em muitos casais se descobrindo mais amigos do que amantes? A desculpa mais comum é que a vida moderna é estressante e devora o tempo de qualidade dos parceiros, mas isso é só parte da história. A intimidade existe para igualar os sexos, mais nada. À medida que nos deixamos obcecar por mesas de reunião, desempenho e entrega, tentamos fazer a intimidade amorosa alcançar objetivos também. Sexo pode ser redutível às estatísticas de "quanto" e "por quanto tempo", mas a intimidade não é tão maleável assim. Além do mais, em toda paixão calorosa do ato de amor é fácil imaginar que somos genuinamente próximos do parceiro. Os homens são particularmente culpados por confundir sexo e intimidade, e consideram o casamento bom mesmo que o sexo seja rotineiro e insatisfatório. No entanto, mesmo o sexo fisicamente satisfatório pode deixar os dois parceiros com uma sensação de isolamento, solidão, talvez até se perguntando se as coisas podem algum dia melhorar.

Muitos de meus casais ETAM não reclamam de sua vida amorosa. Normalmente, desprezam os questionamentos com respostas do tipo "Tudo bem". Um questionamento mais profundo revela sexo polido, em vez de intimidade sexual. Patrick é um professor de 29 anos: "Meu prazer é dar prazer a Cathy." Não há nada de errado com isso, mas Patrick se tornou tão solícito que não foi honesto quanto às próprias necessidades. "Às vezes penso em experimentar algo diferente, como fazer amor no chuveiro, mas não faço nada. O que Cathy poderia pensar?" Patrick e Cathy estavam tão preocupados em não aborrecer o outro e censuravam tanto as próprias necessidades que a rotina sexual tornou-se tediosa. Pior ainda, eles não conseguiam falar sobre o problema, o que os distanciava cada vez mais.

Então, o que é intimidade e como a recapturamos? A intimidade é composta de três componentes básicos: vulnerabilidade, boa comunicação verbal e proximidade física (da qual o sexo é provavelmente apenas 30 por cento). Equilibre esses ingredientes e vocês vão se sentir sempre amados e desejados.

Vulnerabilidade é estar aberto e correr o risco de revelar coisas sobre si mesmo. Não é surpreendente que seja também a qualidade mais dura de conquistar na intimidade. Isso acontece porque tememos sofrer, e esse medo pode ser tão forte quanto o desejo por intimidade. Assim, nós nos retraímos e elevamos nossas defesas como uma apólice de seguro contra a dor. No começo de um relacionamento, essa atitude "pé atrás" faz sentido. Imaginamos que tudo vai ficar mais fácil depois do casamento, mas o que acontece freqüentemente é que sentimos ainda mais medo. O parceiro aprende muito sobre nossos defeitos e sobre nossas forças também, um aprendizado que se dá naturalmente pela vida doméstica e financeira em comum e pela criação dos filhos, e revelar muito mais além disso pode parecer arriscado. Se você conhece alguém muito bem, a rejeição adquire um sentido mais pessoal, e por isso aumentamos nossas defesas.

Mesmo os casais que se comunicam bem no início da relação podem descobrir essa qualidade evaporando. Nos primeiros e inebriantes dias de amor, nunca paramos de conversar; compartilhamos nossas opiniões sobre todos os assuntos, de Shakespeare a conchas do mar. Do outro lado está o estresse da vida diária, quando a comunicação é reduzida ao mínimo — a que horas você volta, as crianças precisam de dinheiro para o lanche da escola — quando nossos caminhos se cruzam na cozinha. Embora seja um atalho muito eficiente, ele não oferece a riqueza de detalhes que nos ensinam tanto durante o namoro. Nas lacunas, começamos a fazer suposições. Deixamos de notar que os gostos do parceiro mudaram e suas opiniões precisam de atualização. Pior ainda: podemos engolir as irritações para evitar discussões e garantir o suave funciona-

COMO PROMOVER INTIMIDADE VERDADEIRA?

mento da casa. Os sentimentos não desaparecem, mas transformam-se em ressentimento, distorcendo ainda mais a boa comunicação.

E a proximidade física? O toque casual no braço enquanto conta alguma coisa, o carinho na nuca diante da TV, os abraços longos e calorosos. Tudo isso parece maravilhoso? Esses pequenos gestos são tão importantes quanto o ato sexual. Mas por que desaparecem de tantos relacionamentos depois do primeiro jorro da paixão? É triste, mas a proximidade física casual é freqüentemente vista como uma abertura para o sexo, não como uma alegria em si mesma. Então, se uma parte não está disposta, mesmo que possam desfrutar daquelas sensações num dado momento, eles se distanciam. Afinal, todo mundo sabe aonde isso vai levar. Logo esses casais se vêem presos na síndrome do "tudo ou nada", em que tudo além de um simples beijo no rosto fica proibido, a menos, é claro, que se queira o ato completo. Esses problemas são exacerbados em homens e mulheres com mais de 40 anos, que se encontram em estágios muito diferentes de sua sexualidade. Mulheres cujos filhos são independentes já não se sentem mais tão exaustas. Elas se sentem melhores, têm mais tempo para si mesmas e sua confiança cresce. Os homens, por outro lado, seguem na direção oposta. São menos confiantes quanto a obter uma ereção e sempre se mantêm em sua metade da cama, a menos que tenham 100 por cento de certeza de gratificação. Portanto, a complexidade de iniciar o ato sexual necessita sempre de atualização nos relacionamentos de longa duração. O que parecia seguro e confortável há dez anos — a mão se esgueirando para o outro lado da cama — agora pode fazer você se sentir como se o outro o tomasse por certo.

A atividade sexual — como amor — muda à medida que um casal percorre *Os seis estágios de um relacionamento* (veja Capítulo 2). Enquanto o *Limerence* está no auge, durante a *fusão*, os casais reportam intensa excitação sexual, alta freqüência e atos prolongados. Um dos grandes prazeres é explorar lentamente o corpo do outro, quase como se cada parceiro considerasse o corpo do outro como seu. "Eu queria subir nele", explica Jackie, "e ainda brincamos que, quando nos abraçamos, eu quase me enterro em sua axila". Esse partilhar intenso reduz qualquer obstáculo sexual ao nível da insignificância e é lembrado como um período de ouro.

Para muitos casais, esse estágio lança a base para uma vida inteira de intimidade física e emocional.

Durante o *ninho*, há um declínio gradual no ato de amor. No entanto, o conhecimento implementado dos gostos e preferências do outro pode agir como compensação e, geralmente, há muito carinho e estimulação não-genital. Durante a *auto-afirmação*, por volta do terceiro e quarto anos, o sexo pode se tornar um problema, especialmente para casais que não conseguem lidar com o conflito. Nesse estágio, diferentes necessidades de afeto começam a emergir, mas alguns casais julgam mais fácil virar para o lado e apagar a luz do que conversar. A raiva não-resolvida não desaparece, mas, em vez disso, ergue uma muralha entre o casal e impede a libido sexual. (Se esse é você, veja o exercício "Como ser sexualmente honesto" no final do Capítulo 4.) Para casais que se deixam ser indivíduos além de metades de um relacionamento durante o estágio da *auto-afirmação*, porém, as mudanças no relacionamento despertam um novo interesse. Cada parceiro aprende a dar e receber no ato de amor, evitando assim uma situação em que uma parte se sinta permanentemente em dívida com a outra.

Colaboração, o estágio 4, é um tempo de novas atividades e muitos casais também começam a experimentar no ato de amor. Mas esse também pode ser um tempo em que um ou os dois parceiros se sentem exaustos — especialmente se o casal tem filhos. "Eu pensava que Sue nunca tinha tempo para mim", reclamou Cliff. "Sei que não é fácil cuidar de uma criança de 4 anos e de outra de 1 ano e meio, mas me sinto constantemente empurrado para longe." Com o tempo, Cliff foi rejeitado tantas vezes que deixou de sentir-se atraente, apesar de Sue repetir que as recusas não eram pessoais. Uma boa dica para superar esse problema é, em vez de dizer não, propor uma sugestão alternativa. Deu certo com Cliff e Sue. "Eu não me sentia com disposição para o sexo, mas estava sempre pronta para receber uma massagem nas costas", contou Sue. "Depois, eu retribuía a gentileza." Além disso, Sue propôs que ela e o marido fizessem amor nos finais de semana.

Com a *adaptação*, depois de 15 ou vinte anos, os casais relatam um declínio na freqüência do ato sexual, mas, por outro lado, reportam uma melhoria na qualidade. No entanto, algumas pessoas enfrentam dificuldades quanto às mudanças no próprio corpo, e no dos parceiros, e so-

COMO PROMOVER INTIMIDADE VERDADEIRA?

bre se sentir desejável. Recomendo duas abordagens para essa questão: esconder os detalhes ofensivos ou enfatizá-los. Uma amiga minha que é terapeuta sexual aconselha mulheres que se incomodam com estrias ou homens constrangidos com cicatrizes cirúrgicas a colori-las. Ela descobriu que isso devolve a diversão e o ato de brincar ao relacionamento — dois componentes sempre úteis — e que mais tarde, quando a cor é removida (talvez durante um banho para os dois juntos), os casais relatam que as marcas nem eram notáveis, afinal. Na abordagem oposta, a pessoa que se sente constrangida com detalhes do próprio corpo tem a oportunidade de ocultá-los. Esse parceiro começa com um tecido de sua escolha, normalmente algo bem grosso, e, com o tempo, o substitui por outros mais leves. É comum que o casal vá percorrendo estágios até acabar apenas com um echarpe enquanto faz amor; eventualmente, a pessoa com o incômodo vai se sentir preparada para ficar nua novamente. Outra vez, a escolha e o momento cabem sempre ao parceiro com o incômodo. Esse programa foi criado para ajudar mulheres submetidas a uma mastectomia, mas funciona bem com qualquer coisa que cause incômodo ou constrangimento.

O último estágio do relacionamento é a *renovação*. A urgência do alívio do orgasmo é substituída por uma elevação nos afagos, nos abraços e nas carícias. Casais mais velhos costumam relatar o mais elevado nível de paz e contentamento.

O tédio pode se tornar um problema em qualquer estágio do relacionamento, à exceção, possivelmente, do primeiro ano, e é geralmente um aviso prematuro de problemas na intimidade. E se a falta de intimidade é o problema, a solução é brincar — o quarto passo para devolver a paixão a seu relacionamento. Quando somos crianças, brincar é o centro da vida e um portão para o aprendizado, para a construção do tempo e para o alívio das tensões. Depois, quando crescemos, esquecemos as alegrias simples de brincar; muitas pessoas até abandonam a prática esportiva, a forma aprovada pelos adultos, e tornam-se espectadores em vez de participantes. Mas por que brincar é tão importante? Em primeiro lugar, brincar aborda ao mesmo tempo os três ingredientes para a intimidade. Boa comunicação verbal e proximidade física são subprodutos óbvios da brincadeira, e no entusiasmo do momento há também a vulnerabilidade.

Ninguém pára para pensar como pode parecer ou se está sendo ridículo. Em segundo lugar, brincar nos reconecta à criatividade típica da infância, ingrediente útil para combater o tédio.

A abordagem tradicional para solucionar problemas sexuais tem sido comprar um livro, mas até os melhores — aqueles que reconhecem a importância da boa comunicação e da manutenção da paixão — são largamente dedicados a novas posições para o ato sexual e implementação de técnicas. Essa abordagem não só coloca o contato físico no centro da intimidade, como também assume uma facilidade com o sexo, o que não existe para muitos casais, especialmente quando o tédio se tornou um campo de batalha emocional. Ela também menospreza a importância da diversão e do brincar no ato de amor. O problema final com os manuais de sexo é a abordagem "tamanho único". Minha experiência com ETAM me diz que, falando grosseiramente, os casais se enquadram em três categorias:

- *Sexo pouco freqüente* (talvez uma vez por mês ou uma vez a cada dois ou três meses). A intimidade é um assunto bastante carregado, origem de discussões, e foi reduzida a mero sexo. Para esses casais, criei o exercício "Doze paradas na estrada para a intimidade", que busca colocar a intimidade no contexto do relacionamento como um todo — de fato, os quatro primeiros passos são sobre conversar em vez de tocar.
- *Vida sexual rotineira.* O ato de amor acontece regularmente, mas tornou-se uma tarefa a ser riscada da lista, não uma fonte de alegria e intimidade genuínas. Para esses casais, consultei uma colega especialista em terapia sexual com sólida reputação construída a partir de soluções criativas e divertidas. Ela acredita que o prazer é o centro da intimidade e que muitos casais perderam isso de vista nas atribulações da vida diária e na pressão de criar os filhos. Para saber mais sobre o programa, veja o exercício "Princípio do Prazer".
- *Sexo bom.* Embora o ato seja agradável, ou extremamente agradável, em alguns casos, a intimidade do ato de amor não alcança o restante do relacionamento e um ou os dois parceiros se sentem solitários. Para esses casais, criei o exercício "Reparo da Intimidade".

Os três exercícios têm o "brincar" em sua essência, por isso, se você não sabe ao certo qual deles será mais benéfico, experimente tomar elementos de um ou mais deles e misturá-los. Se você se sentir encurralado, ou se perceber que está se deixando arrastar de volta a antigos padrões algumas semanas mais tarde, sugiro que siga cada uma das "Doze paradas na estrada para a intimidade", mesmo que uma ou duas delas pareçam básicas demais.

Resumo

- Intimidade é crucial para impedir que um casal resvale para o relacionamento fraternal.
- Pouco a pouco, sem que nenhum dos parceiros queira, o sexo pode ser reduzido ao mais baixo denominador comum: o que é fácil ou o que não incomoda nenhum dos dois.
- Intimidade e sexualidade mudam à medida que um casal percorre *Os seis estágios de um relacionamento*. O desafio é continuar redescobrindo do que os dois parceiros realmente gostam.
- A causa mais comum para o tédio na cama é a falta de intimidade.
- Seja qual for o tempo de união de um casal, "brincar" é a chave para abrir uma intimidade mais satisfatória.

Exercícios

Doze paradas na estrada para a intimidade

Elas foram criadas para serem feitas uma a cada semana. No entanto, permaneça em cada parada até sentir-se confortável. Se você quiser se mover mais rapidamente, tudo bem. No entanto, como a intimidade se esvai lentamente de um relacionamento, é melhor trazê-la de volta aos poucos. Espera-se que as primeiras paradas se tornem uma segunda natureza, de modo que sejam continuadas sem pensar, mesmo quando se está focando nas outras.

Esse programa é mais facilmente compartilhado com o parceiro, mas não se preocupe se ele perceber cada discussão como um ataque; você pode instigar *As doze paradas na estrada para a intimidade* sozinho.

Seu comportamento alterado vai gerar o exemplo e criar um efeito de impacto.

1. *Validar um ao outro.* Cumprimente ou dê os parabéns ao parceiro por um trabalho bem-feito. Ele provavelmente vai pensar que você quer alguma coisa, mas limite-se a sorrir e repetir o elogio.
2. *Agarre as oportunidades para conversar.* Pense em como eram detalhadas as histórias que vocês contavam um ao outro no tempo de namoro. Tudo consiste em detalhes, porque são eles que dão vida ao relato. Peça ao parceiro para explicar melhor alguma coisa, também.
3. *Dedique algum tempo à conversa.* Todo casal deve discutir o que cada um quer da vida de tempos em tempos. Para onde vamos? Quais são nossas aspirações ainda não-realizadas? Seja vulnerável e franco sobre suas esperanças e seus medos. O objetivo principal é dedicar tempo suficiente para vocês dois. Não podemos ser íntimos se nosso relacionamento nada mais é do que recados trocados sobre o trabalho, a família e os amigos. Guarde esse tempo com dedicação e empenho.
4. *Confidenciar um segredo.* Você pode contar tudo aos amigos, mas é igualmente franco com seu parceiro? Escolha algo revelador sobre si mesmo para contar a ele. Não se preocupe se você parece fazer sozinho todas as confissões. Como se estivessem em uma gangorra, suas ações farão seu parceiro se tornar também mais franco e aberto com o passar do tempo.
5. *Toque o parceiro.* Reintroduza o toque casual no relacionamento. Afague a mão dele quando estiver dirigindo o carro; segure a mão dele quando estiverem assistindo à TV; beije-o na nuca quando ele estiver sentado diante do computador. Às vezes, um toque vale mais do que mil palavras.
6. *Compartilhe.* Leve uma vasilha de sorvete com duas colheres para uma banheira cheia de água quente. Os casais costumam rir dessa sugestão, mas a adoram. Use apenas uma vasilha; afinal, estamos falando em compartilhar. Tente alimentar o parceiro e se deixar alimentar por ele, pois isso pode ser muito sensual. Sinta-se à vontade para fazer amor, mas lembre-se de que isso também trata de estarem nus e juntos sem se sentirem obrigados ao ato sexual.

COMO PROMOVER INTIMIDADE VERDADEIRA?

7. *Crie o cenário.* Dê uma boa olhada em seu quarto. O ambiente alimenta a paixão ou acaba com ela? Quando peço aos casais para descreverem o lugar onde fazem amor, normalmente ouço de tudo, desde pilhas de contas para pagar sobre o criado-mudo a animais domésticos dormindo na cama. Faça uma limpeza. O quarto deve ser palco para a paixão, não depósito de entulho. Aqueça o ambiente, cuide da iluminação (com velas, por exemplo) e tranque a porta. Finalmente, escolha uma boa música para completar o clima e impedir que as preocupações desviem sua atenção.

8. *Reduza o ritmo do ato de amor.* A intimidade demanda tempo. Os homens sempre seguem diretamente para os genitais, enquanto as mulheres às vezes desejam terminar tudo o mais depressa possível, e assim, no meio desse frenesi, a intimidade acaba ficando para trás. Evite a tentação de dizer alguma coisa sobre isso durante o ato de amor. Por mais delicado que seja, o comentário será recebido como crítica. Em vez disso, guie as mãos dele para outro lugar qualquer onde prefira ser tocado. Acrescente uma afirmação positiva: "Adoro quando você..." Outra maneira de reduzir o ritmo é mudar de posição. Por exemplo, se a mulher fica por cima pode decidir o momento da penetração.

9. *Encontre novas zonas erógenas.* Onde estão as suas? Resposta: em qualquer lugar onde a pele seja fina e os nervos estejam próximos da superfície. No meio das costas; na parte interna dos pulsos; cotovelos; nuca; porção externa dos lábios. Por isso mordiscar pode ser mais excitante do que beijar realmente.

10. *Salte o ato sexual.* A intimidade sexual é uma experiência de corpo inteiro, e o sexo deve ser uma opção a mais. Assim que puder estar próximo sem a real penetração, você estará elevando muito as possibilidades de satisfação. É possível que um parceiro não se sinta disposto ao ato sexual propriamente dito, mas ninguém está cansado demais para um abraço ou para ter as costas massageadas, por exemplo.

11. *Faça da iniciação uma responsabilidade compartilhada.* A pessoa que sempre solicita ou toma a iniciativa de começar o ato de amor corre o risco de se sentir previsível, ou, pior, de se sentir rejeitada, indesejável. Se você raramente toma a iniciativa, essa é sua oportunidade. Se a responsabilidade normalmente cabe a você, contenha-se e dê ao parceiro o espaço necessário para começar.

12. *Experimente.* Tente levar algo de novo ao relacionamento. Pode ser um novo cenário para fazer amor, como, por exemplo, o banco traseiro do carro em algum lugar deserto, ou algo distinto, como um de vocês se manter inteiramente vestido, enquanto o outro está nu. Não são necessárias grandes mudanças, só alguma coisa que mostre ao outro que você fez da intimidade uma prioridade contínua.

Princípio do prazer

Muitos casais que consideram o ato de amor uma tarefa, em vez de uma alegria, perderam de vista a ampla gama de possibilidades relacionadas ao prazer. Nos piores casos, a vida se tornou um assunto tão sério que praticamente exclui a diversão. Para muitos outros, o prazer se encontra em uma ou duas áreas, mas seu efeito é suprimido pela repetição. A melhor maneira de explicar é passar logo ao primeiro estágio do exercício:

1. Pense em tudo que faz você sentir prazer verdadeiro ou excitação moderada e anote. Continue acrescentando itens à lista; nada é trivial demais. No filme *Manhattan*, o personagem de Woody Allen relaciona coisas que tornam a vida digna de ser vivida, como: "Groucho Marx, Willie Mays (lenda do basquete americano), Segundo Movimento da *Sinfonia de Júpiter*, a gravação de Louis Armstrong de *Potato Head Blues*, filmes suecos, Frank Sinatra, Marlon Brando, os caranguejos do Sam Wo's e o rosto de Tracy." O que comporia sua relação?

2. Examine sua lista e decida em quais das seguintes categorias de prazer, em sua opinião, cada item se enquadra. Relacionei alguns exemplos para ajudá-lo a começar, mas eles não são definitivos. Para uma pessoa, as férias podem ser uma fuga; para outra, fonte de tranquilidade; para uma terceira, que pode descer uma corredeira em um caiaque, as férias podem ser fonte de realização.

Realização: Passar em um exame; negociar um desconto; encontrar o par de sapatos perfeito; fechar um negócio importante.
Tranquilidade: Uma paisagem bonita; ver a água bater na lateral de um barco; ficar deitado em uma cama quente numa manhã fria.

Irresponsabilidade: Pôr os pés para cima por cinco minutos e ler uma revista; uma rápida partida de golfe; fazer bonecos de dedos no cinema.

Excitação: Dirigir em alta velocidade; cavalgar em uma praia; marcar um gol.

Sensualidade: Carneiro assado com molho de hortelã e batatas coradas; ouvir Leonard Cohen; o cheiro de café recém-torrado.

Alívio: Embebedar-se até ficar bobo; meditação; dançar; comprar um bilhete de loteria.

Estímulo: Ver uma criança dormir; realizar algum trabalho voluntário; apresentar um amigo a um livro muito bom.

3. A grande questão no ato de amor/intimidade é que isso proporciona um dos poucos fóruns em que se pode encontrar todos os prazeres acima mencionados ao mesmo tempo. Mas quão equilibrada é sua lista? Todos os prazeres se aglomeram sob um ou dois cabeçalhos? Quantos desses prazeres são compartilhados com seu parceiro?

4. Em geral, casais sem intimidade suficiente perdem de vista a irresponsabilidade e, embora cada um dos parceiros possa ter individualmente *excitação* e *tranqüilidade*, já não compartilham mais esses prazeres. Aqui vão algumas idéias sobre o que é agradável compartilhar — longe do quarto. Que outras idéias você pode ter?

Realização: Façam uma caminhada de 8km juntos; cuidem do jardim.

Tranqüilidade: Vão à praia e fiquem atirando pedras no mar; encontrem um lugar onde jogar frescobol.

Irresponsabilidade: Redescubram quaisquer prazeres da infância que tenham sido esquecidos, como empurrar o outro no balanço do parque ou correr encosta abaixo cantando.

Excitação: Visitem um parque temático e brinquem juntos nas atrações mais emocionantes; vão às corridas.

Sensualidade: Assistam juntos a um concerto; encha a casa com flores perfumadas.

Alívio: Passem um final de semana fora; aprendam a dançar salsa juntos.

Estímulo: Planeje um passeio especial; prepare uma refeição que ele aprecie muito.

O que tenho nas mãos?

Compartilhar prazeres variados vai reequilibrar sua intimidade longe da arena sexual; agora é hora de levar a diversão para o quarto. O próximo jogo pode ser tão sexy quanto você quiser fazê-lo.

- Cada parceiro encontra um objeto doméstico comum que tenha alguma possibilidade de ser sensual; um pequeno pincel, uma echarpe de seda, um pote de iogurte de morango, hidratante ou um cubo de gelo. Não conte ao outro o que você encontrou; de fato, você pode provocá-lo quanto às possibilidades, pois a curiosidade faz parte da diversão.
- No quarto, cada parceiro se despe até manter apenas as roupas íntimas. Joguem uma moeda para decidir quem começa.
- Um parceiro fecha os olhos, enquanto o outro pega o item secreto.
- Devagar, delicadamente, a pessoa com o item secreto o movimenta pela pele do parceiro.
- O parceiro com os olhos fechados usa os primeiros minutos para se habituar às sensações; enquanto isso, o outro encontra diferentes maneiras de acariciá-lo. Explore realmente as possibilidades e encontre novos lugares e jeitos de tocar (a única coisa fora de questão é a prática do sadismo). Como confundir? Como dar prazer? Por favor, evite as zonas erógenas óbvias nesse estágio.
- Depois de cinco minutos, pelo menos, a pessoa que tem o item secreto pergunta: "O que tenho nas mãos?" A pessoa que está sendo tocada pode adivinhar ou fazer perguntas, como: "É alguma coisa que fica na cozinha?" Ela só não pode abrir os olhos.
- Quando o parceiro tocado acerta o objeto, ou desiste de tentar adivinhar, pode escolher se quer continuar sendo tocado ou se prefere mudar de lugar e recomeçar o jogo.

Renovação da intimidade

Quando o sexo é bom, porém é mais um alívio físico do que uma ligação emocional, tente permanecer acordado por cinco minutos depois de ter um orgasmo. Sei que isso é difícil para os homens; adormecer depois de fazer amor está sempre muito perto do topo em minha lista de prioridades. No entanto, a conversa de travesseiro oferece uma oportunidade maravilhosa de conexão. Alguns casais usam a segurança e o calor da

COMO PROMOVER INTIMIDADE VERDADEIRA?

atmosfera pós-sexo para fazer elogios, enquanto alguns conversam como jamais conversariam em outros momentos. Tive uma cliente que ficou trancada em um banheiro quando era criança, e mais tarde desenvolveu uma claustrofobia moderada. Ela contou ao marido que estar na posição passiva trazia lampejos de memória, lembranças de estar trancada, especialmente quando ele desabava em cima dela no final da relação. Ele, é claro, não tinha a menor idéia disso e sugeriu posições diferentes. Em conseqüência, a intimidade desse casal ganhou força impressionante, mas, sem a proximidade que segue o ato de amor, essa conversa jamais teria sido possível.

Passo 5

Assumir a responsabilidade

"Se ao menos você não vivesse me diminuindo."
"E você?"
*"Alguma vez pensou que, se você fosse um pouco mais gentil, eu também
    seria?"*
"Você não me dá muito incentivo."
"Por que a culpa é sempre minha?"

É sempre mais fácil tirar o cisco do olho alheio do que lidar com a poeira
do nosso. Em nenhuma esfera isso é mais verdadeiro do que nos relacionamentos. Embora o comportamento de nosso parceiro tenha um grande impacto sobre nós, somos sempre mais rápidos em culpar do que em
aceitar nossa parte na infelicidade. Isso nos prende ao pensamento de
que devemos esperar nosso parceiro mudar, em vez de ASSUMIR A RESPON-
SABILIDADE.

Capítulo 7

Identidade: Amar você me impede de ser eu mesmo?

Com o tempo, os parceiros num relacionamento se tornam mais e mais parecidos. É natural que os gostos de um parceiro influenciem o outro e que a vida em comum acerte as arestas da personalidade de cada um. Essa adaptação gradual geralmente contribui para uma coexistência pacífica. No entanto, alguns casais levam esse estágio adiante e tornam-se parecidos demais. Por que isso deveria ser um problema? Em primeiro lugar, como discutimos anteriormente, as diferenças proporcionam a fagulha que mantém o amor vivo. Em segundo lugar, o excesso de similaridade pode ser sufocante. De fato, muitos casais ETAM tornam-se tão semelhantes quanto ervilhas na vagem e, com freqüência, uma das partes reclama de perda de identidade. Pior ainda: em termos de saúde do relacionamento, esse parceiro acaba acreditando que o outro está sufocando sua personalidade. Quando isso acontece, só há uma solução aparente: separação. Isso é terrivelmente injusto, porque o que está acontecendo é de fato muito mais complexo do que parece. As duas partes desempenham um papel nessa mistura de identidades, e por essa razão o próximo passo para recuperar a paixão é assumir a responsabilidade pessoal.

Stacey chegou a meu consultório chorando. Ela tinha 25 anos, mas vivia com o mesmo parceiro desde os 18, e agora considerava o relacionamento tão claustrofóbico que passava o maior tempo possível longe de casa. Logo surgiu a ladainha familiar: a) ela o ama, mas não está apaixonada por ele; e b) não havia discussões, embora ela tivesse produzido uma enorme fatura do cartão de crédito em uma de suas muitas "escapadas". Sua principal queixa era que o relacionamento a impedia de ser ela mesma: "Não sei quem sou. Estou perdida", e então começava a chorar novamente. "É por isso que simplesmente tenho de deixá-lo", explicava. Pelo relato de Stacey, eu esperava encontrar um parceiro controlador. Carl juntou-se a nós na sessão seguinte e não poderia ter sido mais cordato: "Eu disse alguma coisa sobre você sair? Na verdade, não a impeço de fazer nada." Stacey não respondeu, mas pareceu se retrair. Transformou-se em uma mulher inteiramente diferente daquela que eu havia conhecido antes. "O que você quer?", Carl perguntou. Houve um longo silêncio. Finalmente, Stacey respondeu: "Não posso ser a pessoa que você quer que eu seja." Foi a vez de Carl mergulhar no silêncio. "Agora eu o magoei", Stacey voltou a chorar. "Não queria isso." Sob toda a dor parecia haver uma pergunta não-formulada. Amar você me impede de ser eu mesma?

Stacey não está sozinha na descoberta de que o relacionamento roubou-lhe a identidade pessoal. "Os cômodos de minha casa parecem cheios demais. Animais de estimação, brinquedos das crianças, as pastas de meu marido quando ele leva trabalho para casa", queixou-se Bárbara, 34 anos e 15 de casamento. "Nada parece ser meu. Até mesmo a cozinha — meu espaço, de certa forma — é constantemente invadida pelas crianças saqueando a geladeira. Quando caminho pela rua ao entardecer e olho pela janela das outras casas, os cômodos parecem arejados e espaçosos. São como palcos iluminados, nos quais os proprietários estão no comando, são independentes. Descubro-me ouvindo amigos divorciados e invejando aquela conversa sobre um espaço só deles." Lucy, quase 30 anos, uma filha de 8 e um filho de 5, compreenderia esses sentimentos. "São muitas as demandas sobre meu tempo. Tive de deixar de lado minhas carências enquanto cuidava das crianças. Não tenho tempo para livros, por isso guardei todos eles com os prospectos da faculdade. Mas, por mais que eu tente, por amar meus filhos e meu marido, essa carência não se atrofia. Quero esmagar e destruir tudo."

Os parceiros de Bárbara e Lucy se dispuseram a ajudar. O marido de Bárbara prometeu manter seus objetos de trabalho em ordem e até falou sobre criar um espaço extra no loft. O marido de Lucy concordou em levar as crianças à natação nas tardes de sábado para que Lucy possa ler em paz. Mas, de alguma forma, esses planos bem-intencionados foram sabotados e nada mudou realmente. Então, o que mantém esses casais presos aos mesmos padrões? Temos de examinar mais profundamente os sintomas: Bárbara não tem espaço e Lucy não tem tempo para ler. Os dois casais contaram que se dão bem e apreciam as mesmas coisas, mas, quando pedi mais informações a Lucy, ela relacionou comer fora, ir ao cinema e amigos em comum antes de parar de falar. Tudo isso é correto, mas não provocavam nela nenhuma paixão. De fato, Lucy e seu parceiro, David, não iam ao cinema havia seis meses. Quando perguntei sobre paixões pessoais, deparei-me com uma expressão vazia. Tive de lembrá-la sobre a leitura, e finalmente descobri que David costumava jogar golfe, mas havia abandonado a prática logo depois do nascimento do filho. Bárbara gostava de decoração de interiores, mas não se sentia segura o bastante para se dedicar à atividade, uma vez que deveria considerar os gostos do marido. Muito bem, compromisso é bom e saudável, e é um componente essencial na construção de um relacionamento, mas não deve haver exageros. Esses dois casais estavam tão empenhados em ter uma parceria feliz que haviam perdido de vista a si mesmos como indivíduos. Não era de estranhar que eu enfrentasse dificuldades para descobrir seus interesses individuais: haviam sido sacrificados — um pouco ali, um pouco aqui — para favorecer a criação de gostos amorfos do casal. Então, por que alguns casais se tornam tão parecidos?

Os seis estágios de um relacionamento revisitado

Uma das principais vias de mudança para um relacionamento ao longo do tempo consiste na atitude de cada parceiro diante da "diferença". Quando um casal começa a namorar, busca similaridades e interesses comuns. Um parceiro vai assistir ao outro competindo em um rally de motocross sob chuva torrencial; o outro comparece aos dois ensaios de figurino e à apresentação do grupo de ópera do amado. No primeiro estágio, *fusão*, todas as diferenças são ignoradas para a formação do casal. Durante o *ninho*, as diferenças começam a surgir — talvez em uma discussão sobre que cor de tinta usar nas paredes — e os casais já não fingem adorar os passatempos do outro. No entanto, a similaridade continua sendo importante quando um casal constrói um lar em comum. Durante a *auto-afirmação,* o casal deve começar a olhar suas diferenças, porque duas pessoas têm gostos distintos, padrões, horários de dormir e acordar; a lista é interminável. Muitos casais discutem e acabam acomodando suas diferenças. No entanto, alguns casais, particularmente aqueles que vão desenvolver o ETAM, evitam o confronto aberto e fingem que as diferenças não existem. Uma metade vai abandonar um hobby — racionalizando que não tem tempo para ele —, enquanto a outra metade deixa de encontrar um determinado amigo de quem o parceiro não gosta. Em vez de se ressentir contra a decisão, esse parceiro vai criar uma desculpa, por exemplo, "Não tenho mais muito em comum com esse amigo". A outra tática para evitar as brigas da *auto-afirmação* é o casal enfatizar similaridades e concentrar todas as energias no que *tem* em comum. Sem lidar com a diferença, é difícil passar para o estágio seguinte, *colaboração*, durante o qual cada parceiro desenvolve projetos individuais e devolve uma energia renovada que vai revigorar o relacionamento. O quinto estágio, *adaptação*, também é difícil se um casal exerceu pressão sobre o parceiro para compartilhar opiniões semelhantes e aborda a multiplicidade de desafios que a vida lança em nosso caminho. O estágio final, *renovação*, é um espelho do primeiro. Mais uma vez, os parceiros se tornam tudo um para o outro e as diferenças deixam de ser um problema.

O diagrama na página seguinte mostra o que acontece com as diferenças a partir do primeiro encontro e daí em diante, e como elas podem minar um relacionamento se não forem devidamente tratadas durante a *auto-afirmação*.

Ignorar a diferença

É por isso que ser "melhores amigos", em vez de parceiros, pode causar tensão no relacionamento. Escolhemos amigos que são como nós e que compartilham interesses semelhantes. Não temos de viver com nossos amigos 24 horas por dia, sete dias por semana, e por isso podemos ignorar nossas diferenças e concentrarmo-nos nas similaridades. Também é comum que tenhamos amigos diferentes em diferentes estágios de nossa vida, à medida que interesses e necessidades mudam. Os amigos que permanecem cumprem ciclos de maior ou menor proximidade que estão sempre se repetindo. Assim, em vez de confrontar diferenças, é fácil deixar o relacionamento esfriar. Casais não têm a mesma flexibilidade Quando um parceiro descreve o outro como "melhor amigo", isso sempre soa para mim como um alarme que me orienta a verificar como eles lidam com a diferença.

IDENTIDADE: AMAR VOCÊ ME IMPEDE DE SER EU MESMO?

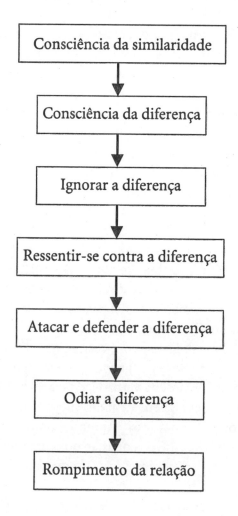

Ressentir-se contra a diferença

Os primeiros sinais de problemas de identidade e, mais genericamente, problemas de relacionamento ocorrem nesse estágio. Quase como uma fina rachadura na parede da sala de estar, não exigem atenção imediata e podem não progredir para algo mais sério. Por outro lado, a rachadura pode significar problemas na estrutura e causar o desmoronamento de metade da casa. Então, quais são os sinais de que alguém está se ressentindo contra a diferença? Os seguintes tópicos chamariam minha atenção: pequenos planos ou decisões tornaram-se motivo de contenda; um ou os dois parceiros mantêm um cartão imaginário no qual registram a pontuação de contendas anteriores; casais que parecem andar na ponta dos pés um em relação ao outro. A melhor maneira de escapar dessa armadilha é parar de fingir que os problemas não existem e ter uma boa discussão. Ficar zangado alivia o ressentimento acumulado e os verdadeiros problemas podem finalmente ser encarados. Eles quase sempre são diferentes, e menos assustadores, do que se imaginava antes.

Atacar e defender a diferença

Todos queremos o melhor para o nosso parceiro, não é? Ficamos felizes por ele crescer e desenvolver seu potencial. De sua parte, nosso parceiro se empenha em apoiar nossas ambições. Esse é o rosto público de muitos relacionamentos, especialmente entre casais ETAM, que costumam ter um relacionamento caloroso e de suporte mútuo. No entanto, sob a superfície, tudo é mais nebuloso. Retornando ao casal que conhecemos no início do capítulo, David entendia o desejo de Lucy de retomar os estudos em tempo integral. Eles se conheceram na universidade, mas Lucy havia abandonado o curso ao engravidar. Ele se sentia feliz em apoiar seu retorno "eventual". Mas, na verdade, estava atacando o desejo de ela fazer algo diferente e ser alguém além de esposa e mãe. Ele adotava uma técnica clássica: objeções práticas. "Apóio inteiramente as ambições de Lucy, mas como vamos resolver a questão dos cuidados com as crianças? É claro que posso ajudar, porém é mais do que isso", ele explicou. "E o tempo dedicado aos trabalhos, às pesquisas? O dinheiro que ela ganha no emprego de meio-período não é só para pagar luxos." Cada vez que Lucy resolvia um problema, ele propunha outro. Mas esse caso ia além do clássico marido tentando conter a esposa. Embora David estivesse mesmo atacando as tentativas de Lucy em ser diferente, ela também estava ocupada com a defesa do *status quo*. Na terapia, negociamos as tardes de sábado como o momento em que Lucy se dedicaria à leitura, enquanto David levaria as crianças para a natação. Mas, semana após semana, Lucy sempre encontrava alguma tarefa que precisava fazer e que a impedia de se sentar e ler. Não era de estranhar que estivessem encurralados; ambos temiam a mudança. David temia que os novos estudos, novos amigos e novas qualificações pudessem destruir o interesse de Lucy por ele. Enquanto isso, Lucy também se preocupava, não só com a possibilidade de aborrecer o marido, mas de não estar apta a enfrentar os desafios de retomar os estudos na vida adulta. Infelizmente, como nenhum deles queria "magoar" o outro, eles suprimiram esses sentimentos, deixaram de expressá-los. Lucy estava infeliz, mas David também não extraía muito do relacionamento. Estava tão ocupado defendendo o *status quo* que mal tinha idéia do que queria para o futuro. Por serem incapazes de lidar com as diferenças, o relacionamento de Lucy e David ficou estagnado na posição de "ataque e defesa"; ambos foram impedidos de chegar ao estágio da *colaboração* e realizar suas ambições.

O paradoxo do amor

Todos nós precisamos ser amados. Quanto mais amamos alguém, mais importante se torna o amor dessa pessoa e mais tememos perdê-la. Então, nós nos preocupamos em não fazer aquilo que o parceiro espera de nós, evitando, desse modo, eventual rejeição. Mas como lidar com gostos, padrões e atitudes diferentes? Todo relacionamento enfrenta esse problema, em parte porque não existem duas pessoas iguais, mas, principalmente, porque somos programados para escolher um parceiro que compense as qualidades inexistentes em nós. No melhor cenário que se possa imaginar, essas diferenças são catalisadores para o crescimento, não para o afastamento. No entanto, a diferença pode se tornar tão ameaçadora que um casal utiliza estratégias, sempre de maneira inconsciente, para se proteger contra a dor. Essas estratégias incluem: tentar controlar o parceiro; fingir ser indiferente às diferenças; adequar-se ao parceiro e submeter a própria personalidade à dele. Ninguém decide ser controlador ou capacho; as pessoas apenas têm medo. Aqui está o paradoxo central: quase tudo que fazemos serve para tentar nos proteger da dor, mas a maior parte da dor que experimentamos vem desse comportamento de proteção.

Com casais ETAM, essas estratégias de proteção contra a diferença se reúnem em três combinações principais:

Controle/submissão

Um parceiro está no comando, enquanto o outro acata seus desejos. A partir das comédias de TV, reconhecemos imediatamente a esposa autoritária e o marido tímido. Nos relacionamentos reais, a situação é sempre mais complexa, com casais alternando o controle e capitulando em diferentes assuntos. Martin, 32 anos, motorista de caminhão, e Jackie, sua parceira, 28 anos, escriturária, nos trazem um bom exemplo. Martin estava no comando da vida social. Ele organizava o grupo de amigos, decidia quanto tempo passavam com eles e onde e com quem aproveitaram o tempo livre. Jackie aceitava sua vontade. No entanto, Jackie controlava quase tudo em casa: o orçamento, onde as coisas eram guardadas, o que comiam, quando e como a roupa era lavada; e Martin acatava suas determinações. Alguns casais podem conviver com essas demarcações por anos, até alguém romper o padrão. No caso de Martin e Jackie, a chegada de um bebê balançou a velha estrutura. Ela se viu sobrecarregada em casa e ele não conseguiu lidar com as restrições sobre sua vida social.

O controle envolve mais do que dar ordens ou intimidar alguém fisicamente. Às vezes, o parceiro que parece ser mais fraco ao mundo exterior é, na verdade, o controlador. Algumas das técnicas para assumir o comando sem parecer controlar incluem lágrimas furiosas, lágrimas "pobre de mim", doença, ameaças de abandono, linguagem corporal indutora de culpa (suspiros, sobrancelhas erguidas, ombros encolhidos), culpa, acusações e sermões. Embora essa lista faça com que essa questão do controle/submissão pareça exaustiva, em muitos casos tal comportamento pode proporcionar uma coexistência superficialmente pacífica. No entanto, o parceiro que traz a queixa se sente mais relaxado e espontâneo quando o controlador não está por perto. Certamente, Martin sentia que podia relaxar de verdade em casa quando Jackie não estava, enquanto Jackie se sentia mais à vontade nas raras ocasiões em que se reunia a sós com as amigas.

Indiferença/indiferença

Esses relacionamentos são enganosamente calmos, com poucos altos e baixos. As duas vidas correm em paralelo, mas o casal há muito desistiu de querer muito um do outro. Esses relacionamentos eram comuns na primeira metade do século XX, quando a ênfase estava na sobrevivência do casamento, e a felicidade pessoal era considerada menos importante. O equivalente moderno da indiferença — o retraimento físico e emocional — é o relacionamento workaholic. Nele, um parceiro pode anunciar o desejo de passar mais tempo com o outro, mas sempre tem uma boa desculpa para ficar mais algumas horas no computador de casa. Em vez de questionar o comportamento, os parceiros seguem adiante com a própria vida. Outros comportamentos que distanciam consistem em assistir à televisão, embriagar-se, assistir a eventos esportivos e mergulhar em hobbies.

Com a indiferença/indiferença, existe a tendência de se conversar pouco, sem intimidade e com muito tédio. Esses casais me dizem: "Temos pouco em comum além dos filhos." Peter e Nancy são casados há vinte anos, mas ela reclama: "Não sinto que conheço Peter de verdade; ele parece sempre retraído." Peter argumenta: "De que adianta conversar? Só falamos de trabalho e de outras pessoas." Evitando o conflito, eles nunca se abrem realmente para os problemas que os levariam a explorar e entender um ao outro. Apesar de parceiros "indiferentes" terem identidades distintas reforçadas, não há identidade de casal. Assim que os filhos se tornam menos centrais em sua vida, um dos parceiros sempre descobre que a solidão é insuportável. Lembre-se de que, no fundo, ninguém é realmente indiferente. Alguém pode fingir, ou dar a impressão de não se incomodar, mas todos querem ser amados.

Submissão/submissão

Há relacionamentos em que os dois parceiros empenham-se tanto em fazer o outro feliz que desistem da própria individualidade por uma identidade do casal. Kate e David não só trabalhavam na mesma empresa, mas também se sentavam lado a lado na cantina na hora do almoço. Quando perguntei se eles nunca pensavam em almoçar com os colegas, só para variar, ambos admitiram estar cansados do arranjo atual. "Seria bom conversar com outras pessoas", disse Kate, "e eu ainda teria alguma coisa para contar a David mais tarde, em casa". David colocou a questão de maneira um pouco diferente, mas chegou basicamente às mesmas conclusões. Então, por que ele não dissera nada? "Pensei que Kate quisesse assim", David explicou. Kate assentiu.

A submissão pode parecer a melhor maneira de manter um relacionamento; afinal, a habilidade de ceder e assumir compromissos é essencial para uma parceria feliz. Mas esses casais têm tanto medo da diferença, tornando-se, portanto, tão defensivos, que ignoram quaisquer sentimentos dolorosos. Em outros relacionamentos, a dor se transformaria em raiva e, sim, você acertou, em briga. Se Kate e David discutissem, um deles explodiria: "Não me sufoque na hora do almoço!" Submissão/submissão vai causar, em última análise, mais problemas de identidade, uma vez que ninguém alcança aquilo que realmente quer.

Apesar de raras entre os casais ETAM, existem duas outras estratégias para lidar com a diferença: controle/controle e controle/rebelião. Na primeira, cada metade do casal deseja mudar a outra metade e até os mínimos problemas causam lutas pelo poder. Na segunda, uma metade se esforça corajosamente para mudar, enquanto a outra se esforça de forma valente para resistir. Em pequenas doses, não há nada de errado com esses padrões. Às vezes, é necessário que um parceiro tome a decisão e o outro a acate (controle/submissão), ou é preciso discutir por questões importantes (controle/controle). Da mesma maneira, há momentos em que nenhum dos parceiros tem a energia ou a vontade para se esforçar por alguma coisa (indiferença/indiferença), e outros em que bater o pé é mais efetivo do que um desafio direto (rebelião/controle). O problema ocorre quando um casal fica encurralado em um padrão específico ou, pior ainda, retira-se para versões mais e mais extremas desses padrões. Em longo prazo, esse comportamento vai esgotar toda a conexão, compreensão e, no final, o amor de um relacionamento. Até o dia em que um parceiro acorda, olha para o outro a seu lado da cama e pensa: "Ele está me impedindo de seguir adiante" ou "Ela é uma estranha".

Lidando com questões de identidade

Grandes gestos, como mudar de país ou romper um relacionamento, costumam sempre levar o comportamento de controle ou submissão para outro país ou outro relacionamento. A identidade se forma pelo acúmulo de uma série de pequenas vitórias: sustentar-se sozinho; fazer algo diferente do que outras pessoas esperam; compreender seus receios e os do parceiro. Aqui vão alguns indicadores:

- *Examine seu diálogo interno.* Você passa mais tempo tentando adivinhar as reações do parceiro do que examinando seus sentimentos? Descobre-se tentando "segurar a linha", temendo que, se ceder em determinado assunto, vai causar um efeito dominó e mudar tudo?

IDENTIDADE: AMAR VOCÊ ME IMPEDE DE SER EU MESMO?

- *Identifique em qual dos padrões inúteis você e seu parceiro se enquadram.* Compreender um comportamento é meio caminho para alterá-lo. Mesmo que você se descubra retomando padrões antigos, mantenha um olho sempre pronto para observar a si mesmo. Isso o tornará duplamente consciente dos obstáculos e menos propenso a cair nas mesmas armadilhas do passado.
- *Assumir a responsabilidade.* Não se coloque no lugar de vítima; examine sua contribuição para o padrão. Como diz o velho ditado: *Você não pode mudar ninguém além de si mesmo.*
- *Tente entender, em vez de tentar convencer-subornar-controlar o outro.* Sem compreensão, é impossível construir um compromisso adequado. (Para mais detalhes, veja "Romper seu comportamento controlador" na seção de exercícios.)
- *Examine as expectativas que permeiam sua visão do mundo e de si mesmo.* De onde vem cada expectativa? Quanto de sua identidade provém de seus pais? E dos amigos? Quanto vem de sua cultura, da religião, da mídia? Quanto dela pertence a você? (Veja o exercício "Rejeitando expectativas no final deste capítulo.)
- *Tenha em mente um compromisso.* Há um meio-termo que equilibraria as identidades individuais e do casal?

Esse processo ajudou Stacey e Carl a encontrarem um caminho para superar a crise de identidade de Stacey. Seu diálogo interno era repleto de perguntas como "É certo querer sair com tanta freqüência?" e "Carl vai ficar aborrecido comigo por eu querer sair?". O diálogo interno de Carl seguia uma linha semelhante: "Devo dizer alguma coisa pelo fato de ela sair tanto?", e "O que ela vai pensar se eu sugerir que fique em casa?". Desde o início do relacionamento, Carl e Stacey sempre se empenharam muito em agradar o outro, o que enquadra o relacionamento na categoria submissão/submissão. Mais recentemente, Stacey passara a gastar muito no cartão de crédito, enquanto Carl continha as despesas: rebelião/controle. Depois, *assumindo a responsabilidade,* Stacey admitiu que seus hábitos de consumo eram como os de uma adolescente inconseqüente e que Carl se portava como um pai crítico; isso os fez ter uma discussão de adulto para adulto, o que resultou na criação de um orçamento com uma reserva de dinheiro para o entretenimento. Durante a *compreensão,* Carl aprendeu que as noites diante da TV faziam Stacey se sentir velha antes da hora;

139

Stacey descobriu que Carl pensava que eles deviam estar economizando para formar uma família. Finalmente, descobrimos as expectativas não-manifestas que os distanciava um do outro. De onde elas vinham? Os pais de Carl tiveram filhos por volta dos 25 anos e, como ele disse, "Esse era o momento certo". Porém, a mãe de Stacey lamentava ter sido mãe tão jovem e sempre aconselhara a filha a "conhecer o mundo antes". Finalmente, o casal estava pronto para assumir um compromisso. Carl passou a acompanhar Stacey em alguns passeios noturnos enquanto economizava para uma viagem aos Estados Unidos. Stacey concordou em ter filhos antes de completar 30 anos.

Enquanto isso, Lucy e David só precisavam de uma discussão franca sobre seus receios. Lucy conseguiu reassegurar David sobre não ter a intenção de abandoná-lo, e ele passou a oferecer mais apoio. Lucy decidiu começar a construir a própria identidade individual retomando os estudos em regime de meio-período em um centro de educação local. "Queria ter certeza de que a maternidade não havia destruído por completo meus neurônios", ela explicou, "mas também desejava me certificar de que aquilo era realmente o que eu queria, antes de jogarmos fora uma montanha de dinheiro". David cuidava das crianças nas noites em que ela ia para a faculdade.

Resumo

- O excesso de compromisso é tão ruim quanto a falta dele.
- Tente encontrar um equilíbrio entre ser a metade de um casal e ser você mesmo.
- Não ignore problemas de identidade; normalmente, eles são indicadores de um problema mais profundo no relacionamento.
- Parceiros seguros encorajam um ao outro a ter a própria identidade, porque sabem que isso não vai minar o relacionamento.
- Fazer o que desejamos e precisamos fazer por nós mesmos, sem deixar de cuidar atentamente do parceiro, nem sempre é fácil. No entanto, é possível mediante a compreensão das diferenças do outro, em vez de ignorá-las e protestar contra elas.

Exercícios

Eu estou no comando/você está no comando

Ceder sempre e tentar adivinhar o que agrada o parceiro são atitudes que podem tornar-se chatas depois de algum tempo. Um amigo teve uma idéia para as férias: ele ficaria no comando absoluto por um dia, e no outro, seria a vez da parceira. "Eu esperava ansiosamente por isso", conta Jamie. "Era uma chance de conhecer Sherrell melhor. Podia quase ouvir o tom da voz dela em suas escolhas." Até as crianças tinham seu dia de comando, "embora isso às vezes fosse um pouco assustador". O restante das férias era como sempre, um compromisso familiar. As regras são as seguintes:

1. Durante seu dia, você escolhe todas as atividades. Exceto atividades que podem apavorar completamente o parceiro, a escolha é toda sua; siga seu coração.
2. O dia começa no café-da-manhã e termina na hora de dormir. Que comida vocês vão comer, aonde vão se alimentar, que lugares vão visitar ou se vão ficar deitados na praia sem fazer nada, enfim, a escolha é sua.
3. Seu parceiro concorda em entrar no espírito do dia e tentar, com boa vontade, aproveitar suas escolhas tanto quanto possível.
4. No outro dia, vocês trocam de posição e seu parceiro faz as escolhas.
5. Depois de discutir o que vocês aprenderam sobre si mesmo e sobre o outro, perguntem-se: O que pode ser incorporado à rotina normal do casal?
6. Antes de concordar com esse exercício, vale a pena ter uma conversa paralela sobre qualquer regra pessoal adicional. Aqui vão alguns tópicos a serem discutidos: a pessoa no comando tem o direito de querer fazer sexo? Há alguma coisa que seria totalmente inaceitável para um de vocês?

O exercício também pode funcionar em casa, com cada parceiro "no comando" por um dia no final de semana ou em finais de semana inteiros e alternados. As mesmas regras se aplicam: a única condição é que o dia seja dedicado ao prazer, um pequeno intervalo em casa, não às tarefas domésticas ou outras obrigações rotineiras.

Interromper o comportamento controlador

O objetivo deste exercício é compreender tanto o comportamento do parceiro quanto o seu. Escolha um assunto que cause grande tensão entre vocês dois, algo sobre o que tenham discutido com freqüência no passado ou que necessitem discutir!

1. O parceiro que está passando por uma crise de identidade ou que quer a mudança deve começar. Se forem os dois, joguem uma moeda. O iniciante fala sobre como vê o problema, o que quer e o que sente. A outra pessoa apenas escuta.

2. O ouvinte pode solicitar ampliação ou esclarecimento, mas nada além disso. Não pode defender-se, responder, confortar ou reassegurar. Apenas ouvir e compreender.

3. Se a pessoa que está ouvindo sente-se tentada a falar, deve antes perguntar a si mesma: Estou tentando convencer e me defender? Se a resposta for sim, morda a língua. Se a pergunta busca esclarecer ou aprofundar o assunto, sinta-se à vontade para falar.

4. Quando há um vácuo na conversa, verifique se você compreendeu realmente o parceiro: "O que você está dizendo é..." ou "Eu entendi bem, você sente..."

5. Se as discussões começarem, pare e olhe para os padrões de proteção: Controle/submissão, controle/controle, indiferença/indiferença e controle/rebelião. Vocês caíram em uma dessas armadilhas? Alternadamente, procure identificar as expectativas que se tornaram regras (veja o exercício "Rejeitar expectativas" a seguir).

6. O objetivo do exercício não é encontrar uma solução para a diferença, mas entendê-la.

7. Em muitas ocasiões, os problemas desaparecem sem nenhum plano de ação. Isso acontece porque compreender as razões por trás do comportamento beligerante do parceiro torna mais fácil tolerá-lo. É comum que nossa tolerância suavize o comportamento do parceiro, o que, por sua vez, alimenta a tolerância e estabelece um ciclo vicioso.

Se você está lendo o livro sozinho, coloque-se na posição de ouvinte. Pergunte ao parceiro por que ele tem sentimentos tão intensos em relação a um determinado ponto de disputa e prossiga com o exercício a partir daí. Se o parceiro se negar — "Você sabe muito bem" —, explique que quer ter certeza de ter entendido bem; isso vai tirá-lo da defensiva. Quando acabar de ouvir e realmente entender todos os pontos de vista, pergunte: "Posso explicar meu lado?" Se o parceiro se sentir realmente compreendido, vai retribuir a cortesia na mesma medida. Assim, se o parceiro se recusar a ouvir, continue tentando entender antes de buscar a compreensão para seu ponto de vista.

Rejeitar expectativas

1. Segue uma lista de possíveis conflitos. Escreva ao lado de cada um deles o que isso significa para você e/ou qual você acredita ser a abordagem de uma pessoa de pensamento acertado. Por exemplo, ao lado de *dívida*, você pode escrever: um mal necessário; vergonha; fracasso pessoal; boa administração do dinheiro; um fato da vida.
2. Examine a lista o mais depressa possível, de modo a registrar sempre o primeiro pensamento espontâneo.
3. Em seguida, volte e pergunte de onde vêm essas expectativas: mãe; pai; amigos; mídia; religião; cultura; política.
4. Como essas expectativas alimentam as discussões? Algumas de suas expectativas são antiquadas? Você precisa mudar uma ou algumas delas? Quais são particularmente importantes para sua identidade?

Sexo; dinheiro; manhã de domingo; dívidas; televisão; os papéis do homem e da mulher no relacionamento; flores; atrasos; contas a pagar; diversão; Natal; crédito; experiências na cama; saúde; casamento; como passar o tempo; noite de sábado; amigos alheios à relação; afeto; diversão em casa; o passado; comunicação; hobbies; educação dos filhos; organização; horário das refeições; cuidados com a casa; vestuário; trabalho; álcool; disciplinar as crianças; prontidão; aniversários; interesses; presentes; comportamento em funções sociais e no convívio com outras pessoas; esportes; o banheiro; carinho; educação.

Quer mudar mas não consegue?

Construir uma nova identidade é difícil. A seguir, essa jornada é fracionada em seis porções mais digeríveis:

ASSUMIR A RESPONSABILIDADE

1. *Pergunte a si mesmo se realmente quer isso.* Às vezes, tentamos mudar alguma coisa — emagrecer, parar de fumar ou estudar à noite — porque sentimos que devemos mudar, porque alguém nos está pressionando, porque a sociedade espera ou porque gostamos da imagem de nós mesmos fazendo essas coisas. No entanto, no fundo, talvez não tenhamos o desejo real de mudar.

2. *Quais são os benefícios de continuar onde está?* Se você está estagnado, deve haver algum benefício oculto para não mudar. Assim que entender realmente os obstáculos à mudança, você vai estar muito mais preparado para superá-los.

3. *Fracione a mudança em partes menores.* Ir do hoje ao futuro pode parecer uma jornada muito longa. Por exemplo, mudar de casa envolve um milhão de escolhas e muitas oportunidades para o desastre. Mas, quando fracionada em porções menores, como pesquisar escolas no novo bairro ou procurar um corretor de imóveis, tudo parece mais administrável. Uma vez cumpridas essas tarefas, você pode passar às próximas, e logo terá alcançado o destino final.

4. *Venda ao parceiro os benefícios da mudança.* Se sabemos de antemão que nosso parceiro vai ter dúvidas quanto a um projeto, acabamos demonstrando hesitação ao propor: "Duvido que você goste disso, mas..." Isso torna mais fácil dizer não. Podemos até fornecer munição para o lado dele: "Sei que temos pouco tempo, mas..." Pior ainda, não conseguimos transmitir a importância de um projeto, de modo que nosso parceiro não entende as conseqüências de sua recusa. Então, avalie todos os benefícios para você, sua família e seu parceiro. O que pode fazê-lo apoiar a mudança? Finalmente, descubra todos os detalhes que puder e prepare-se para responder às perguntas. Todos temem o desconhecido e, quanto mais informação temos, menos assustadora a mudança se torna.

5. *Como você pode dar o primeiro passo?* É muito fácil adiar a mudança para amanhã, depois de amanhã e para sempre. Escolha uma pequena tarefa que vai pôr a bola em movimento hoje.

6. *Continue.* Há sempre obstáculos, mas lembre-se de que nada dura para sempre e as dificuldades também são passageiras. Até as pessoas de maior sucesso enfrentam becos sem saída e um ou outro fracasso. O que as torna diferentes das outras é o fato de não se deixarem desencorajar.

Medo da mudança?

Se o parceiro está buscando uma nova identidade, as mudanças envolvidas podem ser assustadoras. Se você quer mudar, mas tem receio de como seu parceiro vai reagir, isso também pode ser assustador. De qualquer maneira, aqui vão as três chaves para lidar com a mudança:

1. *Compreensão*. Por temer a mudança, você a vê como algo ruim. Mas ela não é intrinsecamente boa ou má; tudo depende de como se olha para ela. Por exemplo, podemos pensar na chuva como algo ruim, mas, no deserto, a chuva seria maravilhosa. Tudo depende de sua atitude. Assim, o primeiro passo é olhar sempre o aspecto positivo de algo novo. Se você não consegue identificar um imediatamente, tente olhar mais para a frente, para o futuro. Como isso ficaria em um período de três meses, um ano, dois anos? Em segundo lugar, pergunte o que aconteceria se você não mudasse. Qual é o aspecto negativo de permanecer onde está?

2. *Relaxe*. Cientistas descobriram que, quando estamos estressados, como em tempos de mudança, nosso cérebro opera de maneira diferente. Com nossa sobrevivência ameaçada, usamos as partes menos sofisticadas de nosso cérebro, aquelas herdadas de nossos ancestrais répteis. No entanto, é justamente nesse momento que precisamos raciocinar, em vez de agir por instinto. Então, na próxima vez em que você estiver estressado por conta de uma mudança, encontre uma maneira de relaxar e se acalmar. Respire fundo, saia para uma longa caminhada, trabalhe no jardim ou limpe a casa. Pense em todas as vezes em que lidou com a mudança e teve sucesso; haverá muitos exemplos de que você é melhor do que imagina nesse aspecto. Examine o que funcionou bem na última vez e decida que habilidades podem ser utilizadas hoje.

3. *Dê nome a seus medos*. Quando estiver relaxado, feche os olhos e imagine o futuro proposto. Onde será? Como será? O que seu parceiro estará fazendo? Crie um cenário tão detalhado quanto for possível. Agora, tente analisar o que é particularmente preocupante. Escreva cada um desses temores. Retorne à imagem e tente visualizar outras coisas que podem perturbá-lo. Escreva-as também. É melhor ter uma lista de medos em um pedaço de papel, mesmo que seja uma lista

longa, do que um grande terror amorfo em sua cabeça. Volte à lista e exclua qualquer coisa que, depois de refletir, você tenha descoberto ser insignificante. Finalmente, discuta seus medos com o parceiro. Ele pode ser capaz de oferecer segurança ou prover mais informação para reduzir sua ansiedade. Mesmo que alguns temores permaneçam, você terá uma idéia mais clara dos assuntos mais importantes.

Capítulo 8

É o relacionamento ou outra coisa?

A vida é complicada, mas gostamos de manter nossos problemas tão simples quanto possível. Sentimos que continuar desembalando nossa infelicidade pode nos sobrepujar por completo. Então, um problema parece ser mais administrável do que um pacote deles. No entanto, em nosso desejo de manter as coisas simples, podemos, às vezes, atacar a causa errada ou culpar o parceiro por algo do qual ele não é culpado. Então, como resolvemos que questões pertencem ao relacionamento e quais estão relacionadas a outras áreas?

Em muitos casos, a infelicidade foi simplesmente desviada de uma parte da vida do seu parceiro para seu relacionamento. Paul estava infeliz no trabalho: "Considerava a cidade mais e mais estressante, odiava as longas viagens de casa para o escritório e vice-versa." O que ele queria realmente era escrever livros de suspense. "Podia escapar para um mundo criado por mim, e o tempo voava. No entanto, tinha uma família e um estilo de vida para sustentar, e como poderia encontrar tempo para escrever?" Paul começou a se ressentir com a parceira, Debbie, mas nunca conversou com ela sobre esse assunto. Depois da conversa ETAM, eles tiveram outra conversa mais genérica, durante a qual Paul descobriu que estava fazendo deduções. Debbie preferia um marido feliz a carros novos e férias em lugares exóticos. Então, eles reestruturaram a vida e Paul passou a trabalhar em regime de meio-período. No entanto, o livro ainda não fluía e, no final, já na terapia, Paul descobriu que temia o fracasso na nova carreira. Fora mais fácil culpar Debbie por tê-lo impedido de se dedicar a essa nova profissão do que olhar para dentro de si mesmo e assumir a responsabilidade pessoal.

Em outros casos ETAM, questões que pareciam ser problemas do relacionamento provaram ser assuntos mal resolvidos da infância de um dos parceiros. Por exemplo, George, 45 anos e funcionário de uma grande corretora de seguros, queixou-se: "Sinto que ninguém me entende de verdade. Falo até perder o fôlego e ninguém nem percebe. Eu me tranco no estúdio, mas minha parceira insiste em bater à porta." As relações entre George e Tracy, sua esposa, dona-de-casa e mãe de seus filhos, iam de mal a pior, e George questionava se ainda a amava. "Não consigo entender", ela disse. "Eu escuto. De fato, ouço tanto sobre aquele bendito escritório que, se George adoecer, acho que posso ir até lá e substituí-lo. Mas ele ainda diz que não", ela desenhou aspas imaginárias com os dedos no ar, "escuto de verdade". Meu instinto dizia que George parecia mais um adolescente irritado, e o casal tinha realmente um filho de 14 anos. Eu sabia que os pais de George haviam se divorciado quando ele era jovem, mais especificamente quando ele tinha 14 anos. Como você se sentiu? Foi o que perguntei. "Ninguém ouviu o que eu pensava ou o que eu queria", George respondeu. O filho, ao chegar à idade que ele tinha na ocasião do divórcio dos pais, trouxe de volta o trauma da separação e emoções há muito tempo sufocadas. Era um problema pessoal, não de relacionamento. Com esse conhecimento, Tracy deixou de tratar as alterações de humor de George como ofensas pessoais. Eles conversaram e evitaram uma crise ETAM.

Alternadamente, sentimentos gerais de insatisfação e infelicidade com um relacionamento podem ser uma forma moderada de depressão. Infelizmente, a depressão é de difícil diagnóstico, porque todos ficamos tristes de vez em quando. Responder sim a cinco ou mais das seguintes perguntas pode sugerir uma depressão séria:

- Você está comendo em excesso ou em escassez?
- Tem dificuldades para dormir ou dorme demais?
- Sente-se cansado o tempo todo, sem energia?
- Não se sente bem?
- É menos produtivo em casa ou no trabalho?

- Tem problemas para se concentrar ou tomar decisões?
- Tende a se aborrecer com tudo, sentir pena de si mesmo ou ser pessimista quanto ao futuro?
- O mundo parece cinzento?
- Você se irrita com facilidade?
- Raramente aprecia ou se interessa por atividades prazerosas?
- É propenso a chorar?

Alguém que reconheça dois ou mais sintomas na lista também deve conversar com seu médico, especialmente se os sintomas se apresentam com certa freqüência, com intervalos inferiores a dois meses, por dois anos ou mais. Outras sugestões para lidar com a depressão incluem: consultar uma nutricionista para verificar sua dieta; reduzir o consumo de álcool; fazer mais exercícios físicos — as práticas aeróbicas produzem a liberação da endorfina, o hormônio natural do bem-estar.

Às vezes, o "algo mais" por trás do ETAM pode ser alguém mais. Embora os casais ETAM raramente se apresentem em meu consultório com a queixa de um romance, sempre descubro que os problemas de longo termo chegaram ao limite porque um dos parceiros está mantendo uma amizade "imprópria". Essas amizades começam de maneira inocente, já que poucas pessoas saem por aí "procurando um caso". Primeiro, há os sentimentos de entusiasmo por simplesmente discutir um assunto trivial, como os números das vendas do primeiro trimestre. Depois, as conversas se tornam mais longas, e nelas as duas metades começam a se abrir mais e mais sobre suas verdadeiras atitudes perante o trabalho e os colegas, depois perante a vida em geral e, em alguns casos, sobre os relacionamentos. Essas "conversas amigáveis" transformam-se em almoços prolongados, supostamente para falar de trabalho, porém o escritório raramente é mencionado. Em pouco tempo, acontece o primeiro toque, sempre algo inocente no instante em que ambos tentam pegar a conta, por exemplo. Os dois "amigos" experimentam uma descarga de eletricidade. A "amizade" começa a se tornar mais e mais importante. Ele é um bom ouvinte; ela é capaz de se abrir realmente. Ele diz a si mesmo: "Ela me ajuda a lidar com o estresse"; ela pensa: "Por que não posso ter amigos?" Os "amigos" compartilham seus verdadeiros sentimentos e discutem como não deviam estar se aproximando tanto. Eles começam a ter longas conversas telefônicas clandestinas, trocam textos sensuais e e-mails íntimos. Qualquer pessoa que leia essas mensagens ou escute essas conversas saberá que essas duas pessoas estão flertando. Para os "amigos", esse relacionamento está se tornando cada vez mais importante para a felicidade diária. Eles podem até combinar que não vão mais se ver, mas a decisão perde força depois de alguns dias. É nesse ponto que a "amizade" pode se tornar um caso, com beijos prolongados ou sexo. Ou, talvez já tenha se tornado um caso, em todos os aspectos, menos no nome. Esse é o problema com as "amizades impróprias": nenhum passo ao longo da jornada é maldoso ou intencional, mas, em pouco tempo, os passos se somam para conduzir a uma traição de fato.

Amizades impróprias não só conduzem a casos amorosos, e a todo o sofrimento resultante deles, mas também impossibilitam o trabalho no relacionamento central, porque toda a energia emocional está investida na amizade. Oliver e Tina, casados há vinte anos, tinham todos os sinais clássicos de um relacionamento ETAM; nenhum dos dois revelava os verdadeiros sentimentos, com medo de abalar o relacionamento; até recentemente, eles mantinham uma relação superficialmente feliz; ambos perderam os pais nos últimos dois anos. No entanto, sob a polidez de Oliver e Tina, havia um mau humor que quase não podia ser escondido. Foram necessárias apenas algumas poucas perguntas neutras antes de Oliver explodir ao falar sobre a amizade de Tina com um colega de trabalho. "Sim, somos amigos. O que há de errado nisso?", ela argumentou. Oliver estava empenhado em não perder a calma. Tão controlado quanto era possível, ele exibiu uma conta de telefone que relacionava sete ligações para um mesmo número, totalizando três horas e meia em um único dia. Tina ficou furiosa, mas também controlou seus sentimentos. "Ele me escuta", ela finalmente respondeu. "Eu também a escutaria", disse Oliver, "mas, se somarmos todas as nossas conversas do último mês, dos últimos três meses, duvido que resultem em três horas e meia". Com a verdade finalmente sobre a mesa, podemos começar a trabalhar no relacionamento do casal. Felizmente para eles, a amizade imprópria de Tina não havia caído no *Limerence* — sempre um risco — e ela ainda era capaz de focar a atenção no casamento. Quando uma amizade se torna imprópria? É claro que é possível que pessoas de sexos opostos (e do mesmo sexo, entre gays e lésbicas) sejam amigas. O teste crucial está em o que os amigos revelam aos parceiros e o que omitem. A verdadeira amizade é sempre aberta ao escrutínio público; a amizade imprópria é oculta.

Até esse ponto do capítulo, discuti as "outras causas" mais óbvias para o ETAM: desvio; questões recorrentes do passado; depressão; infidelidade emocional. O próximo grupo é mais difícil de identificar, já que se esconde mais profundamente sob o relacionamento.

Uma das perspectivas mais úteis não vem da psicologia, mas do guru do marketing americano, Abraham Maslow, em seu livro *Motivation and Personality* (HarperCollins, 1954). Sua "Hierarquia das Necessidades" mostra que, quando requisitos básicos são satisfeitos, seguimos para aspirações mais elevadas. Por exemplo, alguém com a barriga cheia pode pensar em algum lugar seguro para morar, e depois em um relacionamento e ser amado. Ele acredita que na década de 1950 o consumidor mediano estava satisfeito em 80 por cento de seu tempo em suas necessidades psicológicas, 40 por cento em auto-estima-prestígio/status, mas estava satisfeito apenas em 10 por cento do tempo em sua principal necessidade, que ele chamava "auto-realização": satisfação pessoal e realização de potencial.

Veja os comerciais de hoje: produtos como refrigerantes não servem mais para aplacar a sede, uma necessidade fisiológica básica, mas, em vez disso, oferecem a ilusão de saciar necessidades mais elevadas. como a de identidade. O casamento parece ter tomado o mesmo caminho. Nossos avós enfatizavam mais ser um bom provedor/dona-de-casa. Há vinte anos, quando comecei a aconselhar casais, eles buscavam mais amor e companheirismo. Hoje, as pessoas com ETAM pedem aos parceiros a satisfação da mais elevada necessidade: "Ajude-me a ser o melhor possível." Embora muitos estudiosos reclamem que esperamos demais dos relacionamentos, creio que isso só se torna um problema quando colide com outro fenômeno do século XXI: a negação do envelhecimento.

A idade média para o divórcio na Inglaterra, de acordo com o Office for National Statistics, é agora de 42,3 para os homens e 39,8 para as mulheres. A crise da meia-idade é normalmente tratada como piada: "Qual é a melhor forma de disfarçar um ponto de calvície?" Resposta: "Um Porsche." Somos particularmente incentivados a rir dos homens que encolhem suas barrigas e tentam reviver os dias de glória comprando motos velozes e carros esportivos, ou se envolvendo com mulheres muito mais jovens.

Por alguma razão, a sociedade não tem estereótipo equivalente para as mulheres, mas já atendi em meu consultório muitas que estão enfrentando problemas de meia-idade semelhantes. De fato, um terço de meus clientes e provavelmente 90 por cento de todos os casos ETAM enfrentam algo semelhante à crise da meia-idade. Todos acordaram um dia e pensaram: A vida é curta demais para... Todos têm um exemplo diferente, mas estão diante do mesmo relógio e de seu tic-tac implacável.

No entanto, não uso a expressão "crise de meia-idade" em meu consultório, já que os homens dissociam-se rapidamente dela, embora suas esposas possam aceitá-la. Com freqüência, quando pergunto aos clientes, homens e mulheres, o momento em que os problemas começaram, o que é parte de minha avaliação-padrão, ele ou ela protesta imediatamente: "Não tem nada a ver com completar 40 anos." A segunda razão pela qual evito a expressão é que problemas podem surgir em qualquer tempo. De fato, livros têm sido escritos sobre a crise de um quarto de vida: indivíduos de 25 anos que sentem que o tempo está passando. Minha última objeção à "crise de meia-idade" é que ela não tem de ser uma crise com todo o drama que isso implica.

Então, o que está acontecendo, e por que isso tem um impacto tão grande sobre os casais? Perdoem-me por manifestar o óbvio: não vamos viver para sempre. Embora todos tenham conhecimento desse fato, ainda acreditamos que somos imortais. Para os homens, o primeiro aviso é o tradicional cabelo no pente ou a preocupação com o declínio do desempenho sexual; aos 20 anos, eles conseguem ter três orgasmos em uma noite, e agora se esforçam para ter um. Para as mulheres, é a percepção de que menos homens as percebem na rua. Elas começam a se comparar de maneira desfavorável com mulheres mais jovens, invejando seus corpos esguios, sua energia e a aparente facilidade com que vivem.

A morte de um ente querido, freqüentemente um dos pais, também pode ser um chamado. Não há prova mais concreta de nossa mortalidade do que se sentar ao lado da cama de um pai em um hospital ou asilo, testemunhando seu declínio. Mais assustadora ainda é a morte de um contemporâneo — talvez em um acidente de automóvel ou, pior ainda, de alguma enfermidade — porque a ilusão da mortalidade restrita à geração acima de nós se desfaz. Todos acabam encarando a verdade de que o tempo na terra é finito. Nesse ponto, algumas pessoas vão perguntar: Qual é o significado da vida? Ou: Como posso fazer minha vida ter algum sentido? Outros decidirão que a vida é curta demais para ser infeliz ou viver um relacionamento infeliz e vão procurar remédios. Infelizmente, há uma terceira reação: negação. Essas pessoas buscarão o refúgio de uma realidade desagradável bebendo demais, enterrando-se no trabalho, mantendo casos ou recorrendo à cirurgia estética. Pessoas nessa terceira categoria se arriscam a transformar uma reação natural, um reajuste ao envelhecimento, em crise.

Durante o questionamento existencial, muitas pessoas procuram a auto-realização, o mais elevado nível da "Hierarquia das Necessidades". De acordo com Maslow, "descontentamento e inquietação logo surgirão, a menos que o indivíduo esteja fazendo aquilo para o qual é mais preparado. Um músico deve compor, um artista deve pintar e um poeta deve escrever, se quiser estar consigo realmente. Um homem deve ser o que pode ser". À primeira vista, esse parece ser um objetivo perfeitamente plausível, mas muitas profissões atuais não são tão claramente definidas quanto ser músico, artista ou poeta.

E as pessoas cujo trabalho é composto por dezenas de tarefas distintas sem uma essência clara? E aquelas que não gostam de seu trabalho e não desejam ser o melhor? Maslow tentou estudar como pode ser a auto-realização, mas descobriu que é extremamente difícil encontrar sujeitos que correspondam a seu critério. No final, ele teve de se contentar com 45 pessoas, apenas: uma estranha combinação de amigos pessoais e conhecidos, vinte alunos que pareciam se desenvolver na direção da auto-realização, mais algumas figuras históricas e contemporâneas. Mesmo assim, ele só conseguiu encontrar duas figuras históricas "adequadamente certas" para estudar: Thomas Jefferson e Lincoln — mas apenas os últimos anos de Lincoln. Ele encontrou seis "figuras públicas e históricas altamente prováveis" e sete "que provavelmente estão aquém disso, mas ainda podem ser usadas para o estudo".

Maslow detalhou a saúde psicológica de seus objetos de experimento, mas teve dificuldade para reconciliar a forte individualidade com a

ASSUMIR A RESPONSABILIDADE

habilidade de amar e ser amado: "Não se pode dizer, no sentido comum da palavra, que essas pessoas necessitem da outra como acontece com os amantes normais. Eles podem ser muito próximos e, ainda assim, afastar-se com facilidade. Não se agarram aos outros nem têm âncoras ou ganchos de qualquer espécie. Tem-se a sensação de que eles apreciam muito a companhia do outro, mas encarariam uma longa separação ou a morte de maneira filosófica. Ao longo dos mais intensos e estáticos casos de amor, essas pessoas permanecem donas de si mesmas, vivendo de acordo com padrões próprios, apesar de apreciarem intensamente o outro." Em minha opinião, esses auto-realizadores parecem ser frios.

Ser tudo que se pode ser parece implicar o risco de destruir outras pessoas no caminho. Uma leitura rápida das biografias de alguns famosos sugere que, embora possamos apreciar sua música, livros, filmes etc., provavelmente não gostaríamos de ser casados com eles. Até Maslow previne que a estrada para a auto-realização pode ser sombria: "Necessidades mais elevadas são menos perceptíveis, menos inconfundíveis, mais facilmente confundidas com outras necessidades por sugestão, imitação, por erro de crença ou hábito." Ele escrevia na década de 1950, antes de a propaganda, o marketing e as relações públicas se tornarem tão sofisticados e abrangentes. Hoje, temos de ser vigilantes, ou, em vez de realmente nos descobrirmos, acabamos comprando uma ilha na Grécia, uma garrafa de cerveja ou um carro novo.

Infelizmente, todo esse ressentimento e essa amargura generalizados — gerados pelo envelhecimento e por nosso desejo de auto-realização — se voltam para o nosso relacionamento e, no processo, transformam algo perfeitamente útil em algo quebrado. Uma das principais razões de o relacionamento sofrer todas as conseqüências se explica pelo fator "Pelo menos estamos fazendo alguma coisa". Por mais doloroso e inquietante que seja o divórcio, ou uma separação de qualquer natureza, esses casais têm a sensação de que estão se movendo da situação atual para um roteiro distinto. Quando chegamos a grandes questões como "Qual é o significado da vida?" ou "Como posso voltar a me apaixonar por meu parceiro?", a tentação é fazer alguma coisa, *qualquer coisa*. As novelas reforçam a mentalidade do "Algo tem de ser feito". Um bom drama precisa de muita ação, e nas novelas as pessoas costumam confrontar agora e refletir depois. Segredos sempre são revelados e personagens sempre escolhem a opção mais dramática. No entanto, o que faz uma boa novela nem sempre resulta em um relacionamento feliz na vida real. Por mais tentador que seja agir pela ação, essa nem sempre é a melhor opção.

Espiritualidade

Em última análise, sob a chamada crise da meia-idade e a luta pela auto-realização, há, provavelmente, uma busca por espiritualidade: ver o sentido do mundo além da autocentralização e do materialismo. Para algumas pessoas, isso também inclui uma busca por um poder superior, seja ele místico ou religioso. No entanto, quando ouço meus clientes ETAM, especialmente aqueles que querem deixar o relacionamento falando sobre a própria vida no futuro, sobre as esperadas alegrias, realização, satisfação e até plenitude, sempre penso em uma cruzada espiritual.

Um bom exemplo seria Martin, um vendedor de 38 anos: "Algumas manhãs, quando estou na plataforma esperando pelo trem das 7h50, começo a pensar 'O que significa tudo isso?'. Deve haver algo além de relatórios diários e metas. Quero que meu tempo seja importante, não só horas que serão preenchidas até o dia seguinte, e estou aqui parado, em pé, vendo os mesmos suplementos de jornais descartados empurrados pelo vento ao longo dos trilhos. Se eu recomeçasse, haveria não só espaço e tempo para pensar, mas a possibilidade de encontrar alguém que tornaria até os meus segundos importantes." Para Martin, o amor se tornara o passaporte para escapar da existência mundana e penetrar em um futuro melhor. Embora o *Limerence* possa ter temporariamente a capacidade de transformar, ele não pode durar para sempre, e embora a Ligação Amorosa contribua para uma vida mais completa, ela não pode, por si só, transformar uma vida vazia em algo significativo.

Então, se não é só pelo amor, como podemos fazer com que a vida tenha mais propósito? Por que estamos aqui? Qual é o significado da vida? Como preencho esse vácuo no centro de minha vida? Essas são questões profundas e, infelizmente, todos os livros e suas possíveis respostas são cheios de mediocridades ou nos fazem pensar "Sim, mas e daí?". Creio que o problema é que cada um de nós precisa encontrar a própria resposta: algo que se enquadre em nossa visão de mundo, que aborde as questões de nossa criação em particular e, em última análise, que confronte nossas dúvidas, questões e personalidade. Minha resposta não será a sua resposta, mas, correndo o risco de colaborar para a pilha crescente de mediocridades, vou dividir meus pensamentos sobre criar uma vida plena na esperança de que minhas idéias possam incentivar o surgimento das suas:

- *Criar, em vez de apenas consumir.* Em vez de assistir ao jogo na TV, vá jogar. Em vez de comprar uma refeição pronta, cozinhe alguma coisa. Você também pode fazer um curso de cerâmica, música ou redação criativa; a lista é infinita. Infelizmente, vivemos em uma era que só valoriza aquilo que gera dinheiro. Não deixe essa concepção comum e equivocada detê-lo; se um hobby lhe dá prazer, dedique-se a ele.
- *A jornada é mais importante que o destino.* Viajar com a mente e o coração abertos é mais importante do que chegar lá. Com essa atitude, as crises contemporâneas rápidas tornam-se menos importantes e o risco da inveja inútil diminui. Se a vida é uma corrida — e não estou convencido disso —, pelo menos trate-a como uma maratona.
- *Encare a morte como uma constante companheira de viagem.* Após sofrer uma perda importante antes dos meus 40 anos, aprendi que a morte pode ser uma grande amiga, em vez de inimiga. A cada grande decisão ou bifurcação do caminho, estou sempre consciente da limitação de tempo imposta sobre a vida, e sobre o amor, e sou guiado a fazer o melhor uso possível daquilo que me cabe. Richard Holloway, ex-bispo de Edimburgo, abordou a questão de maneira mais poética em seu livro *Looking in the Distance: The Human Search for Meaning* (Canongate, 2004). Ele conclui: "Nossa breve finitude não é mais que uma bela centelha na vasta escuridão do espaço. Então, devemos viver o dia fugaz com paixão e, quando a noite chegar, nos retirarmos com graça."

Esses são apenas alguns poucos pensamentos iniciais, uma vez que, provavelmente, passaremos toda a vida redefinindo nossas grandes questões pessoais, testando nossas respostas e, à luz de novas experiências, começando outra vez. Se você não sabe por onde começar sua busca por significado, tente recuperar o equilíbrio em sua vida. Pessoas orientadas para a carreira podem precisar de mais tempo com a família; alguém que se concentrou na educação dos filhos e nos cuidados com a casa pode precisar de interesses além dessas quatro paredes. Como ocorre com um reajuste da meia-idade, é útil olhar para trás, para a primeira metade de sua vida, decidir o que está faltando e o que pode completar o cenário para a segunda metade.

A crise "Eu amo você, mas" e o elo com nossa infância

À primeira vista, parece cruel que nossos relacionamentos funcionem como um ímã para toda uma gama de outros problemas. Mas vinte anos de terapia de casais me fizeram ver que um bom relacionamento é muito efetivo na cura de problemas pessoais profundamente sedimentados. Talvez alguma parte oculta e intuitiva de nosso cérebro compreenda esse poder e esteja, portanto, disposta a depositar uma variedade de problemas pessoais na soleira do relacionamento, mesmo que eles não pertençam a essa esfera.

Para explicar essa idéia, devo antes delinear o princípio básico da psicanálise: nosso primeiro relacionamento, com a mãe ou a pessoa que fornece os principais cuidados, vai dar forma a nossos relacionamentos subseqüentes. O "bom pai" vai proporcionar ao bebê o alimento e o conforto quando ele chorar; psicanalistas acreditam que essas crianças se transformarão em adultos confiantes e abertos que terão bons relacionamentos. Um provedor inadequado que esteja envolvido com os próprios problemas pode deixar um bebê chorando sem atendê-lo ou ser inconstante com sua alimentação; os psicanalistas acreditam que essas crianças serão desconfiadas, terão dificuldades em manter relacionamentos e podem até sofrer enfermidade mental. As experiências da maioria das pessoas vão se enquadrar em algum lugar entre esses dois extremos, e os psicólogos empregam a expressão "suficientemente bom" para descrever os cuidados que a maioria recebeu dos pais.

O mais famoso trabalho sobre a influência da criação na personalidade foi conduzido na década de 1950 pelo psicanalista John Bowlby, ex-chefe do departamento infantil da Clínica Tavistock. Em um grupo de filhotes de macacos rhesus, alguns foram criados normalmente pelas mães, enquanto outros receberam apenas comida e água, e um terceiro grupo também recebeu um simulacro da mãe (tecido macio em torno de uma moldura de metal). Nada surpreendente, aqueles que não foram criados pelas mães se tornaram macacos delinqüentes, enquanto os outros se ajustaram muito bem. Os filhotes de macaco em companhia do simulacro tiveram um desenvolvimento pior do que os criados pelas mães, mas muito melhor do que aqueles que receberam apenas comida e água. Bowlby argumentou que tanto nosso sentimento de segurança quanto nossas ansiedades têm raízes no relacionamento com aqueles que nos dedicaram os cuidados básicos. Esse trabalho levou a uma teoria chamada Ansiedade da Separação. Um estudo de Ainsworth, Blehar, Waters e Wall — *Patterns of Attachment* (Erlbaum, 1978) — constatou que as pessoas se enquadram em três categorias: aquelas que tiveram uma infância "suficientemente boa" e têm facilidade para se aproximar de alguém (ligação segura), 56 por cento da população; os que tiveram experiências ruins e têm dificuldades para confiar em outras pessoas (ligação esquiva), 25 por cento da população; e aqueles cujas necessidades infantis não-atendidas significam que nunca podem ter amor suficiente. As pessoas nessa terceira categoria descobrem que os outros relutam em se aproximar tanto quanto elas gostariam (ligação ansiosa ou ambivalente) e resultam em 19 por cento da população.

No início, é muito deprimente pensar que nossos relacionamentos adultos são intensamente formatados por nossas experiências como bebês. Afinal, não podemos retornar à infância e desfazer o dano — bem, não sem se vestir de acordo e dar aos vizinhos muito assunto para comentar. No entanto, um relacionamento sexual amoroso adulto proporciona uma segunda chance de aprender sobre a intimidade. Ele é quase tão íntimo quanto o laço entre mãe e filho, e muitos amantes chegam a usar palavras e tons infantis como sinal de afeto. Então, como isso funciona na prática? Tomando as histórias da infância de meus clientes, com freqüência, surpreendo-me com a quantidade de abuso sofrida por alguns que, mesmo assim, se transformaram em adultos equilibrados e normais. Repetidamente, por meio de uma boa escolha de seu parceiro e muito trabalho, essas crianças prejudicadas forjaram uma relação que não só reduziu a dor do passado, mas trouxe a força necessária para não repassar esses problemas para os próprios filhos. Eu poderia dar um exemplo extremo, mas creio que uma mescla deles seria mais esclarecedora.

Ângela tem 48 anos e se casou aos 27: "Meu pai saiu de casa e voltou várias vezes ao longo de minha infância, por isso não sei quantos anos eu tinha, provavelmente 8, quando ele partiu definitivamente. Meus pais tinham brigas horríveis e eu odiava ouvir meu pai espancando minha mãe, mas o pior de tudo foi que, quando ele partiu, nenhuma palavra foi dita a ninguém sobre o que aconteceu. Se meus colegas perguntavam por meu pai, eu era orientada a dizer que ele estava trabalhando. Era terrível guardar aquele segredo, terrível. Mesmo depois de adulta, quando tentei falar sobre o assunto com minha mãe, ela me respondeu com o silêncio." A mãe de Ângela mantinha uma vara atrás da porta com a qual não só castigava a filha, mas a espancava com fúria. Não era surpreendente que Ângela tivesse dificuldades para construir relacionamentos. "No entanto, encontrei um homem maravilhoso e não foi fácil confiar nele, mas consegui. O dia em que mais senti orgulho em toda minha vida foi quando estive de mãos dadas com meu marido assistindo ao casamento de nossa filha. Tive com ela um relacionamento em que havia riso e muita conversa sobre tudo, o oposto completo do relacionamento que tive com minha mãe. Naquele dia, pensei que o problema havia acabado em mim. Mas eu não teria sido capaz de encerrá-lo sem o apoio de meu marido e, algumas vezes, sem sua intervenção."

O termo "apaixonar-se" traz implícita — ou abertamente — a declaração: Vou cuidar de você. Isso é o mesmo que o laço implícito entre a mãe boa (ou, como diria um psicanalista, "suficientemente boa") e seu bebê. Não é de estranhar que surja um poderoso sentimento de traição quando alguém deixa de estar apaixonado por você. A reação vai além do racional, mas estamos lidando com aquela parte de nossa personalidade que é formada quando ainda somos bebês incapazes de formular um pensamento lógico.

Uma relação sexual adulta pode proporcionar a oportunidade de trabalhar todas essas questões difíceis: confiança, proximidade, separação e, é claro, amor. No entanto, não é mágica. Escolho a palavra "oportunidade" com muito cuidado, porque um casal precisa de coragem, determinação e persistência. Infelizmente, muitos casais desistem rápido demais, amedrontados com as discussões e com o sofrimento. No entanto, o que é sempre confundido com uma relação irreparavelmente conturbada pode, na verdade, ser a evidência de duas pessoas lidando com questões difíceis e arraigadas da infância, revelando-se, portanto, um sinal de esperança. Escolhemos parceiros que são como nós ou que sentimos que complementam nossa história de alguma maneira. Com isso, não me refiro a influências raciais, religiosas ou socioeconômicas, embora elas também tenham seu papel, mas a peculiaridades de família. R. D. Laing, um dos pais da psiquiatria moderna, escreveu sobre as famílias: "Desempenhamos papéis em uma peça que nunca lemos ou vimos, cujo enredo não conhecemos, cuja existência podemos adivinhar, mas cujo começo e fim vão além de nossa imaginação e concepção atuais." O roteiro familiar de cada pessoa vai influenciar não só sua personalidade, mas a escolha do parceiro. Um exemplo de como nos "ligamos" melhor a algumas pessoas do que a outras está no exercício "Sistemas de Família", freqüentemente usado para treinar novos conselheiros. Quando o curso começa, os alunos são estranhos entre si. Eles são solicitados a caminhar pela sala e, sem dizer nada, formar pares. Depois comparam suas histórias e a surpresa é sempre como as famílias são parecidas. Talvez ambas tenham problemas em demonstrar emoções e expressar raiva, ou tenha havido um divórcio. Seja qual for o elo, parece que todos nós temos uma peça interna esperando pela escolha do elenco. Procuramos pessoas que representem as questões que não fomos capazes de resolver na infância. Nossos parceiros precisam falar a mesma linguagem, e desejar encenar as mesmas cenas, ou simplesmente não haverá conexão.

Belinda e Thierry se casaram há dez anos e, quando se conheceram, eles ficaram surpresos, apesar de pertencerem a culturas totalmente diferentes, com as semelhanças entre suas famílias. "Meu pai deixou minha mãe quando eu tinha 8 anos, e ele não era exatamente um bom pai. Thierry viveu com a mãe e a avó. Então, nós dois fomos criados em casas nas quais não havia a figura do pai", relata Belinda. Uma das tarefas que eles enfrentaram juntos foi a de aprender a ser um casal. Thierry explica: "Foi difícil. Sabíamos sobre as mães — e elas foram fantásticas —, mas não tínhamos idéia de como ser esposa ou marido. Como essas criaturas deviam ser? O que faziam?" Teria sido ainda mais difícil para Belinda se ela tivesse se envolvido com um homem criado em uma família tradicional, alguém cujo roteiro seria, provavelmente, o de um homem no comando, alguém menos propenso que Thierry a negociações. Por outro lado, Thierry teria sido confundido pelas expectativas de uma mulher criada em uma família patriarcal e pelas demandas que ela poderia impor. Encontrar alguém com quem trabalhar questões do passado inconsciente pode ser algo muito terapêutico, mas também vai causar tensão. Por isso o ETAM pode ser positivo: um parceiro não está mais disposto a se esconder por trás da máscara de bonzinho e quer mergulhar na complexidade do passado dos dois parceiros para descobrir um relacionamento mais satisfatório.

Resumo

- A infelicidade é como um câncer: espalha-se lentamente pela vida, infectando todas as áreas — relacionamento, trabalho, espiritualidade e amigos. No entanto, o local onde a dor é sentida primeiro pode não ser necessariamente a área da infecção original.
- Embora poucos casais busquem a terapia por causa do luto, quando peço a eles para identificarem o momento em que começaram os primeiros problemas de relacionamento, um dos gatilhos mais comuns é a morte de um amigo ou de um membro da família.
- Com as questões espirituais — aquelas que nossa sociedade se sente particularmente desconfortável em abordar —, a dor provavelmente se expressa em todos os lugares, como em nossos relacionamentos. Se for esse o caso, separar não significa extirpar o câncer, mas simplesmente exorcizar as infecções secundárias. A infelicidade original é deixada oculta para voltar a devastar mais tarde.
- As pessoas esperam muito dos relacionamentos e acreditam que "o amor tudo conquista". Apesar do incrível potencial de cura do amor, um casal também precisa investir energia e determinação no relacionamento.
- A principal mensagem deste capítulo para alguém com ETAM é olhar para o cenário maior e não depositar toda a culpa no relacionamento. Se seu parceiro tem ETAM, a mensagem é tentar não se sentir completamente desmoralizado ou abrir mão da esperança cedo demais.
- Os dois parceiros devem olhar novamente para o relacionamento, assumir a responsabilidade por sua cota de problemas e nada mais.

Exercícios

Autodiagnóstico: O que mais pode estar escondido atrás da sua relação ETAM?

O seguinte questionário foi proposto para ajudar alguém com ETAM a se posicionar. Algumas das 25 perguntas parecerão um pouco estranhas, mas siga em frente. Não analise demais, apenas escreva suas respostas imediatas. Não precisa ser um ensaio completo, apenas algumas poucas anotações e palavras-chave, embora você possa querer escrever mais, especialmente se seus pensamentos parecem estar presos, girando em círculos na sua cabeça. A escolha é sua. Na seção de respostas, você vai encontrar uma explicação para cada pergunta, como interpretar suas respostas e como construir o cenário maior.

1. Há quanto tempo se sente infeliz?
2. Pode dar uma data precisa para isso?
3. Quantos anos tinha então?
4. Pense em quando você tinha 18 anos. Como teria se imaginado na idade em que está? O que esperava ter feito ou conquistado?
5. Que idade tinham seus filhos quando você começou a se sentir infeliz?
6. O que acontecia em sua vida de maneira geral quando você começou a se sentir infeliz? Tente formular essa resposta o mais detalhadamente possível.
7. O que acontecia na vida de seu parceiro?
8. O que acontecia na vida de seu melhor amigo?
9. O que acontecia na vida de seus filhos?
10. O que acontecia no trabalho?
11. Quando teve problemas no trabalho, como lidou com eles?
12. Qual considera ser seu maior problema no trabalho atualmente?
13. O que acontecia na vida de seus pais quando você começou a se sentir infeliz?
14. Examine a vida de seus pais. Como eles lidam com a adversidade? Eles tiveram algum problema de saúde mental, como depressão, ansiedade ou preocupação excessiva?

É O RELACIONAMENTO OU OUTRA COISA?

15. Foque na infelicidade hoje. Se tivesse de escolher só uma coisa, o que mais o incomodaria?
16. Já se sentiu assim antes?
17. Que impacto esse problema está causando em seu relacionamento?
18. Quando teve dificuldades com seu parceiro no passado, como lidou com elas?
19. Teve problemas semelhantes com alguma outra pessoa? Como lidou com eles?
20. Quais são os três principais pontos fortes em seu relacionamento?
21. Se pudesse, o que mudaria no parceiro? Tente ser o mais específico possível.
22. Como pode descrever seu relacionamento sexual?
23. O que gostaria que acontecesse agora?
24. Como gostaria que sua vida fosse no futuro? Dê essa resposta de forma detalhada. Onde estaria morando? O que estaria fazendo? Como seria sua casa? Quem mais estaria lá?
25. Como poderia fazer isso acontecer?

Interpretando suas respostas:

1. Essa questão investiga se há uma história geral de infelicidade.
2. É útil se você puder identificar o começo dos problemas atuais. Obviamente, não precisa ser o dia, mas um período de três a seis meses é muito útil quando se estabelecem conexões. Por exemplo, chegar à idade em que o pai faleceu pode desencadear um episódio depressivo ou uma infelicidade generalizada.
3. Pense no estágio de sua vida e nas questões que as pessoas enfrentam nessa idade.
4. Sempre esquecemos os preconceitos que trazemos conosco. Essa questão se destina a ajudá-lo a olhar para si mesmo com os olhos da juventude e reavaliar.
5. Lembre o que acontecia em sua vida na idade em que seus filhos estavam quando você começou a se sentir infeliz. É surpreendente a freqüência com que eventos da vida de nossos filhos trazem de volta questões de nossa própria infância. O caso mais clássico seria

seu pai ter saído de casa quando você tinha essa idade. Acreditamos ter lidado com tudo, mas o problema volta a nos importunar novamente.

6. Quanto mais detalhado o cenário, mas fácil se torna encontrar o estopim da crise. Então, tente adicionar um pouco mais de informação; talvez encontrar fotografias desse tempo para estimular a memória.

7. Um relacionamento é um assunto tão íntimo que eventos na vida de um dos parceiros sempre influenciam a vida do outro.

8. O que os amigos estão fazendo é algo que pode criar uma atmosfera que também afeta nossa vida. Se um casal no círculo social se divorcia, isso sempre terá certo impacto.

9. Identificamo-nos tanto com nossos filhos que seus contratempos sempre encontrarão eco em nossa vida. Por exemplo, brigas no playground podem despertar em nós a consciência de estarmos sendo hostilizados no trabalho ou a lembrança da infelicidade em nossa infância.

10. Passamos tanto tempo no trabalho, ou pensando nele, que sempre baseamos nossa identidade nele. Que luz isso pode lançar sobre nossas questões?

11. Essa questão funciona em conjunto com a 18. Compare as diferenças entre a solução dos problemas no trabalho e em casa. Elas se reforçam ou se opõem?

12. Os problemas no trabalho são diferentes ou semelhantes aos problemas em casa? Se os dois conjuntos são diametralmente opostos, torna-se tentador desprezar quaisquer conexões, mas é comum que sejam apenas faces da mesma moeda, ou do mesmo problema.

13. Precisamos olhar não só para o que transborda da vida dos pais, mas para todos os reflexos de como eles fizeram você se sentir na infância. Por exemplo, eles ainda parecem ser controladores, distantes ou irritantes?

14. Essa questão busca identificar qualquer tipo de problema de saúde mental hereditário. Quanto mais velhos ficamos, mais parecidos nos tornamos com nossos pais.

15. De que campo de sua vida vem isso?

16. Quais são os padrões?

17. Seu relacionamento está refletindo o problema ou é a origem dele?

18. Essa questão funciona em conjunto com a 11. Os homens sempre abordam os problemas do trabalho e de casa de maneira muito diferente. Se há uma diferença, como você se sente em relação a ela? O que reflete mais precisamente seu verdadeiro eu?

19. Há alguma coisa em seu parceiro que o faz agir de maneira diferente de como teria se comportado em outras áreas de sua vida? É uma coisa boa ou ruim?

20. Às vezes, perdemos de vista as coisas boas, e vale a pena lembrá-las.

21. Se você tem uma resposta geral — por exemplo, gostaria de que fossem mais pacientes —, torne-a mais específica adicionando um exemplo: gostaria de que fossem mais pacientes quando me atraso. Isso vai proporcionar uma meta concreta para a mudança.

22. Se alguém tivesse uma pílula mágica capaz de resolver todos os problemas sexuais entre você e seu parceiro, como você se sentiria? O que isso diz sobre seu relacionamento?

23. Outra questão sobre estabelecer objetivos.

24. Além dos detalhes da vida imaginada, sempre me interesso por quando alguém imagina que isso está acontecendo: em um ano, cinco ou dez? Normalmente, quanto mais profunda é a crise, mais difícil é estabelecer a data do futuro imaginado. Se você tem pouco a responder nessa questão, tente novamente. Não se censure. Isso é só uma fantasia, e na fantasia podemos tudo.

25. Assim que tiver uma imagem clara de para onde está indo, o segredo para realizar a mudança é traçar um mapa objetivo, um caminho de hoje até o futuro imaginado. O primeiro passo é sempre o mais difícil, por isso tente fazer dele algo pequeno e facilmente realizável. O que vem depois disso?

Serão necessários vários dias para que essas questões se assentem. Dê a si mesmo algum espaço e, em seguida, retorne às anotações. Divida uma folha de papel em três colunas denominadas "pessoal", "relacionamento" e "nenhum dos dois". Releia suas respostas e localize cada questão na coluna apropriada. Há mais alguma coisa que gostaria de acrescentar?

Normalmente, a resposta se encontra na coluna com o maior número de registros, mas, às vezes, um único registro pode sobrepujar todos os outros.

É o passado ou é hoje?

Embora o primeiro exercício tenha sido criado para alguém com ETAM, esse também é para os parceiros, uma vez que o parceiro "ainda apaixonado" também pode ter questões ocultas de seu passado.

Passe uma noite com velhos álbuns de fotografias e filmes caseiros.

1. Examine as fotos de seus pais e imagine que o parceiro nunca tenha ouvido nenhuma história sobre eles. Que tipo de homem é ou foi seu pai? Quais são as três palavras que melhor descrevem sua mãe?
2. Concentre-se em como seus pais o fazem sentir e comece a fazer ligações entre o ontem e o hoje.
3. Olhe para suas fotos e as de seu parceiro quando tinham a idade que seus filhos têm hoje. O que estava acontecendo?
4. Pegue uma foto recente de seus filhos. Há algum reflexo do que está acontecendo hoje na vida deles sobre seu próprio passado?
5. Finalmente, verifique se algumas dessas fotos ou histórias conectam-se ou lançam alguma luz sobre os problemas do presente. Há alguma coisa que vocês tenham feito juntos no passado e que possa ser revivida para ajudar o relacionamento hoje?

Passo 6

DAR

"Realmente apreciei o que você fez por mim ontem."
"Não foi nada."
"Estive pensando que gostaria de retribuir de alguma forma."
"Não fiz nada pensando em retribuição."
"Vai ser um prazer."

Às vezes, os menores gestos, particularmente quando realizados com um coração aberto e generoso, podem fazer uma grande diferença. Isso é especialmente verdadeiro quando você se vê diante de problemas sobrepujantes — como seu parceiro deixar de estar apaixonado. Se, no entanto, é você quem não sente mais a paixão, os cinco passos anteriores o farão posicionar-se e encontrar a boa vontade necessária para seu parceiro se sentir disposto a DAR.

Capítulo 9

A Teoria dos Pontos de Desequilíbrio

Quando um relacionamento está em crise, muitos casais acreditam ter de fazer um grande esforço para obter grandes resultados. Eles sempre juram se empenhar mais e ser diferentes: mais atenciosos, mais abertos, mais úteis em casa, enfim, acrescente à lista o que julgar mais importante para você. Nos primeiros dias, os dois parceiros exibem um comportamento exemplar, mas isso não pode durar, é claro. O resultado é mais amargura e até depressão.

Uma nova perspectiva sobre como realizar mudança em uma situação aparentemente impossível pode ser encontrada em um recente livro de negócios, *O ponto de desequilíbrio*, no qual Malcolm Gladwell escreve: "Temos um desprezo instintivo pelas soluções simples. Há algo em todos nós que sente que as verdadeiras respostas devem ser abrangentes e que há virtude na aplicação indiscriminada e persistente do esforço." Ele segue elogiando a "Solução Band-Aid" (totalmente focada em intervenções direcionadas): "Críticos usam essa expressão de maneira depreciativa, mas, em sua história, o Band-Aid provavelmente permitiu que milhões de indivíduos continuassem trabalhando ou brincando quando, sem esse curativo, teriam sido obrigados a interromper suas atividades."

Então, quando os relacionamentos não são satisfatórios, a resposta não é se esforçar mais, e sim pensar com mais inteligência. Para esse fim, é importante compreender as leis da mudança. Gladwell examina como as idéias pegam e descreve o momento em que alguma coisa passa de especialidade a senso comum, como o Ponto de Desequilíbrio. Por exemplo, na segunda metade de 1996, um endereço de e-mail deixou de ser um acessório nerd para tornar-se algo que todo mundo tinha. Como em uma fileira de peças de dominó, um pequeno empurrão vai acabar causando um grande impacto. Gladwell alega que "uma pessoa imaginativa, aplicando uma ferramenta bem posicionada, pode mudar o mundo". Achei que a teoria do Ponto de Desequilíbrio também poderia ajudar a explicar como os relacionamentos podem passar de "OK" a "infelizes" quase da noite para o dia.

Em minhas primeiras entrevistas com os clientes, sempre pergunto quando começaram as dificuldades, basicamente para descobrir se elas se concentram em torno das mudanças clássicas da vida que põem em risco os relacionamentos: ter um filho, estar de luto, mudar de casa, passar para a inatividade, arranjar um novo emprego etc. Embora esses eventos importantes nos façam tomar posições, eles raramente são colocados como a causa real dos problemas de um casal. O Ponto de Desequilíbrio negativo, ou o exato instante em que um relacionamento passa de satisfatório a infeliz, parece surgir mais tarde, embora poucos casais possam apontar com exatidão quando isso acontece. Porém, se eu perguntar por que razões casamentos ou relacionamentos de longo termo fracassam, a maioria propõe essa mudança de vida definitiva como resposta. É possível que associemos retrospectivamente grandes questões ao fracasso de um relacionamento porque isso dá sentido às grandes mudanças em nossa vida? Afinal, quem admitiria pedir o divórcio por causa de toalhas molhadas deixadas sobre a cama ou a falta de colaboração do parceiro em levar o lixo para fora?

A teoria do Ponto de Desequilíbrio, no entanto, sugere que um acúmulo do que meus clientes chamariam de "coisas estúpidas" é a verdadeira razão do fracasso conjugal. Lembrem-se: a idéia principal é que pequenas coisas podem fazer uma grande diferença. Em seu livro, Malcolm Gladwell dá o exemplo da limpeza das pichações nos trens do metrô em Nova York. Mais pessoas passaram a viajar nele e, com mais passageiros, a incidência de crimes praticados caiu drasticamente. Um ciclo vicioso se estabeleceu. Meus clientes, por outro lado, pareciam estar presos em uma espiral descendente, na qual "esquecer de esvaziar a máquina de lavar" podia semear um divórcio. Então, em vez de me concentrar nas questões maiores, decidi focar nas pequenas coisas.

A TEORIA DOS PONTOS DE DESEQUILÍBRIO

Julia e Graham tinham mais ou menos 30 anos, e sua discussão mais comum era sobre limpar os sapatos dos filhos pequenos. Ela se irritava, e ele não conseguia entender o motivo de tanto barulho. Sob essa disputa aparentemente trivial, encontramos duas camadas. A primeira: o pai de Julia sempre havia limpado seus sapatos e, portanto, ela acreditava que bons pais deviam fazer o mesmo. No entanto, Graham fora ensinado a ser independente e limpar os próprios sapatos. A segunda: os sapatos eram símbolo da atitude de cada um perante a educação das crianças. Ela queria protegê-los, enquanto ele preferia fazê-los independentes. Depois da interpretação, essa questão dos sapatos deixou de ser um problema e o relacionamento melhorou significativamente. Em vez de se manterem na defensiva, Julia e Graham começaram a explicar, e esse conhecimento trouxe melhora na comunicação, que, por sua vez, aumentou ainda mais a compreensão. Assim, começou a se instalar um ciclo vicioso.

Gladwell identificou os dois elementos-chave para chegar a um Ponto de Desequilíbrio positivo: a lei do menos e o fator de permanência. A primeira derruba o velho mito sobre os relacionamentos, sobre a necessidade de as duas metades de um casal quererem a mudança. Como acontece com minha regra 80/20 sobre as discussões, os economistas falam sobre um princípio 80/20 no mercado, no local de trabalho e na sociedade mais ampla. Eles acreditam que em qualquer situação 80 por cento do "trabalho" será realizado por 20 por cento dos participantes. Portanto, 80 por cento dos crimes são cometidos por 20 por cento dos criminosos e 80 por cento dos acidentes nas estradas são causados por 20 por cento dos motoristas.

Em outras palavras, poucas pessoas exercem um fator desproporcional sobre o que acontece. O mesmo princípio se aplica aos relacionamentos. Gostamos de pensar neles como parcerias igualitárias, mas uma das metades sempre trabalha mais duro que a outra para manter a relação. Muitos casais chegam à terapia porque o parceiro, antes responsável por 80 por cento do relacionamento, desistiu. Paula, consultora de recrutamento de 37 anos, é um exemplo típico: "Por que tenho de fazer todo o esforço? Sempre mantenho a conversa fluindo durante as refeições; até mantenho contato com a mãe dele. Mas Jake não fez esforço algum para suprir minhas necessidades. Eu me senti sozinha no relacionamento, por isso me retraí." Eles estavam encurralados, furiosos e ansiosos para que o outro fizesse o primeiro movimento. Simpatizei com os dois, porque, cada um à sua maneira, eles se sentiam sub-reconhecidos. Depois de várias semanas, perguntei: "Vocês querem estar certos ou querem ser felizes?"

Na semana seguinte, eles retornaram sorridentes: Paula se mostrara menos crítica em relação a Jake, e ele, por sua vez, demonstrara mais disposição para ajudar em casa. Haviam alcançado um Ponto de Desequilíbrio positivo, mas para isso Paula (a lei do menos) tivera de tomar a iniciativa. Paula estava tão satisfeita que já não importava mais se ela havia realizado 80 por cento do esforço inicial, porque agora os dois contribuíam mais ou menos na mesma medida.

Afinal, por que algumas mensagens são ouvidas, enquanto outras caem no vazio? A segunda lei, o fator de permanência, é a resposta. Malcolm Gladwell fala sobre um teste de saúde para fazer estudantes tomarem vacinas antitetânicas. A Universidade de Yale tentou vários métodos educacionais, alguns apenas informativos, outros com imagens horríveis, mas a taxa de aceitação da vacina se mantinha baixa. No entanto, uma pequena mudança fez 28 por cento dos alunos aceitarem a inoculação: incluir no material um mapa para o centro de saúde e os horários em que a vacina era aplicada. Consertar grosseiramente uma mensagem sempre serve para torná-la mais efetiva. Se alguém não ouve o que dizemos, encontramos alternativas mais e mais dramáticas de chamar a atenção — gritando, explodindo, ameaçando, saindo do ambiente —, quando uma pequena alteração pode ser sempre mais efetiva.

No caso de Paula e Jake, ela aprendeu que, usando o humor, poderia perguntar alguma coisa sem ser interpretada como uma pessoa crítica. Desde que descobri *O ponto de desequilíbrio*, tenho dedicado mais tempo a orientar os clientes a encontrarem diferentes maneiras de se comunicar, em vez de ficar repetindo a mesma mensagem ou o mesmo comportamento mais e mais alto.

No final da terapia, os clientes sempre se surpreendem com a extensão das mudanças promovidas por tão pouco. Robin e Tâmara, dois professores na casa dos 40 anos, são típicos: "Em vez de bater o pé, aprendi a me colocar verbalmente", conta Robin. Tâmara aprendeu quase o oposto: "Eu acreditava que ouvia, mas, quando ele dizia alguma coisa que eu não queria ouvir, eu o interrompia e ele simplesmente se calava." Essas pequenas mas efetivas mudanças permitiram que eles lidassem melhor com seus grandes problemas na vida, nesse caso, a saúde fraca da mãe de Tâmara, sem sequer discuti-los na sessão semanal de terapia. Eles melhoraram muito a capacidade de comunicação por meio de uma pequena e crucial intervenção.

Devolver o relacionamento à esfera positiva é mais fácil do que os casais imaginam a princípio, mas em todas as ocasiões um dos parceiros, ou ambos, devem decidir ser generosos e dar, começando, assim, o processo de cura.

O que impede os casais de encontrarem seu Ponto de Desequilíbrio positivo?

Nossas atitudes quanto aos relacionamentos são permeadas por um conjunto de idéias tão fundamentais que raramente verificamos sua veracidade. Aqui vão quatro razões que podem estar impedindo você de passar do negativo ao positivo.

Nada do que digo ou faço tem impacto

Quando atendo um cliente sozinho, porque o parceiro recusou o convite para participar, ele sempre se mostra sem esperança de poder influenciar a outra metade. Sente-se completamente impotente. Melanie, 29 anos, estava convencida da capacidade do parceiro de estragar seu dia: "Ele critica a maneira como dirijo, dizendo que é possível enfiar um tanque em um espaço por onde me neguei a passar, ou não telefona para informar que vai se atrasar, deixando-me sem saber o que acontece. Não é acidental; ele sabe como me irritar." Com um pequeno incentivo, Melanie confessou saber como devolver a cortesia. "A cada refeição, Michael deposita uma porção de sal na lateral do prato e vai mergulhando os alimentos nela", ela conta. "Se digo algo sobre como esse hábito é prejudicial à saúde, ele fica realmente irritado, o que também não deve ser muito favorável à sua pressão arterial." Se ela sabe como proceder para provocar respostas negativas, deve saber também o que fazer para obter a cooperação do marido, certo? "Ele adora elogios", Melanie contou, concordando em experimentar essa estratégia. Foi necessário algum tempo para Michael reagir, talvez por estar zangado ou suspeitar de algum motivo profundo, mas, em vez de desistir, encorajei Melanie a continuar com os elogios. Os resultados foram impressionantes e logo o relacionamento começou a melhorar.

Embora as duas partes tenham de estar dispostas para melhorar o relacionamento, só é preciso uma pessoa para começar a jornada. Promover respostas positivas, em vez de negativas, vai criar boa vontade suficiente para recrutar o segundo parceiro para a realização da missão. De fato, Michael começou a telefonar para Melanie, não só para avisar que ia se atrasar, mas simplesmenter para conversar.

Dica para transformação: A fim de obter a disposição para promover respostas positivas, pense nos tempos de namoro e nas coisas que seu parceiro apreciava. Há algo que você possa repetir hoje?

Eu, eu, eu

Esse bloqueio leva as pessoas a examinarem como algo as afeta, mas depois elas esquecem de dar um salto de imaginação e considerar o efeito sobre o parceiro. Por exemplo, Melanie tinha dificuldade em aceitar elogios de Michael. Quando ele disse que o novo corte de cabelo combinava com seu rosto, ela encolheu os ombros e respondeu com uma piada: "Pelo menos pareço mais magra." Michael acabou desistindo de elogiá-la, e Melanie começou a se queixar de que ele nunca prestava atenção a ela. Então, por que Melanie tinha dificuldades em aceitar elogios? "Fico encabulada, como se eu fosse a grande EU SOU..." Mas ela parou para imaginar como Michael se sentia? Finalmente, ela disse: "Quando respondo com uma piada, ele provavelmente se sente diminuído."

Dica para transformação: Na próxima vez em que algo incomodar você, reconheça o impacto — de preferência em voz alta — e depois pergunte a seu parceiro como o problema o faz sentir.

Continue andando até o fim da estrada

Esse bloqueio é causado por uma idéia fixa sobre o que vai salvar um relacionamento e, conseqüentemente, por um esforço contínuo nessa direção. Quando Gavin e Mary começaram a terapia, eu os recebia separadamente. Incapazes de lidar com o conflito, eles simplesmente pararam de falar um com o outro, temerosos de que a conversa só acarretasse mais discussões, mas o que acontecia era que tinham cada vez mais mal-entendidos. A situação era sombria e Gavin não tinha esperanças para o futuro: "Fiz de tudo para construir uma ponte; economizei dinheiro para comprar algo especial para o aniversário de 50 anos de Mary e organizei uma festa. Convidei todos os seus colegas do trabalho, amigos e família, mas ela mal me agradeceu. Quando recebi uma herança e depositei todo o dinheiro em nossa conta conjunta — para cobrir as retiradas excessivas —, ela me agradeceu, mas isso não fez a menor diferença. Não sei mais o que fazer." Quando eles iniciaram a etapa conjunta da terapia, Gavin estava decidido a solucionar as questões financeiras, por isso levou todos os recibos e faturas para a sessão. Embora estivessem novamente no vermelho, Mary esquivou-se do assunto e a sessão transcorreu em círculos. Gavin não queria provocar uma discussão, por isso não disse nada, limitando-se a me lançar olhares. "Você vê? Eu tentei de tudo", ele parecia dizer. Para muitos casais, é nesse ponto que um ou os dois parceiros desistem e decidem que o divórcio é a única solução. Mas Gavin ainda não havia tentado tudo: ele precisava prosseguir até o fim da estrada.

O ponto de desequilíbrio, de Malcolm Gladwell, é repleto de histórias sobre indivíduos que promoveram uma grande mudança em sua comunidade ou transformaram um pequeno negócio em uma companhia de muitos milhões de dólares, começando o que ele chama de uma "epidemia social". Ele escreve: "O mundo, por maior que seja a nossa vontade, não acata nossa intuição. Aqueles que são bem-sucedidos em criar epidemias sociais não fazem simplesmente o que julgam ser certo." Ele continua descrevendo como esses inovadores bem-sucedidos tentam outras vias — mesmo aquelas que todos os outros teriam considerado contra-intuitivas, ou até estúpidas. A intuição de Gavin dizia que o dinheiro era a raiz de seus problemas. De fato, eles tinham uma dívida grande e ele já havia tentado de tudo para resolver os problemas financeiros. Mas ainda não havia tentado de tudo para salvar o casamento. Com algumas poucas sessões, ficou claro que Mary queria que Gavin conversasse com ela, não sobre dinheiro, mas sobre opiniões e fatos corriqueiros, coisas que compõem as conversas diárias de um relacionamento feliz. Quando Gavin começou a conversar, em vez de permanecer no caminho buscando alcançar o final da estrada do "dinheiro", o relacionamento pendeu para o positivo.

Dica para transformação: Se você sente que já tentou tudo, redija uma lista desses itens que compõem o "tudo". Depois leia e vá eliminando os itens que o direcionaram para a mesma velha estrada. Finalmente, pense de maneira contra-intuitiva. O que ainda não tentou?

Cachorros velhos não aprendem truques novos

Esse bloqueio presume não só que o parceiro é incapaz de mudar, mas que é moralmente errado pedir que ele mude. No entanto, Gladwell escreve: "O que mais permeia epidemias bem-sucedidas, no final, é uma crença inabalável de que a mudança é possível, de que as pessoas transformam radicalmente comportamentos e crenças diante do tipo de ímpeto apropriado." Ele continua e acrescenta: "Gostamos de pensar que somos autônomos e internamente direcionados, que o que somos e como agimos é algo permanentemente determinado por nossos genes e temperamento. Somos, na verdade, fortemente influenciados pelo ambiente, pelo contexto imediato e pela personalidade daqueles que nos cercam."

No trabalho de terapeuta, conheci pessoas que se preocupam com a possibilidade de o parceiro não mudar e outras que reclamam: "Ela quer que eu seja algo que não sou", ou "Ele sabia que eu era assim quando se casou comigo". No entanto, vejo que pequenas acomodações, não grandes e fundamentais mudanças no caráter, satisfazem as necessidades da outra metade e levam a um relacionamento mais satisfatório.

Retornando ao casal com os problemas financeiros, o receio de Mary era que Gavin quisesse mudar a essência de sua personalidade. Ela acreditava: "Eu trabalho duro e mereço cuidar de mim". (De fato, o emprego de Mary implicava longas viagens de ida e volta e um trabalho que ela considerava muito tedioso.) Mary estava convencida de que Gavin queria transformá-la de perdulária em econômica. Gavin se preocupava com o dinheiro gasto em refeições fora de casa. "Restaurantes são um desperdício de dinheiro", ele protestava. Mary respondia: "Mereço ser mimada e cuidada."

No final, eles encontraram um compromisso: Gavin compraria os melhores cortes de carne e todos os acompanhamentos para uma maravilhosa refeição, mas ele mesmo a prepararia. "Posso até vestir meu melhor terno e fingir ser o maître", ele brincou. "Devia ter visto a cara de Mary quando a levei à mesa da sala de jantar que eu já havia arrumado com nossa melhor toalha, talheres e flores do jardim." Mary se sentiu atendida e Gavin ficou satisfeito com a economia de dinheiro. Eles haviam mudado? Sim. Deixaram de ir a restaurantes chiques (exceto em aniversários e outras ocasiões especiais). Estavam mais felizes? Certamente. Haviam mudado de maneira fundamental a personalidade um do outro? Não. Mas isso já não importava, porque eles haviam feito ajustes menores que proporcionaram grandes recompensas.

Dica para transformação: Anote tudo o que gostaria de mudar em seu parceiro. Depois leia a lista e elimine os itens relativos a temperamento ou personalidade — que são difíceis de mudar — e transforme-os em padrões específicos de comportamento, que são mais fáceis de modificar. Por exemplo, em vez de "ser mais atencioso", ponha "levar-me para passear no Dia dos Namorados".

Encontre seu Ponto de Desequilíbrio

Uma grande mudança pode vir de uma pequena alteração interna em um ou outro parceiro. Aqui vão quatro pequenas sugestões que o ajudarão a dar o sexto passo para devolver a paixão a seu relacionamento: *dar*.

• Conscientize-se de seus obstáculos internos, auto-impostos. Cada parceiro espera sempre que o outro se comprometa com a melhora do relacionamento. Eles têm sempre pequenos testes em mente — "Se ele me ama, devia prestar mais atenção em mim" ou "Se ela me ama, deve mostrar mais afeto", mas nenhum parceiro diz isso ao outro, então o teste permanece secreto. Em vez disso, seja generoso, abandone os testes e assuma o compromisso de mudar.

- Quando acordar pense: "O que posso fazer hoje, mesmo que seja algo muito pequeno, que possa melhorar meu relacionamento?"
- Na próxima vez em que você e seu parceiro discordarem, tente concordar com ele, não em prol de uma vida tranqüila, mas por amor e respeito. Com isso, refiro-me a realmente tentar entender por que ele se agarra a uma posição que parece ser muito contrária à sua. Dê a ele o benefício da dúvida. Afinal, esse indivíduo é alguém que você respeita, e se ele insiste em defender uma posição com tanto afinco, ela deve ter alguma validade.
- O ETAM acontece porque os casais escolhem uma vida sossegada/a opção mais fácil. Portanto, adote um novo lema pessoal: "Nunca mais facilitarei para mim mesmo." Sempre que estiver diante de duas opções, escolha sempre aquela que mais o desafie. Quanto mais investir em seu relacionamento, mais obterá dele.

Se você está procurando idéias mais ousadas de Pontos de Desequilíbrio ou seu relacionamento está em crise e precisa de algo mais intenso, examine a seção de exercícios logo a seguir. Na verdade, eu iria além: esses são dois dos exercícios mais úteis em todo o livro, então, leia-os de qualquer jeito!

E se nos separamos? É tarde demais para usar Pontos de Desequilíbrio?

Depois de um rompimento, a tentação é recuar para o modo neutro ou ficar furioso e tentar provocar emoções negativas no outro. No entanto, no caso do ETAM, muitos casais são ambivalentes quanto a romper o relacionamento e, portanto, procuram secretamente razões para permanecer juntos. É óbvio que será preciso pressionar muito mais botões positivos para modificar o relacionamento, mas insista e monitore as atitudes que podem acionar botões negativos. Para cada deslize negativo, recomendo três gestos positivos para neutralizar o efeito.

Resumo

- Pequenas mudanças podem iniciar um ciclo positivo e, em última análise, ter um grande impacto no relacionamento. Em vez de se esforçar mais, tente pensar com mais clareza.
- Quando idéias preestabelecidas não são desafiadas, o relacionamento corre o risco de não só prosseguir pela mesma velha estrada, mas também de se manter imune a qualquer alternativa.
- Nunca é tarde demais para mudar.
- Jamais subestime o impacto de um único gesto generoso e franco.

Exercícios

Reforço Positivo

Pontos de Desequilíbrio se referem a encontrar novos modos de ver a situação. Com uma perspectiva renovada, as pequenas mudanças podem levar a outras maiores. Aqui vai um exemplo pessoal do adestramento de cães, o que pode soar estranho:

Filhotes são exaustivos. Precisam ser observados constantemente, ou começam a morder os pés da mesa da sala de jantar que pertenceu à sua bisavó. Embora queira agradar, o filhote não entende seu idioma e não tem a menor idéia do que é um bom ou um mau comportamento. Passei tanto tempo dizendo "não" a meu cachorrinho que ele deve pensar que é parte de seu nome. Quando levei Flash para o treinamento e socialização de filhotes, o instrutor perguntou: "O que você faz quando o animal está deitado e quieto?" Eu levanto as duas mãos: "Respiro aliviado." Outro membro do grupo acrescentou: "Vou cuidar das tarefas domésticas." Nenhuma dessas era a resposta correta. "É o que a maioria das pessoas diz", explicou o instrutor, "mas essa é a última coisa que vocês devem fazer. Como um animal saberá o que é bom comportamento se você o ignora quando ele o apresenta? O que acontece quando ele se comporta mal?" Todos sorrimos, porque nenhum de nós tinha a resposta para essa questão. "Vocês estão reforçando o mau comportamento com atenção negativa e não recompensam o bom comportamento", o instrutor explicou.

Desse dia em diante, quando Flash está cochilando ao sol, eu coço sua barriga e o elogio. Quando ele fica muito agitado e começa a correr pela casa, eu o ignoro. No início, tive de refletir conscientemente sobre recompensar o bom comportamento. Mas, depois de alguns dias, Flash começou a se acalmar e logo percebi que o esforço extra era mais que recompensado: eu economizava tempo não tendo de correr atrás dele pela casa.

Aqui vão algumas dicas para usar reforço positivo para "treinar" seu parceiro:

1. Pense nas últimas 24 horas. Quantas vezes criticou o comportamento de seu parceiro ou seus maus hábitos? Quantas vezes o elogiou? O que ocupa o topo da lista, aspectos positivos ou negativos?
2. Pare de dar atenção negativa. Em vez de reclamar quando, por exemplo, ele assiste a muitos jogos de futebol ou ela sai muitas vezes para ir encontrar as amigas, espere pelo comportamento que deseja encorajar. Se seu objetivo é passar mais tempo com o parceiro, reforce esse aspecto positivo na próxima vez em que estiverem juntos dizendo a ele: "Estou adorando dividir tudo isso com você."
3. Reforço positivo se constrói com gratidão e elogios. Não subestime nenhum dos dois, porque ninguém pode se cansar deles.
4. Não tome nada por certo. Jeff se mudou para a casa de Martina, mas tinha dificuldade para se sentir em casa. No final, Martina aceitou remodelar a casa completamente para que Jeff também pudesse dar seu toque ao lugar. Quando o trabalho foi concluído, Jeff disse a ela: "Sei que foi difícil para você, especialmente porque tivemos de fazer grandes empréstimos e sei que você não se sente confortável com isso. Então, quero que saiba que realmente aprecio sua atitude." É claro que Martina sabia disso, mas ouvir o reconhecimento em voz alta era realmente importante. Pense em alguma coisa que você aprecia no parceiro, mas que, normalmente, se enquadra na categoria do "Não precisa nem dizer"; dessa vez reconheça-o em voz alta. Faça o elogio

tão detalhado quanto possível. O que soa mais verdadeiro: "Obrigado por tudo que faz", ou "Obrigado por levar meu carro ao mecânico, você realmente facilitou as coisas para mim"?

Técnica Flop/Flip

Quando estamos estressados, temos um número limitado de maneiras de reagir. Por exemplo, podemos gritar, arrancar a maçaneta da porta ou ficar em silêncio. Se isso não funciona, elevamos a aposta, gritamos mais, não falamos por dias seguidos e até quebramos coisas dentro de casa. Logo estamos presos, nosso comportamento se torna mais e mais extremo. Isso soa familiar? Aqui vai um truque simples para romper o ciclo:

1. Na próxima vez em que estiver prestes a dar sua resposta costumeira, pare e pense: "O que eu poderia fazer de maneira diferente?"
2. De qualquer forma, seja honesto. Qualquer coisa é melhor do que a resposta habitual; sabemos aonde isso nos leva e que não funciona.
3. Tente a resposta alternativa e observe a reação do parceiro. Isso provavelmente o fará pensar e pode até impedi-lo de adotar também uma resposta-padrão.
4. Pense no oposto de seu comportamento normal e experimente essa alternativa. Em vez de ficar quieto, comece a falar. Em vez de quebrar objetos, endireite-os. É surpreendente a freqüência com que um comportamento oposto serve de chave para a melhor comunicação.
5. Lembre-se: pare de usar a resposta flop e, em vez disso, mude-a para flip!

Passo 7

Aprender

"Parece que as coisas melhoraram."
"Concordo."
"Às vezes penso que está bom demais para durar."
"Isso ficou no passado."
"E se eu retomar o velho comportamento sem perceber?"

Organizações de sucesso aprenderam que permanecer no mesmo lugar não é bom; é preciso melhorar continuamente. O mesmo acontece com os relacionamentos, e a melhor maneira de evitar a estagnação é assumir um compromisso para continuar a APRENDER.

Capítulo 10

As seis habilidades especiais de casais bem-sucedidos

Perto do final da terapia, muitos casais alcançam um momento de alegria no qual todo o trabalho árduo parece ser recompensado. A Ligação Amorosa desabrocha e um lampejo de *Limerence* os ajuda a crer que, mais uma vez, os dois podem escalar montanhas e superar todos os obstáculos. Porém, essa magia é fugaz. Em pouco tempo, eles lembrarão como é fácil cair da altura do *Limerence*, as pressões da vida diária, as exigências de nossa cultura de trabalho 24 horas por dia e a fragilidade do apoio para casais. A alegria se transforma em medo. Então, como podemos proteger o relacionamento?

Não são apenas os relacionamentos que sofrem pressão: uma seqüência de julgamentos errôneos pode pôr em risco o futuro de respeitadas cadeias de lojas, e instituições públicas podem ser acusadas de estarem "fora da realidade". Prover o mesmo nível de serviço deixa de ser suficiente; os concorrentes têm uma vantagem; os clientes esperam mais e mais. Por isso muitos empresários defendem uma idéia, primeiramente desenvolvida por companhias como a Toyota, denominada "Cultura da Melhoria Contínua". Muitas escolas também a adotaram. Essa idéia sugere que, a menos que algo esteja melhorando, está em declínio. Assim, administradores e diretores não se satisfazem mais em serem bons — e certamente não querem ser suficientemente bons —, pois se empenham em ser melhores. Embora nosso relacionamento deva ser protegido dessas forças de marketing, podemos adotar algumas das melhores idéias.

Aprender é o diferencial que mantém um relacionamento renovado, assegura que nada é tomado por certo e proporciona meios para o aprofundamento da Ligação Amorosa. Mas como aprendemos o que faz os relacionamentos felizes e satisfatórios? Isso é difícil para casais ETAM, especialmente porque muitos deles relatam que os amigos os consideram uma parceria isenta de problemas. Além disso, os profissionais oferecem apenas pistas vagas, já que a maioria dos psicólogos se dedica a estudar os relacionamentos fracassados. Portanto, decidi pesquisar trabalhos científicos e meu próprio registro de casos para descobrir o que faz um relacionamento feliz. Descobri que os casais bem-sucedidos tendem a, sempre sem se dar conta, cultivar seis bons hábitos, o que pode prover metas para ajudar todos os relacionamentos a melhorarem continuamente. Comecei com o hábito mais fácil de adotar, mas eles funcionam juntos. Incorporar um hábito de cada vez a seu relacionamento vai torná-lo mais fácil.

Seis bons hábitos para um relacionamento feliz

Investir: dedique tempo à convivência

Quando as coisas vão mal, um casal passa mais tempo afastado, o que cria ainda mais mal-entendidos. Depois de deduzir o trabalho, o tempo de trajeto de ida e volta, de sono e de TV de uma semana normal, o casal médio britânico passa pouco tempo junto. De acordo com o Office of National Statistics, aproximadamente três horas e meia por semana (ou somente 24 minutos por dia) é tudo que resta para a vida social compartilhada, os esportes, os hobbies e os interesses. Até um pequeno tempo extra na companhia do parceiro pode gerar lucro: o professor John Gottman, da University of Washington — que estudou centenas de casais casados em interação e manteve contato com eles por vários anos depois disso —, propõe um investimento de cinco horas semanais para fazer uma profunda diferença.

Nick e Anna tentaram *investir* como parte de um esforço mais amplo para fazer funcionar o relacionamento. A vida social do casal girava em torno do círculo de amigos, por isso eles reservaram uma noite por semana para o casal e, apesar das ofertas tentadoras, esse compromisso vinha em primeiro lugar. Quando essa noite coincidiu com uma produção de Shakespeare no parque local, um evento para o qual os amigos já haviam reservado ingressos, eles encontraram uma segunda maneira de *investir*. Durante essa semana específica, separaram 15 minutos todas as noites para conversar sobre os eventos do dia. Por meio desse tipo de conversa amena, Nick e Anna conseguiram se manter informados sobre a vida do outro e questões importantes emergiram naturalmente. "Isso era muito melhor do que Nick anunciando que precisávamos conversar", disse Anna. "Essa era uma frase que me deixava em pânico e me colocava imediatamente na defensiva." Ao priorizar o tempo de convivência, casais bem-sucedidos demonstram diariamente que valorizam o relacionamento acima de tudo.

Rir junto: dividir piadas e brincadeiras corriqueiras

Para muitos casais bem-sucedidos, o riso é uma ferramenta que apara as arestas de um dia difícil. "Rir ajuda realmente", diz Elizabeth, uma técnica de laboratório de 54 anos e casada há 21 com Derek, executivo de marketing. "Rimos de nós mesmos, de nossas famílias, dos hábitos bizarros dos vizinhos e de velhos filmes na TV. Às vezes, rir é a única coisa que nos faz superar." "Falamos certas coisas", explica Derek, "que provavelmente não teriam significado para mais ninguém, mas eu a provoco dizendo que ela nunca mais vai jogar para o Leicester Ladies' Lacrosse, e ela responde que o abatedouro dos cavalos seria bom demais para mim." O Max Planck Institute of Human Development da Alemanha notou que casais cujo casamento é feliz têm facilidade para adiar uma discussão ou se afastar dela por alguns momentos, de modo que ambos possam fazer pequenos reparos nos próprios erros. Uma maneira comum de difundir o momento é fazer uma piada; isso é particularmente eficiente quando alguém é capaz de rir de si mesmo.

Unir a ação às nossas palavras

Psicólogos sociais argumentam que apenas 10 por cento da comunicação é verbal, mas, de alguma maneira, esperamos que o parceiro confie em nossas palavras, em vez de considerar nosso comportamento. Na correria da vida diária, é fácil acalmar um parceiro com um "É claro que amo você", em vez de se dedicar a demonstrar esse amor agindo com consideração e afeto. Por isso muitos casais chegam à terapia com um dos parceiros reclamando por ser tratado com desinteresse. O outro parceiro sempre se espanta. "Você sabe que não é assim" é sempre a defesa mais comum. Com freqüência, o parceiro queixoso dispara: "Como?" A conversa pára. Em comparação, casais bem-sucedidos demonstram amor e apreciação e executam pequenos atos de carinho e cuidado — o cimento que mantém uma relação em pé —, em vez de apenas discursar.

Muitos de meus clientes recuam diante da idéia de demonstrar conscientemente seu amor, dizendo que tudo seria muito artificial. Alguns acham que dizer "obrigado" o tempo todo é estúpido. Outros vão além: "Por que devo agradecer a meu marido por lavar os pratos? Não sujei a louça sozinha." Esses clientes receiam ser desvalorizados pela exuberância de cumprimentos. Com pequenos atos de carinho e cuidado — por exemplo, ele passa uma blusa para ela, ou ela vai buscá-lo de carro na estação —, eles temem que a delicadeza, mesmo que seja apenas um evento isolado, se transforme em obrigação, em uma responsabilidade constante. Mas tem de ser assim? Casais bem-sucedidos demonstram que o cumprimento realmente efetivo, palavras de gratidão ou pequenos atos de carinho surgem do nada. O ocasional "Já disse que seus olhos são lindos?" ou "Muito obrigado por ter ficado por perto enquanto minha mãe estava doente" serão lembrados por muito tempo. A força dos pequenos gestos de carinho reside no fato de serem inesperados. Nos casos de ETAM, é mais efetivo *mostrar* ao parceiro sua profunda afeição do que simplesmente *falar* dela.

A arte do compromisso

Em vez de ter perdedores e vencedores, ou poder desequilibrado, os casais bem-sucedidos encontram um meio-termo. Um exemplo seria dividir as tarefas domésticas de acordo com a disponibilidade de tempo de cada um. Quando as tarefas são divididas com rigidez, há sempre certo ressentimento. Compromisso é muito diferente de submissão (simplesmente ceder), situação em que os parceiros colocam seus pontos de vista com rigor exacerbado e até brigam por eles. Em vez de fincar os pés no chão e nunca ceder, os casais bem-sucedidos procuram encontrar um ponto de convergência. Isso é corroborado pelas descobertas de Gottman. O melhor fator de previsão para apontar quais casais estudados no laboratório permaneceriam casados foi a eficiência com que eles discutiam e resolviam suas diferenças. Isso provou ser mais importante do que o tipo de questão a ser solucionada e mesmo sua gravidade.

David e Simone, dois professores que já viviam juntos por cinco anos, aprenderam a assumir compromissos, mas só quando estavam a poucos passos de um rompimento. Embora o casal tivesse poucas brigas, os dois se entrincheiravam em suas posições. David apreciava a prática do vôo de asa delta, mas Simone alegava que o esporte tomava muito tempo e o afastava da convivência de casal. David costumava praticar o esporte uma vez por mês, e Simone policiava essa tradição — caso a asa-delta começasse a invadir mais finais de semana. Quando o clube de asa-delta de David propôs um final de semana prolongado fora da cidade, Simone adotou uma posição radical e eles tiveram uma série de brigas terríveis. "David não costuma ter férias, e usamos o tempo livre para descansar", Simone explicou. Mas, no final, decidiu ser generosa: "Decidi parar de cobrá-lo por conta da asa-delta, porque estava criando uma sombra em nossa vida." No final, Simone teve uma grata surpresa: "David não passou a se dedicar mais ao esporte, apenas em uma ou outra oportunidade especial, e tudo isso deixou de ser um problema." David acrescentou, "Com a atmosfera muito melhor em casa, tenho saído mais cedo do escritório e passado mais tempo com Simone. É engraçado, mas descobri que estava defendendo "meu" tempo, e isso não é realmente necessário." Simone e David descobriram que estavam disputando uma linha arbitrária na areia. O novo compromisso funcionou melhor para o casal, com cada parceiro mais relaxado, e o relacionamento floresceu.

Assumir riscos

Quando nos apaixonamos, o *Limerence* proporciona um manto mágico de onipotência que nos cega aos riscos de dar início a um novo relacionamento. No entanto, quando o *Limerence* se esgota, cada parceiro começa a se defender e erguer barreiras. Casais bem-sucedidos continuam a assumir tanto os pequenos riscos (como o de aborrecer o parceiro) quanto os grandes (como um parceiro freqüentar as aulas de um curso e conhecer muitas pessoas novas), enquanto, em contraposição, casais ETAM preferem a segurança. Quando decidem correr um risco, isso quase sempre é um sinal de que o relacionamento está se recuperando. Rita deixou de estar apaixonada por Joe após 19 anos de casados e três filhos. Desde que a esposa confessou seus sentimentos, Joe passou a demonstrar tendência ainda menor para criar atritos. "Minha política é enfatizar o positivo", ele me contou na primeira sessão de terapia. No entanto, à medida que trabalhamos juntos os sete passos, ele se tornou mais ousado. "Estávamos fazendo compras e ela segurou uma de minhas mãos, depois de meses sem nenhum contato físico, e eu quis saber a razão", Joe relatou. "Normalmente teria ficado de boca fechada, evitando ouvir o que não queria ou até induzi-la a soltar minha mão." Dessa vez, Joe assumiu o risco e disse a Rita o quanto apreciava o contato. "Eu disse a ele que senti que era certo segurar sua mão", contou Rita, "e mais tarde tivemos uma longa conversa enquanto tomávamos café. Não tive a intenção de dar àquele contato uma conotação de gesto grandioso, mas, quanto mais conversávamos, mais importante parecia ter sido o impulso".

Outro exemplo de assumir riscos é Amy, uma professora de canto de 26 anos, que recebeu uma proposta para ir trabalhar na França. Sua reação inicial foi recusá-la. "Eu teria de passar quatro meses em Paris e, embora gostasse de pensar que poderia me sentar em um café na Saint-Germain-des-Prés, isso implicaria afastar-me de Allan." A idéia de ficar em casa enquanto a parceira ia viver uma aventura também não agradava muito Allan. "Para ser bem honesto, comecei a imaginá-la sendo seduzida por um sofisticado parisiense." No entanto, Allan decidiu que seria melhor dar sua aprovação, e ela aceitou o emprego. A ligação pelo trem Eurostar permitia que eles passassem metade do tempo dos finais de semana juntos, e Allan foi passar as férias em Paris e também aprendeu o idioma local. "Eu poderia realmente me acostumar com o estilo de vida daquele lugar", ele confessou, "comprando croissants frescos e *pains au chocolat* para o café-da-manhã. A qualidade dos ingredientes utilizados na culinária local era um atrativo a mais." No final, Paris se transformou em uma aventura para ser vivida a dois, e o contrato de Amy representou uma oportunidade para o crescimento do casal, em vez de ser uma ameaça. Apaixonar-se e manter o amor envolve assumir riscos, sem os quais há pouco aprendizado ou crescimento.

Dar ao outro certa independência

Casais bem-sucedidos permitem que o parceiro tenha liberdade para crescer, mesmo que isso signifique fazer coisas sozinho. No extremo oposto da escala, estão os casais que se apóiam um no outro a ponto de temerem o colapso sem essa união totalitária. Muitos casais se encontram em algum lugar entre esses dois extremos, mas, em tempos de desafio, as pessoas tendem a se tornar mais controladoras ou apegadas.

A importância de certo grau de independência foi enfatizada no estudo de casais homossexuais femininos. A mulher tem a reputação de apreciar mais a intimidade e de ser boa nisso. Em tese, portanto, os relacionamentos homossexuais femininos deveriam ser extremamente estáveis. Em 1983, os sociólogos americanos Philip Blumstein e Pepper Schwartz entrevistaram 4.314 casais heterossexuais (casados ou em regime de co-habitação), 1.875 casais homossexuais masculinos e 1.723 casais homossexuais femininos. Eles retornaram 18 meses mais tarde e descobriram que os casais menos propensos a se separar eram os heterossexuais casados (14 por cento se haviam separado), seguidos por heterossexuais em co-habitação (29 por cento) e por casais homossexuais masculinos (36 por cento). Os mais propensos ao rompimento eram os casais homossexuais femininos, com um surpreendente índice de 48 por cento.

O que faz um casal de mulheres ser o menos propenso a permanecer junto? Foi a essa tarefa que se propôs Susan Johnson, da University of Wisconsin, no livro *Long-Term Lesbian Couples* (Naiad Press, 1990). Ela distribuiu questionários a 108 casais homossexuais femininos em 21 estados americanos, mulheres que estavam juntas há dez anos ou mais, depois complementou várias respostas com entrevistas. No início, ela imaginou que o elevado índice de rompimento podia ser causado pelas pressões sobre esses casais, bem como pela falta de apoio da sociedade como um todo, embora os casais homossexuais masculinos enfrentem os mesmos problemas. Sua segunda teoria foi de que os casais homossexuais femininos eram rápidos demais em se considerar casais, daí a velha piada: "O que uma lésbica leva no segundo encontro? Resposta: Um caminhão de mudança." No entanto, ao final da pesquisa, ela concluiu que parceiras homossexuais bem-sucedidas estavam preparadas para dar uma à outra a possibilidade de ser diferente. "Você pode pensar que está vivendo como parte do mesmo relacionamento, mas não está", Johnson escreveu sobre o próprio relacionamento. "Minha parceira afirma que nosso relacionamento é o mais fácil que ela já teve; eu digo não, para mim é o mais difícil. Por muito tempo, discutimos sobre quem estava certa. Levamos vários anos para perceber que não estamos no mesmo relacionamento. Ela está vivendo com uma experiência, enquanto eu estou vivendo com ela uma experiência muito diferente."

Por que os relacionamentos homossexuais masculinos duram mais do que os femininos? Uma possível resposta — e que reforça a questão de dar ao outro alguma independência — é a atitude gay diante da fidelidade. McWhirter e Mattison, que acompanharam o desenvolvimento de casais gays, descobriram que após cinco anos nenhum dos parceiros havia sido sexualmente exclusivo. "Há regras sobre o que é aceitável, e que incluem não flertar com outras pessoas quando estamos juntos e não levar outros homens para casa", diz Scott, que está com o mesmo parceiro há sete anos. "Também temos um pacto de contar ao outro sobre quaisquer aventuras externas ao relacionamento. Nossos amigos heterossexuais consideram nosso arranjo extraordinário, mas, em minha opinião, ele é melhor e mais honesto do que os casos furtivos mantidos por muitas pessoas que conheço." Homossexuais masculinos são, portanto, menos propensos a esperar que o parceiro preencha todas e cada uma de suas necessidades.

Todos os casais gostam da idéia de o parceiro ser igual: ter experiências iguais; interpretar a realidade da mesma maneira; chegar às mesmas conclusões. Mas isso não só é impossível, como, provavelmente, indesejável. A semelhança é positiva, mas igualmente importante é a consciência das diferenças, de modo que cada parceiro possa criar um espaço claro para si mesmo como indivíduo dentro do relacionamento. Por isso a independência — tanto no sentido físico de estar distante de tempos em tempos quanto no sentido intelectual de poder ter pensamentos distintos e chegar a conclusões diferentes — é tão importante.

Os casais homossexuais femininos entrevistados por Johnson resumiram brilhantemente um dos temas mais importantes do ETAM e ofereceram esperança para todos os casais de longa duração. Uma mulher disse: "Não existe relacionamento sem conflito. Você precisa aceitar esse fato de uma forma ou de outra; não acontece, simplesmente. Outra pessoa não é a resposta. Não existe nada que seja perfeito." Quase todos os casais no livro de Johnson enfrentaram alguma crise que poderia ter causado a separação. May, em um relacionamento de 18 anos, foi um exemplo típico: "Acho que às vezes, e isso parece tolo, mas é verdade, as pessoas não esperam para saber que se pode sobreviver a ela (a crise). Não precisa ser essa enorme ferida aberta; ela pode cicatrizar. As pessoas não têm a paciência necessária para esperar."

Comecei este capítulo explicando que casais com relações longas bem-sucedidos desenvolveram seis hábitos positivos. Aqui vai um bônus. A citação de May enfatiza que simplesmente chegar a esse ponto do relacionamento significa que você já desenvolveu uma habilidade que permeia todas as coisas: PACIÊNCIA. Essa é uma fundação virtual para *Os sete passos*: o trabalho é árduo, mas muito gratificante.

Resumo

- Enquanto os relacionamentos infelizes fracassam por uma infinidade de motivos, os felizes alcançam o sucesso pelas mesmas razões: esses casais cultivaram seis habilidades especiais.
- *Investigar* vai encorajar um casal a *rir junto*. Ações e palavras do casal vão criar boa vontade para a *arte do compromisso*, o que, por sua vez, facilita *correr riscos* e possibilita *dar ao outro independência*.
- *Aprender* completa os *sete passos para devolver a paixão ao seu relacionamento*. Um compromisso com o aprendizado contínuo vai renovar um relacionamento e mantê-lo equilibrado.

Exercícios

Construir novos hábitos

Muitos casais começam com boas intenções, mas, depois de algumas semanas, tudo começa a desandar. A vantagem dos hábitos sobre as boas intenções é que eles constroem três fatores-chave para a mudança duradoura: *eventos simples*, que *acontecem regularmente* e podem ser *facilmente mensurados*.

Tome como exemplo o primeiro hábito: passar mais tempo juntos. A tentação é organizar um gesto grandioso, como um cruzeiro ou um programa noturno caríssimo. No entanto, isso não vai se tornar um hábito porque, pela própria natureza, só pode acontecer de vez em quando, e os benefícios desaparecem regularmente por isso. Em contraste, jantar juntos todas as noites pode se tornar um hábito. É *simples*, pode *acontecer com regularidade*, e é *facilmente mensurável*. No final de um mês, o casal pode olhar para trás e constatar com que freqüência jantou junto. Se essa idéia agrada, aqui vão algumas dicas práticas para colher os benefícios desse hábito:

1. Não ligue a televisão nem permita outras distrações que possam impedir a conversa.
2. Se um de vocês chega muito mais cedo, faça um lanche para esperar o horário da refeição.
3. Como alternativa, organize uma refeição para o casal no final de semana, como um longo café na manhã de domingo, e trate-a como parte constante de sua rotina.

- Que novos hábitos você gostaria de introduzir no relacionamento? Como pode fracioná-los para que sejam algo *pequeno, repetível* e *mensurável*?
- Pense em um novo hábito, como minha proposta de fazer as refeições juntos, e tente antecipar todo e qualquer obstáculo à sua realização.

Rir juntos

Se você e seu parceiro têm poucas oportunidades de rir juntos — e muitos casais compartilham atividades sociais muito sérias, adultas, como jantar fora —, aqui vão algumas idéias:

1. Visite um clube de comédia.
2. Assista a uma comédia no cinema ou no teatro.
3. Tente alguma coisa diferente com o parceiro, como patinar no gelo.
4. Faça alguma coisa ridícula com o parceiro como participar de uma corrida de três pernas.
5. Façam cócegas um no outro.
6. Mostre ao parceiro suas fotos de bebê.
7. Vão à praia e construam um castelo de areia.
8. Visitem um zoológico ou uma fazenda.
9. Compartilhem alguma coisa que não fazem desde a infância.
10. Pintem um quadro juntos.

Se seu relacionamento chegou a um ponto crítico

Capítulo 11

Ter a conversa "Eu amo você, mas"/Ouvir a confissão "Eu amo você, mas"

Até aqui tentei me dirigir ao mesmo tempo tanto aos que deixaram de estar apaixonados quanto a seus parceiros. No entanto, é nesse ponto que um casal com problemas ETAM pode acabar em dois campos muito distintos: um parceiro precisa conversar e extravasar seus sentimentos, enquanto o outro está em estado de choque. Por isso dividi o capítulo ao meio, começando pela confissão e depois passando para como reagir melhor a ela.

Tendo a conversa ETAM

"Na hora do almoço de domingo, eu me sento à mesa com minha família; meu corpo está lá, mas eu gostaria de estar em outro lugar", explica Grant, administrador de uma empresa de engenharia, 45 anos. "Minha esposa ri com as crianças, que falam sem parar. Tudo devia ser perfeito. Adoro meus filhos, e Jill e eu nos damos bem, mas eu me sinto sozinho. Às vezes ela me pega pensando; ela chama essa minha expressão de *cara distante*. O que foi? Nada, querida. Como posso dizer a ela que estou morrendo por dentro?"

Muitas pessoas com ETAM se contêm. Instintivamente, elas sabem que poucas coisas são mais devastadoras do que descobrir que alguém deixou de nos amar. Mas ter esses sentimentos presos no peito é muito doloroso.

Então, o que se pode fazer? O primeiro instinto de muitos portadores de ETAM é esperar por uma mudança qualquer: "Vou me sentir diferente depois das férias de verão/Natal/mudança de casa..." Adicione o próprio exemplo à lista. Mas esse tipo de negociação raramente oferece mais do que alívio temporário. Em alguns casos do meu consultório, uma década transcorreu desde as primeiras dúvidas até a confissão final. Normalmente, o espaço é de três a cinco anos.

Como você sabe que é hora de falar? Um sinal claro é a tensão crescente entre sentimentos negativos e comportamento superficialmente agradável. Nesse estágio, a pessoa começa a se tornar ríspida, e o parceiro tem a sensação de estar pisando em ovos. Grant lamenta não ter sido franco antes de seu casamento ser contaminado pela pequeneza: "Eu me odiava por estar sempre encontrando defeitos nela, o tempo todo: o barulho que ela fazia no banheiro pela manhã; a maneira como cantava no chuveiro; o jeito como revirava a bolsa procurando por uma bala. Mil coisas que jamais haviam me incomodado de repente me faziam ferver por dentro. Eu era como um urso com um espinho na pata e sabia que, se não tomasse uma atitude rapidamente, não seríamos mais nem mesmo amigos." ETAM já é bem difícil sem sobrecarregarmos a situação com animosidade desnecessária.

Para algumas pessoas, uma forte atração por alguém no trabalho ou uma amizade que corre o risco de atravessar a linha é o catalisador para a confissão ETAM. Daniel, executivo de 48 anos, descobriu-se atraído por uma colega do escritório. "O final de semana em casa parece cinzento e interminável", ele contou. "Quando percebi que meu coração batia mais depressa na manhã de segunda-feira, enquanto escolhia minhas roupas pensando em agradá-la, eu soube que tinha de fazer alguma coisa." Daniel sofria de ETAM há três anos, mas não disse nada com receio de magoar a esposa. "Eu sabia que um caso era quase inevitável. Se não fosse naquele momento, talvez alguns anos adiante. O que magoaria mais minha esposa? Saber dos meus sentimentos, ou ser enganada e traída?" Mesmo quando "nada aconteceu", é melhor fazer a confissão e explicar quão sério o problema se tornou.

Uma vez tomada a decisão de confessar, não há jeito certo ou errado de fazê-lo. Algumas pessoas preferem marcar um encontro. Assim, tem-se a vantagem de comprometer o casal com a conversa, embora se tenha também a desvantagem de preocupar o parceiro quanto à sua verdadeira natureza. Outra opção é planejar secretamente o cenário para a conversa: certifique-se de que as crianças estarão fora e de que não haverá pequenas distrações, então comece a falar. Isso impede que o parceiro se preocupe antecipadamente e acabe criando uma doença grave, por exemplo, mas permite que ele o interrompa a pretexto de preocupações no trabalho ou indisposições. A terceira alternativa é esperar uma abertura apropriada, como, por exemplo, quando o parceiro pergunta o que está errado. O assunto surge naturalmente, mas essa opção pode se tornar uma desculpa para adiar a conversa... indefinidamente. Por isso recomendo o estabelecimento de uma data-limite para esperar por essa abertura.

Alguns avisos gerais: não aborde o assunto ETAM com raiva, depois de ter bebido ou durante uma discussão; evite o Natal, os aniversários e outras datas comemorativas que sempre trarão de volta lembranças da confissão; lugares neutros, como restaurantes, por exemplo, podem servir de cenário para a conversa, mas evite os favoritos, já que isso pode macular recordações felizes do casal. Seja qual for a escolha, dedique o tempo necessário à conversa: seu parceiro vai querer prolongá-la até entender todos os detalhes. Em muitos casos, a confissão será o início de uma série de conversas.

O elemento mais importante é assegurar que essas conversas sejam 100 por cento honestas. Algumas pessoas com ETAM tentam preservar os sentimentos do parceiro dando as más notícias gradualmente. Essa estratégia não só destruirá a confiança, como também ampliará a dor. Frank, um administrador de 58 anos, não pôs todas as cartas na mesa imediatamente. Ele havia conhecido Christina relativamente tarde e, sem a distração das crianças, o casal pudera se dedicar aos interesses comuns: concertos de música clássica, teatro e caminhadas. Frank sabia que Christina ficaria devastada com a simples idéia do divórcio, por isso deixou que ela alimentasse a esperança de salvar o casamento. Ela começou a recortar artigos úteis, mas Frank não os lia. No final, Christina promoveu o confronto e ele disse a verdade. "Não sou uma criança esperando pelo pônei prometido", ela argumentou. "Foi muito humilhante e, pela primeira vez no nosso casamento, senti que não podia acreditar no que ele dizia."

Outras pessoas com ETAM são sempre econômicas ao tratar do que, em sua opinião, está errado no relacionamento. "Achei que seria mais generoso não dizer a ele quanto me sentia infeliz. Por que esfregar a realidade em seu rosto?", explica Sheila aos 44 anos. "Teria ajudado em alguma coisa se ele soubesse minha opinião? De que adiantaria dizer que ele não cumpre sua parte, que deixa para mim a tarefa de ganhar a maior parte do dinheiro que gastamos; ou que o considero egoísta na cama e que, às vezes, ele me aborrece muito?" Nada disso é fácil de ouvir, mas omitir a verdade priva o parceiro da oportunidade de mudar. Como discutimos anteriormente, evite condenar o caráter do parceiro quando estiver comunicando uma crítica e concentre-se no comportamento indesejado específico, nos sentimentos que ele desperta. Por exemplo, Sheila poderia dizer: "Preciso de mais preliminares", em vez de "Você é um péssimo amante". Mesmo quando mal colocada, a verdade é sempre melhor do que as mentiras bem-intencionadas.

Em outros casos, a pessoa com ETAM tenta ser franca, mas o parceiro prefere minimizar a confissão, seja desprezando sua importância de imediato ou conferindo a ela o tom mais otimista possível. Nessas circunstâncias, recomendo encontrar uma via alternativa de dar a mensagem, como, por exemplo, escrever uma carta ou enviar um e-mail. (Para mais conselhos sobre maneiras mais delicadas e claras de comunicar sentimentos difíceis, veja a *Declaração das três partes* no Capítulo 5.)

E se houver mais alguém envolvido? Um caso torna uma confissão ETAM centenas de vezes mais complexa. O romance minou o relacionamento primário? Trata-se de uma dessas situações ovo e galinha: é tudo muito difícil de esclarecer mesmo anos mais tarde, e impossível de entender sob estresse. Por mais que o ETAM seja um fator contribuinte, o parceiro "inocente" se preocupará primariamente com a traição. Portanto, é melhor confessar primeiro o romance e deixar o ETAM para depois, quando o choque inicial estiver superado. Quando estiver preparado, o outro parceiro vai querer saber o que motivou o envolvimento clandestino, e esse será o momento de falar sobre o ETAM.

O que acontece após a confissão inicial? Provavelmente, você vai sentir um grande alívio: pelo menos o segredo foi revelado e a farsa já não existe mais. No entanto, assim que superar o choque, seu parceiro vai ficar furioso, triste ou até culpado. Os dias seguintes serão dominados pelo drama e, em muitas ocasiões, as idéias que um tinha sobre o outro serão desafiadas e questionadas. Vai ser difícil, mas, no final, essa poderá ser uma oportunidade para o crescimento. Sheila esperava que o parceiro, Robert, se fingisse de morto: "Foi um choque, porque todos os ressentimentos surgiram repentinamente: como eu usava meu salário maior para dar ordens e determinar o que podíamos e não podíamos comprar; como eu me tornara exigente; como nunca o escutava. Ele foi muito mais duro do que eu esperava e, apesar de ter ficado furiosa com tudo que ele me disse, voltei a admirá-lo por isso."

Às vezes, a confissão ETAM pode ser um prelúdio para a reconciliação, especialmente quando um dos parceiros tem a sensação de que tentativas anteriores para salvar o relacionamento foram ignoradas. Jennifer estava infeliz com Bob, um trabalhador da construção civil, por muitos anos, e sentia que estava criando os dois filhos sozinha. "Cada vez que tentava conversar, ele simplesmente se retirava. Era como se uma barreira invisível se erguesse diante dele", ela explicou. "Pensei que pudesse continuar pelo bem dos meninos, mas, certa manhã, simplesmente explodi." Diferentemente do que acontece em muitos relacionamentos ETAM, Jennifer teve de suportar uma linguagem abusiva e, em algumas ocasiões, Bob chegou a esmurrar a parede. "Tive de explicar que gostava muito dele, mas não o amava mais", ela contou. "Acho que ele teria reagido melhor se eu dissesse que o odiava." No entanto, a notícia o pôs em movimento. Em uma semana, ele havia providenciado terapia individual. "Também não gosto da pessoa em que me transformei", ele me contou. Jennifer não sabia o que fazer. Podia mesmo esperar por uma mudança no marido? O primeiro mês foi o mais difícil, mas, uma vez declarada a verdade, Jennifer e Bob descobriram que podiam conversar honestamente e começaram a negociar.

Planejando uma separação experimental?

Geralmente não sou a favor dessa alternativa, especialmente nas primeiras semanas depois da confissão, quando há muito a discutir. No entanto, algumas pessoas julgam ser mais fácil raciocinar quando se afastam das pressões da vida em família, e nas palavras de muitos de meus clientes: "Talvez, se eu me afastar, acabe descobrindo que sinto falta dele/dela."

SE SEU RELACIONAMENTO CHEGOU A UM PONTO CRÍTICO

Certamente, o espaço permite que cada parceiro descubra que questões pertencem a ele pessoalmente e quais são do relacionamento.

- Seu parceiro será provavelmente contra a idéia, temendo que esse seja o primeiro passo para uma separação permanente. Mesmo que você não tenha uma idéia precisa sobre quanto tempo terá de ficar separado, tente dar uma estimativa. Uma separação claramente definida, com objetivos específicos, vai parecer menos ameaçadora do que algo aberto. Um de meus clientes se afastou por um final de semana prolongado, enquanto outro preferiu se ausentar por seis meses. Muitos casais estabelecem um período entre um e três meses.
- E as crianças? Obviamente, depende muito da idade delas e de quanto tempo o pai em questão vai permanecer ausente. Por um lado, se há possibilidade de reconciliação, parece duro preocupá-las desnecessariamente. Mas, por outro lado, estudos sobre o impacto do divórcio em longo prazo demonstram que as crianças sofrem mais quando o rompimento conjugal surge do nada. Em geral, os filhos captam a atmosfera na casa, e a preocupação de não saber é pior do que conhecer todos os fatos.
- É melhor contarem juntos aos filhos sobre a separação experimental. O ato da proximidade física enfatiza que vocês vão continuar cooperando como pais, seja qual for o futuro do casamento. As crianças sempre processam as questões emocionais por meio de preocupações práticas; por exemplo: "Papai vai estar aqui no meu aniversário?" Antes de conversar com as crianças, pense na separação e em como ela as afetará. Assim terá um plano comum com o parceiro. Muitas crianças precisam de tempo para digerir a informação; então, espere que essa seja a primeira de muitas conversas.
- Quando deve começar a separação temporária? Consulte sua agenda e negocie como lidar com as questões sociais do casal no próximo mês. É melhor cancelar os compromissos? Vocês ainda irão juntos, embora estejam temporariamente separados? Só um dos parceiros deve comparecer? Ou devem esperar por certo evento para começar a separação temporária depois dele?
- Comecem a discutir os aspectos práticos do dia-a-dia. Onde vão morar? Que contato deve haver durante o período de separação? É im-

portante planejar encontros para conversar e trocar informações durante esse período. Assim, também haverá o potencial para o namoro recomeçar.

Ouvir a confissão ETAM

"Foi como andar por uma rua silenciosa em uma tarde ensolarada de verão: um vizinho cuidando do jardim, crianças brincando e homens lavando carros. Então, de repente, um carro surgiu da esquina em alta velocidade, subiu na calçada e me atropelou. Meu marido dirigia o carro. O que ele estava fazendo comigo?" Foi assim que Margaret, casada há 17 anos, descreveu o impacto de ouvir o marido confessar: "Gosto de você, mas não a amo mais." Como em um acidente de automóvel, ela ficou chocada, desorientada, confusa e muito amedrontada. E continuava pensando: "Deve haver algum engano" e "O que faço agora?". Mas, diferente de um acidente automobilístico, não havia ambulância ou pessoas oferecendo uma xícara de chá.

Embora a situação possa parecer terrível, há sempre um enorme benefício: todos os problemas do relacionamento agora são conhecidos. O trabalho para refazer a Ligação Amorosa já pode começar. Mas, antes, você deve lidar com o impacto da confissão ETAM. Depois de um acidente, o primeiro passo é verificar o carro e examinar os danos. O mesmo acontece quando você ouve o parceiro dizer que não está mais apaixonado por você. Em primeiro lugar, ele está dizendo a verdade? Quando um casal está envolvido há poucos meses, um dos parceiros pode tentar romper o relacionamento usando ETAM. Assim, ele espera amenizar o golpe, em parte por não querer magoar a outra pessoa, em parte para aliviar a própria culpa. Para ser bem honesto, duvido que essas pessoas conheçam o verdadeiro significado do amor, e todas as suas declarações anteriores devem ser consideradas com cuidado e reserva.

O segundo conjunto de circunstâncias nas quais ETAM pode ser um disfarce útil é quando um dos parceiros está tendo um caso. Essas pessoas acreditam que a má notícia deve ser dada em doses homeopáticas. "Imaginei que ele não ficaria tão zangado se eu escondesse o caso por alguns dias", explicou Jill, professora de ginástica de 38 anos, "porque meu amante não era a causa dos problemas, mas somente um sintoma". É comum que em um rompimento entre celebridades o casal negue a existência de uma terceira pessoa, mas, dias depois, um fotógrafo flagra um dos parceiros com sua lente potente. O outro parceiro se sente duplamente traído, primeiro pela traição propriamente dita, depois pela mentira. Em outros casos, não há um romance, mas o parceiro se dedica a uma "amizade imprópria", seja pela Internet ou com algum colega do trabalho. Aqui vão algumas perguntas para descobrir uma amizade imprópria:

- Você tem conversado com alguém sobre assuntos pessoais?
- Tem telefonado ou enviado e-mails para alguém simplesmente para conversar?
- Tem ido almoçar ou tomar um drinque depois do expediente com alguém?
- Alguém está se tornando mais do que amigo?
- Você tem tocado alguém com intimidade?

Depois de se satisfazer com os fatos por trás do ETAM, a próxima etapa é buscar algum tipo de ajuda. Fale com um membro da família ou com um bom amigo que possa ouvi-lo e oferecer apoio, em vez de tentar assumir o comando. Alguns parceiros que ouviram a confissão ETAM sentem-se desleais relatando-a a outras pessoas. No entanto, a estrada de volta para um relacionamento saudável pode ser longa e árdua, por isso, ter apoio de qualidade é muito importante.

Na tentativa de obter o controle e dominar a situação, o parceiro abandonado vai ampliar sua fraqueza e prometer mudar da noite para o dia. Quando Tony revelou a Maria seu sentimento ETAM, também confessou estar infeliz com sua vida sexual. Ela se agarrou a esse detalhe da informação, leu um milhão de livros e prometeu um futuro melhor. Maria estava determinada, cobrindo Tony de amor e esperando reconquistá-lo. Com receio de constrangê-lo diante dos amigos, Maria guardou os problemas em segredo. Foi uma decisão atenciosa, considerada, mas contraproducente. Os amigos a teriam impedido de assumir toda a culpa e humilhar-se. Lembre a primeira de minhas *Três regras das disputas no relacionamento* (veja Capítulo 3): Todas as discussões são "seis de um e meia dúzia do outro". Tony precisava assumir a culpa por não ter falado antes e também aceitar a responsabilidade pela vida sexual inadequada do casal.

Depois de verificar o dano e obter ajuda, o terceiro passo para se recuperar do golpe de ouvir a confissão ETAM é ficar zangado. Após uma breve explosão de fúria, muitas pessoas que foram abandonadas tornam-se chorosas, ou gentis demais, ou muito generosas, e muitas tentam reduzir a importância da notícia. Embora o choque e a negação sejam respostas naturais a uma catástrofe, e não é um termo exagerado para algo que põe em risco relacionamentos, famílias e lares, essas reações podem impedir o casal de realmente tratar o problema. Por outro lado, a raiva vai trazer à tona dificuldades, preocupações e desejos. Ela também mostra ao parceiro que você se importa, que encara os problemas com seriedade e realmente quer fazer o relacionamento funcionar. Sem a raiva, o instinto básico é dizer: "Vai ficar tudo bem", ou "Vou me esforçar mais", enfim, uma dessas respostas "delicadas", mas desprovidas de paixão e sentimento, capazes de drenar todo o amor do relacionamento. Se você tem dificuldade para acessar sua raiva, converse com um parente ou amigo que o apóie ou veja "Incapaz de ficar furioso?" no final deste capítulo.

Próximo passo: começar a pensar nas mudanças de que *você* gostaria. Isso surpreende muitos clientes que preferem continuar voltando todos os holofotes para o parceiro. Maria era particularmente relutante em tratar dos próprios assuntos: "Se eu contar meus problemas, ele vai pensar que a situação é irremediável. Não, tenho de me concentrar no positivo." Mas isso pode ser interpretado como desprezar a crise ou, pior ainda, não ouvir realmente. Depois de algum incentivo, Maria começou a pensar também nas próprias necessidades. "Tony é muito fechado; quase nunca sei o que ele está pensando", ela explicou. "Quando ele não divide seus pensamentos comigo, não tenho vontade de dividir meu corpo com ele." Finalmente, Maria e Tony tinham algo de concreto para resolver e que poderia melhorar a Ligação Amorosa. O relacionamento começou a mudar. Tony falava sobre seu dia ao voltar do trabalho, enquanto Maria experimentava dicas de sua revista, como, por exemplo, manter contato visual durante o ato de amor (em vez de fechar os olhos ou virar o rosto). Na semana seguinte, Maria e Tony voltaram ao consultório sorridentes.

SE SEU RELACIONAMENTO CHEGOU A UM PONTO CRÍTICO

Ele havia falado e ela havia olhado, e se sentiam mais íntimos do que em muitos anos.

O plano surtiu efeito para Tony e Maria, por ter preenchido três requisitos básicos:

- *As necessidades foram expressas de forma positiva.* Quando você diz ao parceiro, por exemplo, "Você não fala comigo", não importa com que gentileza seja feita a afirmação, ele a ouvirá como uma crítica. A resposta natural à crítica é colocar-se na defensiva ou atacar. No entanto, uma solicitação positiva como "Gostaria de saber mais sobre seu trabalho" é um convite a uma resposta positiva.
- *Eles fizeram uma solicitação concreta.* Alguns pedidos, mesmo sendo positivos, fracassam porque o outro parceiro não imagina por onde começar. Por exemplo: "Gostaria que passássemos mais tempo juntos" é bom, mas quanto tempo, com que freqüência e o que o casal vai fazer? Oponha essa colocação a: "Gostaria de que fôssemos juntos levar o cachorro para passear no sábado de manhã."
- *Era pouco e fácil de fazer.* Em vez de propor algo ambicioso, como uma nova posição sexual ou uma lingerie sexy, Maria concordou com algo que, sabia, seria realizável: manter contato visual durante o ato de amor. Em vez de conversas íntimas sobre amor e objetivos do relacionamento, Tony aceitou falar sobre um assunto mais neutro: seu trabalho.

Para ler mais sobre estabelecer metas positivas, veja "Acentue o positivo" na seção de exercícios.

E se meu parceiro propõe uma separação experimental?

- É mais fácil trabalhar no relacionamento quando os dois vivem sob o mesmo teto, por isso, certifique-se de que seu parceiro está mesmo determinado a partir, em vez de estar apenas cogitando essa possibilidade.
- Infelizmente, é impossível manter em casa alguém que está determinado a partir, e resistir ao inevitável logo se tornará contraproducente. O foco deixará de ser o ETAM de seu parceiro e passará a ser seu "comportamento impossível".

TER A CONVERSA "EU AMO VOCÊ, MAS"/OUVIR A CONFISSÃO "EU AMO VOCÊ, MAS"

- Sei que é difícil, mas concordar com uma separação experimental o coloca em melhor posição do que você estará se seu parceiro simplesmente sair de casa irritado. Portanto, aceite a separação, mas antes peça um mês de convivência para digerir a proposta e trabalhar alguns dos *Sete passos*... "Quando Frank me falou sobre a separação temporária, eu fiquei arrasada, e confesso que fiz de tudo para impedi-lo de sair de casa, incluindo chantagem emocional", confessou Christina. "No final, não consegui mudar seu pensamento. Sim, ele ficou, mas estava infeliz e aquela situação não ia melhorar seus sentimentos por mim. Se o amava, e eu o amava muito, tinha de deixá-lo ir." Esse ato de generosidade colaborou para que Frank e Christina encontrassem um compromisso: uma separação temporária, mas nesse período eles se veriam muito.

- Examine os aspectos práticos: Para onde irá seu parceiro? Que escolhas seriam aceitáveis? O que seria inaceitável? Com que freqüência vocês se encontrariam? Minha sugestão é solicitar ao menos um "encontro" por semana, e me refiro com isso a algumas horas fazendo algo agradável, só vocês dois. Se vocês têm filhos, aproveitem a oportunidade para promover situações familiares. Com que freqüência deve haver contatos por telefone e em que circunstâncias? Não espere para começar a discutir essas questões práticas quando o parceiro estiver partindo, porque a disposição para colaborar com o período experimental vai servir para mostrar ao parceiro que sua concordância é genuína.

- Coloque todas as "regras" da situação de modo que não haja espaço para mal-entendidos. Aconselhei casos em que um parceiro acreditava estar livre para sair com outras pessoas enquanto o outro parceiro acreditava que ainda estavam empenhados em trabalhar pelo relacionamento. Se os dois lados têm uma compreensão clara da separação temporária, esse tipo de amargura pode ser evitada.

- Por quanto tempo deve durar a separação? Não há regras fáceis, mas será mais fácil suportar o período se você souber quanto tempo ele vai durar. Seu parceiro provavelmente não será capaz de dar uma idéia sobre o tempo de que precisa. Se for esse o caso, eu o aconselho a sugerir um período. Três meses, por exemplo. Muitas pessoas dirão que "É muito tempo", ou "Preciso de mais do que isso". Insista até vocês chegarem a um denominador comum. Seu parceiro pode continuar resistindo à fixação de um período, e é realmente difícil prever como um de vocês ou ambos vão se sentir. Então, considerem o término de um período de separação experimental como um encontro marcado no qual terão uma discussão mais profunda, não como uma decisão definitiva sobre reconciliação ou separação de fato. ETAM precisa de tempo, e é sempre melhor renegociar um período mais longo do que forçar uma solução prematura.

E se meu parceiro já partiu?

- Nem tudo está perdido. As idéias deste livro podem ser usadas nas ocasiões em que tiverem contato. Especificamente, veja o Capítulo 9, *A teoria dos Pontos de Desequilíbrio*.
- Mantenha abertos os canais de comunicação. Meu conselho é tentar o oposto do que você fez antes, já que isso trará ar fresco ao relacionamento. Se sempre conversaram em casa, saiam para tomar um café, por exemplo. Se conversavam em restaurantes, peçam comida em casa. De fato, façam qualquer coisa para modificar a velha dinâmica.
- É importante não entrar em pânico e afastar ainda mais o parceiro. Leia as sugestões no próximo capítulo (*Lidar com o cotidiano*) antes de tentar quaisquer estratégias de resgate do relacionamento.

Resumo

Confessar ETAM
- Quanto mais tempo você esperar, mais difícil será para seu parceiro.
- Certifique-se de ser tão honesto quanto possível. Qualquer tentativa de dissimulação só magoará ainda mais o parceiro.
- Espere o inesperado, mas prepare-se para conversar — provavelmente mais do que nos últimos tempos que passaram juntos.
- Se precisar de uma separação experimental ou de algum "espaço" para pensar, dê ao parceiro uma imagem clara e detalhada de suas necessidades.

Depois de ouvir uma confissão ETAM

- Cada um reage de um jeito à má notícia; não há maneira certa ou errada.
- Em vez de focar a insatisfação do parceiro e tornar-se presa de suas oscilações de humor e disposição, comece a pensar no que ele precisa fazer para reconquistá-lo também. Essa mudança de atitude vai impedir que você resvale para a depressão e vai proporcionar direção à sua vida.
- Apesar de extremamente dolorosa, uma confissão ETAM pode ser o começo de um relacionamento mais aberto e satisfatório no âmbito emocional.

Exercícios

Planeja confessar?

Pense nas últimas más notícias que teve de dar ou ouvir. Talvez tenha dito a um subordinado que seu trabalho se tornou insatisfatório, ou é possível que você mesmo tenha ouvido essa declaração. Talvez, quando você era mais jovem, seus pais se separaram, ou você se lembra de ter sido informado sobre a morte de um avô? Se você é homossexual, que tal pensar em como deu a notícia a seus pais? Anote todas as coisas que tornaram mais fácil dar ou ouvir más notícias; em seguida, pense em tudo que tornou a experiência mais dolorosa. Isso vai gerar uma relação de atitudes que devem ou não ser tomadas, e embora esses não sejam fatores precisos de previsão para sua confissão, o processo pode ajudá-lo a se preparar.

Acentue o positivo

Em geral, é mais fácil dizer o que *não* queremos do que pedir o que *queremos*. É por isso que, quando tentamos melhorar a situação com o parceiro, acabamos nos queixando ou simplesmente descrevendo o problema.

1. Examine essas queixas típicas e veja se pode transformá-las em assertivas, depois encontre uma solicitação para um objetivo pequeno,

porém concreto. (Algumas possíveis respostas podem ser encontradas no Apêndice, no final deste livro.)

- Por que tenho sempre de resolver?
- Quer parar de me tocar?
- Você nunca toma a iniciativa no sexo.
- Você está sempre fora com seus amigos.
- Detesto quando você me evita.
- Você é muito crítico.
- Por que não consegue relaxar?
- Por que não telefonou?
- Você não faz nada com as crianças.
- Não passou da hora de você consertar a luz do corredor?

2. Pense nas queixas que tem de seu parceiro e escreva as três principais, transformando-as em solicitações positivas: o que você quer, em vez daquilo que não quer. Se não consegue encontrar um objetivo concreto, pergunte a si mesmo: Como saberei quando esse objetivo for alcançado?

Exemplos
Queixa: *Você faz cara feia e fica de mau humor para conseguir o que quer.*
Solicitação positiva: *Por favor, diga-me diretamente quando discordar.*
Como saberei quando isso for alcançado? *Quando pudermos ir fazer compras juntos e felizes.*
Objetivo concreto: *Vamos escolher juntos as novas torneiras para a cozinha.*

Queixa: *Sou sempre a força propulsora.*
Solicitação positiva: *Não deixe todas as decisões para mim.*
Como saberei quando isso for alcançado? *Quando meu parceiro organizar uma noite fora.*
Objetivo concreto: *Planejar ativamente as férias juntos.*

Incapaz de ficar zangado?
Se você se descobre "muito gentil" com alguém que declarou ETAM, aqui vai uma lista de meus sete maiores propulsores da raiva. Escreva

aqueles que se aplicam a você em um cartão e mantenha-o sempre à mão. Na próxima vez em que se sentir choroso ou deprimido, esse cartão vai proporcionar o gatilho para a raiva que o manterá em movimento.

1. Ele/ela disse que não me ama mais.
2. Ele/ela guardou os sentimentos por muito tempo.
3. Ele/ela pôs em risco nosso relacionamento.
4. Qual é o impacto sobre nossos filhos/amigos/família?
5. Sinto que me esforço mais do que ele/ela para salvar esse relacionamento.
6. O que deu a ele/ela o direito de me rejeitar?
7. Ele/ela pode desejar se envolver com outras pessoas. Como lidarei com isso?

Você consegue pensar em três propulsores mais pessoais? Mesmo que seja algo aparentemente barato, como "Depois de eu ter usado a herança que recebi de minha mãe para comprar um carro novo para ele" ou "Depois de ter ido buscá-la às 3 horas da madrugada na noite em que ela saiu com as amigas". Não tente racionalizar os sentimentos. Escreva-os em seu cartão.

Capítulo 12

Lidar com o cotidiano

Depois do choque inicial causado pelo ETAM, um casal sempre se verá tomado por um milhão de perguntas: "O que vai acontecer?", "E se...?", "Como vamos lidar com isso?" É claro que raramente há respostas simples; as discussões sobre o futuro andam em círculos e a dor parece nunca arrefecer. Então, o que pode ser feito? A primeira parte deste livro oferece uma estratégia de longo prazo para resgatar um relacionamento, mas o que acontece nesse meio-tempo? Este capítulo contém material menos relevante para você que deixou de estar apaixonado, mas traz interpretações valiosas para o estado de espírito de seu parceiro. O próximo capítulo trata da culpa, a questão que mais afeta as pessoas com ETAM nas primeiras semanas e meses depois da confissão. Seja qual for seu lado do ETAM, procure ser generoso com o outro. Esse é um momento difícil tanto para o parceiro que faz as perguntas quanto para o que não tem as respostas adequadas.

O maior medo de alguém que ouve a confissão ETAM é de que o relacionamento venha a acabar; o medo é tão intenso que empurra para longe quase todas as outras questões e dúvidas. Esse problema se multiplica por cem quando o parceiro pede uma separação temporária. Gary, professor do ensino fundamental, viu-se perdido quando a parceira de cinco anos, Nicola, decidiu ir para a casa da mãe. "Tive medo de que ela jogasse Nicola contra mim. Tive medo do que os amigos dela iriam pensar; tive medo de não poder pagar as contas do apartamento sozinho; tive medo de nunca mais poder saborear a polenta assada com salada de queijo de cabra novamente." Para piorar a situação, Gary se perdia em lembranças dos tempos felizes juntos, na dor do presente e no vácuo que agora havia onde antes existia o futuro. No trabalho, Gary sempre fora competente ao lidar com emergências, mas passou a se sentir completamente incapaz. De fato, ele enfrentava os dois maiores desafios de alguém que vive uma separação temporária: preocupação e análise em exagero. Embora as duas coisas surjam em dupla, e uma alimente a outra, elas são sutilmente diferentes. Enquanto a preocupação trata do que vai acontecer no futuro, a análise exagerada costuma enfocar o que aconteceu no passado imediato. Então, o que pode ser feito para impedir que esses inimigos gêmeos o dominem?

Começando pela preocupação, o primeiro segredo é dividir o futuro em porções digeríveis. Em vez de se angustiar — sempre desnecessariamente — com um amanhã distante, tente concentrar-se em cuidar das poucas semanas seguintes. Essa abordagem ajudou Gary: em vez de se deixar imobilizar pela perspectiva de passar meses e meses de finais de semana vazios sem Nicola, pedi a ele para pensar no final de semana seguinte. Quando aconteceriam os momentos perigosos? Ele jogava futebol no sábado de manhã, então, esse seria um período livre de problemas. E o sábado à noite? Ele decidiu combinar um drinque com um velho amigo de escola. O almoço de domingo era outro problema, por isso ele se convidou para ir à casa dos pais. Na tarde de domingo ele estaria preparando as aulas da semana, então, seria até proveitoso estar sozinho em casa. Assim que Gary fracionou o final de semana, tudo pareceu mais fácil, até ele deixar seu foco vagar novamente. "E as férias de verão?" Normalmente eu seria solidário à angústia daquele homem, mas, em uma crise, é vital concentrar-se no presente. "Não é sua responsabilidade pensar nisso no momento", eu disse. "Seu trabalho é enfrentar a próxima semana."

A segunda sugestão é reunir fatos, pois isso o impede de se preocupar em um vácuo. Visite um Bureau de Orientação do Cidadão ou procure um advogado. Muitos fornecem a primeira consulta gratuita ou taxas reduzidas, e assim você vai saber qual é sua real situação financeira e legal. Depois, procure um amigo que possa servir de base sólida e ajudá-lo a superar seus medos irracionais. Idealmente, esse amigo deve ser alguém que o escute e não se ofereça para entrar na crise, porque isso só vai complicar ainda mais a situação.

Terceiro, compreenda que todo mundo se preocupa. É uma resposta sensata e natural. O objetivo deve ser preocupar-se menos com questões que escapam a seu controle, como "Ele vai telefonar?", ou, "Ela vai querer me ver no final de semana?", e ocupar-se mais com as coisas que você pode modificar diretamente, como seu comportamento. Durante a separação experimental de Gary e Nicola, Nicola organizou um churrasco em um domingo para comemorar seu aniversário. Ela convidou Gary, os pais dele e vários amigos do casal. Infelizmente, o pai de Nicola insistiu em preparar a carne à sua maneira. "Nicola perdeu a paciência e entrou em casa furiosa. Meu primeiro impulso foi ignorar o incidente, embora eles estivessem gritando um com o outro", Gary contou, "mas então percebi que essa sempre havia sido minha atitude, e minhas atitudes anteriores haviam me levado a ponto de quase ter de suplicar para ser convidado para o aniversário de minha parceira! Eu precisava mudar, mas como?" Ele decidiu fazer algo diferente e a seguiu para dentro da casa. "Ouvi todas as queixas dela sobre o pai, e Nicola chorou um pouco. Eu continuava pensando: *O que eu teria feito antes?* Provavelmente, teria me oferecido para ir falar com ele. Então, disse a mim mesmo: *Tente algo diferente.* Por isso me limitei a ouvi-la, e acho que foi suficiente." A festa de aniversário foi um momento crucial para Gary e Nicola, um ponto de transformação. Enquanto a atitude de Gary sobre encontrar uma abordagem diferente para as coisas que havia feito no passado nem sempre surtisse grandes efeitos positivos, funcionava bem para tirá-los do relacionamento estagnado. Mais importante, talvez, ele deixou de se preocupar com o que Nicola faria em seguida e concentrou-se, em vez disso, em como ele poderia ser diferente.

Depois da preocupação, o segundo problema mais comum é a análise excessiva. É difícil encontrar benefícios no ato de se preocupar, mas a capacidade de analisar um problema é sempre benéfica. No entanto, o estresse de uma separação indesejada, ou a ameaça dela, pode transformar a introspecção útil em pensamentos negativos e, em vez de interpretações novas, teremos apenas uma lente distorcida para o mundo. A pessoa que está tentando salvar o relacionamento começa a bancar o detetive: está sempre lembrando telefonemas em busca de pistas, dissecando como foi uma reunião com o parceiro, reunindo todos os fatores no esforço de compor um cenário maior. Analisar demais traz à tona um milhão de ângulos de uma mesma

LIDAR COM O COTIDIANO

questão, até que o sujeito não consegue mais pensar direito e se torna cronicamente indeciso, ou entra em pânico em virtude de suas más escolhas.

Então, como determinar quando acaba a introspecção saudável e começa a análise excessiva? A primeira vai englobar, normalmente, todo o tempo do relacionamento, enquanto a segunda se focará em eventos dos últimos meses, sempre com a exclusão de todo o restante. Enquanto a introspecção saudável vai propor novas estratégias para curar um relacionamento, a análise excessiva anda em círculos, terminando em nada. Zoë passou a pensar muito depois de Murray dizer a ela que não a amava mais, e muitas de suas conclusões ajudaram a melhorar o relacionamento. No entanto, quando foi solicitada a abrir espaço para que o parceiro pudesse pensar, Zoë entrou em pânico. "Tudo passou a ser uma indicação de que ele voltaria para mim ou não. Quanto tempo até responder à minha mensagem de texto? Ele queria almoçar comigo no domingo? Relatórios de um amigo comum sobre seu estado de espírito passaram a ter importância crucial. Se ele parecia estar sentindo minha falta, eu caminhava nas nuvens. Se estava cansado e queria ir para casa cedo, eu passava dias deprimida." Se Murray telefonava nesses dias de depressão, ela perdia a paciência e o atacava, apesar da alegria de ouvir a voz dele. Em nossas sessões de terapia, Zoë aprendeu a desistir de tentar buscar significados mais profundos por trás do comportamento de Murray, relaxar e aproveitar o tempo que tinha com ele. Então, qual é o segredo?

Fase 1: *perceber que analisar demais não é construtivo.* As pessoas insistem nisso porque sentem que estão obtendo grandes interpretações e removendo seus óculos de lentes rosadas. Mas, com freqüência, alguém que analisa demais acaba se sentindo mal com relação a si mesmo ou ao parceiro. Na próxima vez em que se pegar analisando excessivamente algum assunto, ponha um sinal mental de "pare" diante de seus olhos e distraia-se com alguma coisa agradável, como exercício físico ou um hobby; brinque com as crianças ou leia uma revista. Oito minutos de distração são suficientes para melhorar a disposição e evitar pensamentos depressivos.

Fase 2: *Reorganizar seus pensamentos.* Diga a si mesmo que não está evitando os problemas, mas adiando-os para um momento melhor. Quando o momento reprogramado chegar, você provavelmente vai sentir que tudo parece menos impressionante, ou o problema simplesmente desapareceu. Essa reprogramação é especialmente importante à noite, já que é melhor evitar pensamentos inquietantes antes de dormir.

Fase 3: *Deposite seus pensamentos no papel.* Não se censure. Como num ditado, escreva tudo. Depois releia as anotações e sublinhe apenas os eventos concretos, não suas interpretações. Continue retomando esses fatos. Discuta-os com um amigo prático que vai procurar soluções, em vez de ser solidário e avivar as chamas da análise excessiva.

Fase 4: *Procure por simplicidade.* Em muitos casos, a interpretação mais direta dos eventos é sempre a melhor. Por exemplo, Murray provavelmente não respondeu à mensagem de texto de Zoë porque estava em uma reunião, não por alguma outra razão sinistra.

Em minha experiência, pessoas que analisam demais se enquadram em três padrões principais: o furioso, que acaba culpando outras pessoas (como Zoë); o autocrítico, que culpa a si mesmo; e o inundado, que é sobrepujado e acaba se tornando deprimido. Há um questionário na seção de exercícios deste capítulo ("Você é propenso à análise excessiva?) para diagnosticar se você sofre ou não de excesso de análise e, em caso positivo, em que categoria se encaixa. Cada categoria tem dicas e conselhos especiais.

Durante uma separação temporária

Meus clientes sempre perguntam sobre o provável desfecho de uma separação temporária. É difícil saber como responder, primeiro porque não há estatísticas e, segundo, porque cada caso é diferente. Para algumas pessoas, uma separação temporária pode ser muito construtiva. Quando Simon, um advogado de 50 anos, deixou a esposa Margery para "ter um tempo para pensar", ela reagiu com coragem. "Nós nos encontrávamos de tempos em tempos, para que eu pudesse entregar a ele a correspondência e coisas desse tipo. Uma vez perguntei se eu o veria no final de semana, e ele me disse que tudo iria depender de como transcorreria aquele encontro. Fiquei furiosa. Eu me levantei no restaurante e disse a ele que não queria ser julgada. Ele ficou muito agitado e pediu desculpas. Não havia percebido que era esse meu sentimento. Quando refleti, concluí que ele devia estar certo, porque normalmente dizia a Simon o que ele queria ouvir." Mesmo acuada, lutando pelo relacionamento, ela decidiu que a melhor alternativa era a honestidade. Margery entrou em contato com sua raiva e descobriu que ela impedia Simon de passar por cima dela.

Já Erin, dona de casa de 31 anos cujo marido havia saído de casa após sete anos de casamento para "organizar as idéias", sentiu-se um completo fracasso: "Eu havia colocado minha família no centro de tudo. Todos acreditavam que fôssemos uma família maravilhosa, mas, por dentro, eu me sentia desvalorizada." O sentimento de rejeição pode ser pior se a perda presente se mistura a outra passada. A mãe de Erin havia morrido quando ela era adolescente, e muitos dos antigos sentimentos de abandono retornaram quando o marido saiu de casa, mesmo que tenha sido só por algum tempo. Enquanto ela estava estressada, era inútil tentar lidar com essa dor do passado; a prioridade deveria ser a superação da crise imediata. Era importante amenizar a dor sem permitir que ela retornasse ao comportamento adolescente. (Para outros conselhos, veja "Vença a tristeza" na seção de exercícios.) Por melhor ou pior que seja sua separação temporária, não se deixe tentar tomar decisões de longo termo nos primeiros três meses. Você vai estar em choque e esse não será o melhor momento sensato. Mas esteja certo: vai ficar mais fácil.

E se meu parceiro está se afastando?

A primeira opção é tentar se comunicar de um jeito diferente.

- Se vocês costumam falar frente a frente, escreva uma carta.
- Como uma alternativa, poucas palavras podem surtir melhor efeito do que muitas, especialmente se você é alguém que normalmente escreve cartas de oito páginas. Comprar um cartão, enviar uma mensagem de texto ou rabiscar com o batom no espelho do banheiro pode fazer seu parceiro prestar atenção.
- Se vocês raramente conversam pelo telefone ou trocam e-mails, essas podem ser outras opções.
- Em outras palavras, qualquer coisa que surpreenda o parceiro ou o impeça de continuar pensando "De novo isso, de novo isso" e desligar.

Se as alternativas anteriores falharem, recue e desista da perseguição.

- Se o parceiro está tentando entender por que deixou de amar, não será útil interrogá-lo constantemente.

SE SEU RELACIONAMENTO CHEGOU A UM PONTO CRÍTICO

- Ficar sempre repetindo para o parceiro que você ainda o ama é contraproducente. Ele provavelmente vai responder: "Eu sei", o que não vai servir para trazer de volta a segurança que você está buscando e ainda reforça na mente do parceiro a falta de sentimentos.
- Tenho evitado os estereótipos ligados ao gênero, como mulheres que gostam de discutir um problema e homens que preferem se trancar no banheiro para pensar nos problemas, porque conheci muitos homens que querem conversar e mulheres que preferem se retirar. No entanto, vale lembrar que os clichês contêm uma grande dose de verdade. Você tem pedido a seu parceiro para responder de alguma forma que faça você se sentir confortável de imediato, mas desconfortável depois?
- Se seu parceiro é falante, convide-o a desabafar. Se já fez isso antes e não obteve bons resultados, tente novamente, porque é possível que o parceiro não tenha levado a sério sua primeira tentativa, ou sua oferta tenha sido hesitante demais para transmitir credibilidade.
- Se seu parceiro é um pensador, dê a ele ainda mais espaço. Você pode até pensar que já fez isso, mas, da perspectiva dele, ainda pode parecer que você o está pressionando ou exigindo demais.
- Mime-se. Faça um novo corte de cabelo ou passe um dia cuidando da beleza, qualquer coisa que mude o foco em relação ao parceiro para você mesmo.
- Faça algo que aprecie, em vez de fazer apenas coisas que trarão o parceiro de volta.
- Tente aproveitar a vida. Sei que pode soar difícil, especialmente depois de sua vida ter desmoronado, mas com quem seu parceiro vai querer conviver? a) com alguém que passa o tempo todo choramingando e não sai de casa; ou b) com alguém animado e dedicado a fazer coisas interessantes?

O que devo fazer se meu parceiro dá sinais de comprometer-se outra vez com o relacionamento?

- Se você encontrou forças para recuar e dar novo foco à sua vida, provavelmente terá atraído o interesse do parceiro, e é possível que ele esteja fazendo perguntas.

- Não fique muito animado ou entusiasmado. Esses primeiros dias de reconexão são parecidos com os primeiros dias de namoro, quando é melhor ser afetuoso e encorajador do que se atirar sobre o outro.
- Aceite alguns convites para passar algum tempo com ele, mas não todos, e nunca cancele compromissos assumidos anteriormente.
- Mantenha os encontros leves e divertidos. Como em um namoro, não se aprofunde cedo demais.
- Espere o parceiro abordar assuntos difíceis — como o relacionamento ou o futuro — e não diga "Eu amo você" antes dele, porque isso representa um convite a uma resposta para a qual o parceiro pode não estar preparado.
- Se em algum momento seu parceiro começa a recuar, verifique se não o está assediando novamente e dedique-se mais uma vez a dar novo foco à própria vida.
- Mantenha a calma até ter absoluta certeza de que o parceiro também está interessado.

Resumo

- Este capítulo foi dedicado principalmente a alguém que ouviu a confissão ETAM, mas o próximo tratará dos parceiros.
- Se você tem propensão a se preocupar demais, fracione os assuntos em pequenas partes e concentre-se naqueles que pode controlar.
- O excesso de análise pode ser tão destrutivo quanto negligenciar o relacionamento. Isso se enquadra em três tipos distintos: raiva, autocrítica e inundação.
- Se o parceiro parece estar se afastando, é hora de tentar outra estratégia.
- Aceite as vantagens de viver o momento. Afinal, só podemos mudar realmente o que acontece no presente.

Exercícios

Pare de se preocupar

O segredo é viver em compartimentos isolados, e não se inquietar desnecessariamente com um futuro distante.

1. Faça uma lista de todas as suas preocupações, depois elimine aquelas que não são relevantes para o próximo mês. Se você se sente muito positivo, tente transferir as preocupações para a próxima semana, apenas.
2. Examine as preocupações que restaram, escreva ao lado delas as atitudes práticas que pode tomar para solucioná-las.
3. Se a resposta for "nada", faça um acordo com você mesmo e recuse-se a pensar naquela preocupação por meia hora. Respire um pouco de ar fresco. Uma caminhada pode melhorar o ânimo e ajudá-lo a pensar na situação com mais clareza.
4. Pergunte a si mesmo: honestamente, o que pode acontecer de pior? Prepare-se para aceitar o pior caso possível e, em seguida, invista sua energia em melhorar esse panorama com calma.
5. Evite cafeína e açúcar e reduza o consumo de álcool e cigarros; esses são estimulantes que farão sua mente girar ainda mais depressa.
6. Se não consegue dormir, imagine suas preocupações no pedaço de papel. Diga a si mesmo: não há nada que eu possa fazer agora. Em seguida, imagine a si mesmo amassando o papel e atirando-o em um buraco imaginário dentro de sua cabeça. Repita o exercício várias vezes até se sentir mais calmo.

Você tende ao excesso de análise

Embora o questionário seja um pouco divertido, ele também tem um lado sério. Vai ajudá-lo a descobrir seu estilo de análise e oferecerá alguns conselhos especialmente direcionados.

1. Você tem uma discussão violenta com o parceiro e se pega usando todos aqueles insultos que havia prometido nunca mais repetir. Você pensa:
   a) Em todas as outras formas pelas quais já desapontou seu parceiro.
   b) Eu devia me desculpar, mesmo que no fundo acredite estar certo.

LIDAR COM O COTIDIANO

c) A culpa é dele por me provocar.

d) Discussões acontecem até nas famílias mais equilibradas.

2. Você faz um esforço todo especial para seduzir seu parceiro no quarto, mas ele vira para o lado e começa a roncar. Você pensa:

a) Se ele não está interessado em mim, deve haver outra pessoa. Eu sabia que aquela nova colega de trabalho seria um problema.

b) Considerando a importância que dou a isso, é um milagre que alguém ainda se interesse por mim.

c) Meu parceiro também não me agradece por ter preparado o jantar; ele nunca dá importância a isso. Por que fui me interessar por alguém tão egoísta?

d) Meu parceiro deve estar trabalhando demais.

3. Durante uma conversa por telefone com seu parceiro, há uma série de silêncios incômodos. Mais tarde você se descobre pensando neles. Você pensa:

a) Por que não conseguimos nos entender, e por que fico sempre tirando conclusões erradas sobre tudo? Será que consigo me dar bem com alguém?

b) Se eu pudesse ser mais tolerante, talvez ainda conseguíssemos ser amigos.

c) Por que tenho de fazer todo o trabalho?

d) Não vou deixar isso estragar meu dia.

4. Durante a separação temporária, um de seus melhores amigos organiza um jantar para comemorar seu aniversário, mas não convida você nem seu parceiro. Qual é sua reação?

a) Todos estão falando de mim pelas costas e decidiram me excluir deliberadamente?

b) Você telefona para o membro do grupo de quem é mais próximo e tenta descobrir se fez alguma coisa que tenha aborrecido o anfitrião?

c) Eu não queria ir mesmo.

d) Meu amigo não deve ter lugares para todos à mesa, ou talvez tenha ficado constrangido diante da idéia de convidar só a mim.

5. Seu parceiro comenta que a mãe ficou muito quieta quando ouviu a notícia sobre seus problemas. Tentando manter o clima leve, você brinca: "Tem certeza de que ela não foi trocada pela mãe de outra pessoa?" Seu parceiro ri. Porém, mais tarde, você pensa:

   a) Ele vai ficar aborrecido por eu ter menosprezado a opinião de sua mãe e não tê-lo apoiado. Pior ainda, nunca mais vai me contar nada.

   b) Estou sempre me precipitando. Preciso aprender a pensar antes de falar.

   c) Ela merecia isso e muito mais; vive criticando tudo e todos que cruzam seu caminho.

   d) Se meu parceiro estivesse aborrecido com meu comentário, teria falado alguma coisa a respeito disso.

6. O que se aproxima mais de seu lema pessoal?

   a) Há mais perguntas do que respostas.

   b) Devo me esforçar mais.

   c) Por que todo mundo está sempre me escolhendo?

   d) O que você não sabe não pode atingi-lo.

7. Seu parceiro deixa um bilhete pedindo para você ir encontrá-lo à noite. O que você pensa:

   a) Como vou dizer à família que estamos nos separando, e como vou encontrar outra pessoa que me interesse?

   b) Você revê mentalmente todas as conversas mais recentes e tenta entender o que fez para aborrecer o parceiro.

   c) A culpa é toda dele. Como pode esperar lealdade me tratando desse jeito?

   d) Logo vou descobrir qual é o assunto.

Mais a = Análise inundada

Em sua cabeça os pensamentos têm ligações lógicas, por isso você é capaz de saltar facilmente de um comentário potencialmente agressivo sobre seu parceiro a um elogio sobre sua aparência, e talvez até sobre como os pais dele pareciam ignorá-lo, mesmo que, na realidade, os pensamentos não tenham ligação entre eles. O resultado é que você é sobrepujado e não sabe para onde se voltar.

Dica: Na próxima vez em que se sentir afogado, pare e separe todos os pensamentos diferentes. Por trás de cada um deles, vai haver a voz de alguém lhe dizendo o que fazer: "Você devia se empenhar mais"; "Não devia desapontar tal pessoa"; "Deve ser sempre gentil". Até você se sentir afogado por uma tirania de "deveres". A cada um deles, pare e pergunte: Quem disse isso? Esse conselho ainda é apropriado ao presente ou a essa situação?

Mais b = Análise autocrítica

Para você, é fácil diminuir-se e, apesar de ser perfeitamente capaz, você tem uma péssima opinião sobre si mesmo. Mesmo quando há um dado positivo em algo, você sempre faz a interpretação contrária. Provavelmente, também se preocupa demais.

Dica: Primeiramente, você não pode mudar o passado, por isso é inútil esgotar-se com isso. Em segundo lugar, aprenda a se perdoar. Com o perdão, você não será mais sobrecarregado pela culpa e pode seguir em frente solucionando o problema. Finalmente, quando pensar em algo que já aconteceu, pergunte a si mesmo se não está colocando peso demais nos pensamentos negativos. Perceba que também há possibilidades positivas e neutras.

Mais c = Análise furiosa

Embora não perca a paciência com facilidade, você sempre se amargura com as coisas que vai acumulando. Pode ser uma raiva fria, sempre muito letal. Ou pode ser simplesmente uma explosão. Por não gostar de si mesmo nessa disposição, você tenta evitar o problema com uma solução imediatista, o que sempre leva a complicações de longo prazo e é solo fértil para futura insatisfação.

Dica: Você espera muito de si mesmo e de todos que o cercam. No entanto, a vida seria mais fácil se às vezes você pudesse aceitar as coisas como são e seguir em frente. Por exemplo, quando sua mãe, sempre tão prática, não é abertamente amorosa, pense em suas outras qualidades em vez de ficar zangado com o que não aprecia. Na próxima vez em que alguém o enfurecer, não pense "Como ele pode fazer isso comigo?". Aprenda a perdoar e concentre-se apenas nos problemas reais, no que fazer com relação a eles.

Mais d = Análise bem equilibrada

Você não passa horas pensando em alguma coisa, a menos que seja uma crise real. Quando toma uma decisão, você a mantém. Essas são qualidades a serem aplaudidas. Mas, às vezes, você está ocupado demais "fazendo" para considerar como outras pessoas podem estar se sentindo?

Dica: Em tempos de crise, sua cabeça estável é uma vantagem. No entanto, na próxima vez em que se vir revendo mentalmente uma conversa difícil, procure enxergar o que acontece sob a superfície. O que pode ter sido deixado por dizer? Ao se tornar ainda mais consciente dessas dimensões extraordinárias, você provavelmente fará escolhas melhores.

Supere a tristeza

A tristeza surge sempre que nos sentimos dominados pela impotência. É por isso que coisas muito pequenas, mas fortalecedoras, podem nos ajudar a romper essa disposição.

1. Propicie pequenos triunfos e sucesso fácil. Por exemplo, enfrente uma tarefa desagradável que está adiando há muito tempo, como arrumar o armário sob a pia da cozinha. Mais tarde, esse trabalho será fonte de um real sentimento de realização.
2. Encontre pequenos estímulos para sua auto-imagem. Tome o cuidado de se vestir no final de semana, em vez de ficar se arrastando pela casa de camisola, ou gaste algum dinheiro em roupas novas.
3. Ajude outras pessoas. Ofereça-se para fazer consertos na casa de um vizinho idoso ou seja guia voluntário no acampamento das garotas. Essas coisas vão desviar sua atenção dos problemas, e os elogios e a gratidão o farão se sentir melhor em relação a si mesmo.
4. Compare-se a alguém pior. Pacientes com câncer sempre encontram conforto e segurança comparando-se a alguém ainda mais doente. Na próxima vez em que se pegar sonhando ter a vida daquela amiga mais felizarda, tente ser grato por não ter a vida de alguém em situação pior do que a sua.

LIDAR COM O COTIDIANO

5. Adote a prática da ioga, natação ou outro exercício físico, porque a endorfina natural anima, ajuda a relaxar e desvia sua mente dos problemas.

6. Se for religioso, tente rezar; caso contrário, procure algum tipo de meditação. Você encontra bons cursos nos centros budistas. Eles não vão convertê-lo, mas o ensinarão a esvaziar a mente. É um objetivo difícil, mas alguns poucos momentos de paz para um cérebro hiperativo podem ser animadores.

Capítulo 13

Culpa

Se ao menos eu não sentisse essa culpa", gemeu Gary, que se relacionava com a esposa desde a adolescência, mas, aos 30 anos, deixara de amá-la. Sara ainda amava Gary e queria muito o sucesso do relacionamento, especialmente porque o casal tinha dois filhos. Porém, após duas semanas de trabalho, a terapia chegou a um impasse e Gary pediu um tempo a Sara. Durante o "espaço" ou a "separação experimental", a terapia foi interrompida, mas ofereci uma ou duas sessões individuais para apoiar cada um dos parceiros naquelas primeiras semanas difíceis. Foi durante uma dessas sessões que Gary deixou escapar o gemido desesperado de culpa. É um refrão familiar para mim. Do ponto de vista de Gary, o "espaço" estava indo bem. Bem demais. "É muito bom ter de agradar somente a mim mesmo. Tive a chance de mergulhar em alguns livros que queria muito ler e estou rendendo muito no trabalho. Fecho aquela porta e me encerro em um casulo." Durante a semana anterior, todos os membros da família haviam saído juntos. "Fomos a uma fazendinha e os meninos se divertiram muito, correram atrás dos porcos e até ajudaram a amamentar um filhote de carneiro órfão", ele contou, "mas a despedida depois do chá não foi fácil". Ouvi todos os detalhes do passeio e percebi que ele só havia mencionado a esposa uma vez. "Como estava Sara?", perguntei finalmente. Gary gemeu outra vez: "Se ao menos eu não me sentisse tão culpado!"

Nesse ponto da jornada ETAM, um casal pode ser sufocado pela culpa: a pessoa que deixou de amar se sente culpada por toda a dor que está causando à família; o parceiro se sente culpado por não ter percebido os problemas antes, ou por sua parte na crise. Não é de estranhar que às vezes pareça haver culpa no café-da-manhã, no almoço e no jantar, com alguns lanchinhos de culpa entre as refeições só para ter certeza de que o gosto não vai sair de sua boca. Afinal, o que é a culpa, exatamente? Por que pode debilitar tanto e qual é a melhor maneira de interrompê-la?

A culpa é uma emoção humana perfeitamente natural e geralmente útil. Sentimos culpa quando fazemos alguma coisa que viola nosso sistema de valores pessoal e, presumindo que o aceitemos, o código de valores da sociedade, também. Portanto, a culpa tem seu lado positivo: ela une as pessoas e significa que muitos cidadãos se autopoliciam, com a lei interferindo apenas em circunstâncias excepcionais. No entanto, quando a culpa torna-se tóxica, outra emoção intimamente relacionada a ela entra em cena: a vergonha. Enquanto a culpa se refere à ação — por exemplo, estacionar em local proibido —, a vergonha trata da ausência de valores pessoais. Em outras palavras, ela remete a uma pessoa má, não a uma pessoa boa se comportando mal. Gary se sentia culpado por estar quebrando as promessas do casamento, e envergonhado por se perguntar que tipo de homem abandonava a mulher que ainda o amava. Em muitos rompimentos, quando o casal se odeia, cada parte constrói uma muralha de indignação ultrajada: "Estou indo embora por causa do comportamento impossível dele" ou "Ela foi horrível". Cada parte pode sentir culpa por aquilo que fez, mas não se sente uma pessoa má. "Ele me obrigou a isso" ou "Depois do que ela fez, que escolha eu tinha?". Casais com ETAM não têm essas desculpas ensaiadas e, portanto, são particularmente propensos à vergonha.

Tais sentimentos sempre podem ser rastreados na infância. "Se você for um bom menino e terminar tudo isso, vai poder comer sobremesa" ou "Boas meninas vão à festa; meninas más ficam em casa". Alguns pais acrescentam uma mensagem adicional: "Se você não se comportar, removerei também meu amor." Essa idéia de que "coisas boas acontecem com pessoas boas e coisas ruins acontecem com pessoas ruins" é ainda mais reforçada pela religião, pelas escolas e pela TV com seus dramas populares, histórias nas quais personagens virtuosas são recompensadas, enquanto as imorais sofrem. Com isso em mente, não é surpreendente que todos prefiram se ver à melhor luz possível. Apesar de aprendermos quando adultos que ser um bom funcionário não impede que os empregadores levem nossos empregos para o outro lado do mundo, ou que ser um bom pai não impede um bêbado irresponsável de bater na traseira de nosso carro, ainda gostamos de acreditar que tais regras se aplicam. É claro que não podemos controlar esses eventos aleatórios da vida, mas, no fundo, nós nos apegamos à idéia de que ser "bom" nos protege. Uma crise no relacionamento questiona essa crença e nos torna duplamente propensos a não desejarmos ser vistos como pessoas más.

Gary não teve o luxo de poder culpar Sara por sua atitude e precisava distanciar-se do próprio sentimento de estar errado. Para Gary, e para muitas pessoas que estão sofrendo de ETAM, a culpa serve a um segundo propósito. No final de sua primeira sessão individual, ele disse: "Sei que estou sendo egoísta, mas, se serve de consolo, sinto-me culpado por isso." Nem mesmo Gary acreditava que Sara pudesse extrair algum conforto desse seu sofrimento, por isso o examinamos mais profundamente. No final, Gary admitiu: "Não posso ser uma má pessoa, porque alguém mau não se sentiria culpado por pedir uma separação temporária." Com efeito, a culpa permitia que Gary ainda se visse como alguém bom. A culpa também o protegia de olhar para outros sentimentos difíceis: raiva, dor, pesar, arrependimentos; se ao menos eu tivesse agido assim, ou daquele jeito; se ao menos não tivesse feito isso ou aquilo. Em vez de enfrentar esses monstros, Gary tentava amenizar a culpa telefonando para os filhos ou se distraía bebendo cerveja com os colegas do escritório. Esses mecanismos de defesa são normais, até certo ponto, mas não tratam da causa. E, embora muitas emoções se esgotem com o tempo, a culpa pode durar para sempre. Gary podia odiar a culpa, mas se sentia ainda mais desconfortável com os sentimentos ocultos atrás dela. E ainda havia mais uma vantagem em se sentir culpado: o sentimento o impedia de decidir entre voltar para casa e pedir o divórcio.

Romper a armadilha da culpa

O seguinte exercício será doloroso e demorado. Você pode escrever seus sentimentos ou, alternativamente, recrutar um amigo que o apóie. O ouvinte ideal é alguém que o conheça, conheça seu parceiro e seja capaz de ser neutro. Evite os que estarão 100 por cento do seu lado, os que podem se sentir desconfortáveis com seu sofrimento e, por isso, tentariam remover a carga antes de ela ser propriamente examinada. Um amigo é especialmente útil para o item 2, mas, se puder ser honesto consigo, anote seus sentimentos e assim terá o distanciamento necessário.

1. Examine seus arrependimentos
Comece com qualquer coisa no mês anterior e depois siga recuando ao longo do ano, dos últimos cinco anos, ao período em que ainda não conhecia o parceiro, à adolescência. Quais são os pontos de transformação importantes? Quais são os "se ao menos"? Quem você magoou? Os arrependimentos se referem apenas à crise do relacionamento atual ou integram um padrão maior?

2. Questione pensamentos tóxicos
Considerando os arrependimentos mais importantes, faça a si mesmo as seguintes perguntas: Eu superestimei minha responsabilidade? Subestimei a responsabilidade de outra pessoa? Há alguma falsa culpa? Neguei minha responsabilidade? Fiz o passado parecer muito preto-e-branco, sem contradições, paradoxos ou ambigüidades? Assumi habilidades de super-herói, como segunda visão ou uma eloqüência exacerbada para convencer alguém a mudar?

Se seu parceiro declarou ETAM, pule a próxima etapa e siga para o item 5. Se você não ama mais o parceiro, continue para o item 3.

3. Luto
A vida sempre envolve fazer escolhas. Se você cursou a universidade, jamais saberá o que teria acontecido se tivesse começado a trabalhar mais cedo. Se decidiu recusar uma proposta de casamento, nunca saberá como teria sido a vida com aquele outro parceiro. Com esses pesares, permita-se visualizar como a vida poderia ter sido, com todas as suas vantagens. Mais tarde, adicione as possíveis desvantagens do caminho preterido e as importantes conquistas do caminho que você escolheu.

4. Assuma uma posição
Quando começa a desembrulhar a culpa, é impossível prever o que vai aparecer. Se você descobriu arrependimentos relacionados a oportuni-

SE SEU RELACIONAMENTO CHEGOU A UM PONTO CRÍTICO

dades perdidas, procure meios de incorporar essas metas ao ponto onde se encontra hoje.

Você está usando a culpa como justificativa para a falta de ação? Se não se sente preparado para tomar uma decisão, tudo bem, muitas pessoas correm às cegas para o futuro, mas seja honesto consigo.

Você poderia fazer outra tentativa em seu relacionamento? Se está lendo este livro em um momento em que sua ETAM chegou a um ponto crítico, dê a si mesmo espaço e tempo suficientes para digerir as idéias e experimentar os exercícios.

5. Faça reparações

Aceite sua parcela de responsabilidade e peça desculpas. Você não deve suplicar por perdão nem se preocupar com a parcela de culpa do parceiro. Um pedido simples e direto de desculpas, sem explicações ou circunstâncias mitigadoras. Você pode tentar primeiro por uma carta, e depois pode ou não compartilhar essa carta com o parceiro.

Não espere o perdão, porque ele pode vir somente mais tarde. O objetivo é simplesmente pedir desculpas. Sua tentativa pode ser recebida de forma calorosa e servir de incentivo para uma conversa útil, mas você também deve estar preparado para uma reação furiosa e, nessas circunstâncias, retire-se, em vez de se deixar envolver num confronto amargo.

Pense em fazer uma reparação apropriada, um gesto que possa compensar o dano causado. Pode ser um presente, uma atitude que seu parceiro realmente apreciaria, ou, em caso de separação, um acordo generoso.

Quando Gary começou a *examinar* a culpa, descobriu mais do que esperava. No início daquele sentimento que o abatia, não somente uma tristeza, mas uma completa depressão, ele teve certeza de que a causa era o relacionamento morno, desprovido de entusiasmo. No entanto, quando começou a examinar os caminhos escolhidos, ele falou sobre a banda de rock em que havia tocado com alguns amigos: "Não éramos populares na escola, apenas, mas nos bares locais também. Não digo que teríamos sido os sucessores dos Beatles, mas tínhamos grandes chances de sucesso. Mas o ramo da música era uma aposta alta demais, e Sara e eu começávamos a nos relacionar mais seriamente, então optei por um emprego de verdade. Ainda fico me perguntando como teria sido minha vida se eu tivesse seguido a música."

A tarefa seguinte foi *questionar os pensamentos tóxicos*, e, de fato, ele havia começado a ver a própria vida em termos de preto-e-branco: sucesso e fracasso. Logo ficou claro que ele se sentia furioso com os pais, com a escola e com Sara, por não o terem apoiado mais. No entanto, assim que manifestou essas emoções há muito suprimidas, ele começou quase que imediatamente a assumir sua parcela de responsabilidade por não ter insistido no sonho. Na parte 3 de *Romper a armadilha da culpa*, ele começou a viver o *luto* pela carreira perdida: "Eu podia estar tocando em ginásios e estádios de todo o país, com milhares de fãs enlouquecidos, mas também podia ter acabado em uma instituição de reabilitação para drogados ou pedindo esmolas nas ruas."

Finalmente, em *Assumir uma posição*, Gary aprendeu uma das lições mais importantes sobre arrependimento: raramente é tarde demais. Uma carreira bem-sucedida no rock era improvável aos 30 anos, mas uma das vantagens de ser mais velho consiste em aprender a ser mais flexível. Nada o impedia de tocar em bares locais como amador e recuperar sua ligação com a música. Uma vez reconhecida sua fúria contra Sara por tê-lo retido em sua cidade natal, sua atitude com relação ao casamento começou a mudar. Ele já não via mais a esposa como a culpada por sua permanência e passou a reexaminar o casamento e redescobrir a paixão.

Nicola havia deixado de amar o marido cinco anos antes de anunciar o fim do casamento. Richard sabia que as coisas haviam sido difíceis cinco anos antes: "Ela me atormentava: vivia me cobrando; eu não prestava atenção; não fazíamos nada juntos... Mas o que ela esperava? A vida não é só vinho e rosas. Então, um dia, ela parou de me cobrar. Eu pensei: ela vai me deixar em paz. Ótimo. Deve ter percebido que nem tudo acontece como nos filmes." Mas, cinco anos antes, Nicola havia desistido de tentar consertar o casamento, ou, como ela mesma disse: "Havia esgotado todas as possibilidades. Não havia ligação emocional e eu sabia que seria mais feliz sem Richard." No entanto, ela decidiu esperar até o filho mais novo chegar à idade escolar antes de se separar. Havia permanecido casada nos últimos cinco anos, mas o coração e a mente já haviam partido. Enquanto isso, Richard vivia num paraíso dos tolos.

Quando Nicola finalmente, anunciou que não o amava mais, Richard sentiu-se devastado. Finalmente, entendeu a profundidade da infelicidade da esposa, mas Nicola já estava a caminho da porta. Ele tentou de tudo: férias em Veneza, flores, ser mais útil em casa, um enorme urso de pelúcia, arrastá-la relutante para a terapia. Nicola se sentia muito mal: "Sou uma bruxa endurecida. Digo a ele que algo está errado, e ele tenta consertar o erro, mas não é o bastante. Então ele olha para mim, e a culpa me invade. Culpa com C maiúsculo."

A culpa de Nicola começou como uma altíssima muralha defensiva que nenhum dos gestos de Richard para salvar o casamento era capaz de transpor. Então, na terapia, começamos a trabalhar para *Romper a armadilha da culpa*. Examinamos os arrependimentos de Nicola e ela falou sobre o casamento que queria ter. Richard queria interromper e prometer um futuro perfeito, mas eu o impedi. Nesse estágio, ele tinha de ouvir Nicola. Depois *questionei os pensamentos tóxicos*. Quem havia sido responsável por toda a infelicidade há cinco anos? "Ele não erguia um dedo sequer, eu tinha de fazer tudo sozinha em casa", ela relatou. Dessa vez, deixei Richard apresentar sua versão da história: as horas extras para ganhar mais dinheiro, já que Nicola havia abandonado o emprego, e como ele havia ajudado com os filhos. Em outras palavras, a situação não era exatamente em preto-e-branco, como fora pintada na cabeça de Nicola. "Por que nunca me disse o que sentia?", Richard perguntou. Nicola havia tentado, mas a queixa assumira a forma de provocação e cobrança, o que só o afastara ainda mais. De quem era a culpa?

Nesse caso, tudo remetia à primeira lei das disputas no relacionamento: seis de um e meia dúzia do outro. Quando os problemas no relacionamento ganham raízes profundas, os pensamentos tóxicos podem distorcer tudo em certo e errado, sem um tom de cinza entre os dois extremos. Durante o *luto*, a terceira parte de *Romper a armadilha da culpa*, Nicola chorou por toda a infelicidade daqueles cinco anos vividos no piloto automático, e Richard ouviu com os olhos cheios de lágrimas. Quando *assumiu uma posição*, Nicola admitiu que não ousava dar a Richard uma segunda chance, pois temia que tudo voltasse a ser como antes. "Como posso confiar nele?", perguntou. Confiar do dia para a noite é realmente difícil. Leva tempo. Então, Nicola aceitou interromper o processo de divórcio. Não havia um tempo específico, nenhum relógio marcando um prazo final, exceto pelo relógio da cabeça dela. "Em última análise, devo a ele mais tempo pelo bem das crianças. Talvez então eu possa baixar um pouco minhas defesas", ela anunciou. Quando chegamos ao último passo, *fazer reparações*, descobrimos que os dois já haviam realizado esse procedimento: Richard ouvira realmente tudo que Nicola dissera (sem tentar convencê-la a ficar), e Nicola dera a Richard uma segunda chance. No final, eles decidiram ficar juntos e encontraram o relacionamento com que Nicola havia sonhado. Infelizmente, foi preciso Nicola dizer a Richard que não o amava mais e ameaçá-lo com o divórcio para ser realmente ouvida.

Nos dois estudos de caso aqui apresentados, os casais permaneceram juntos. No entanto, alguns clientes descobriram que se sentiam desnecessariamente culpados. Michelle estava casada com David havia oito anos e se sentia vigiada em todos os seus passos. Desde o início do relacionamento, David sempre se mostrara muito solícito e preocupado com seu bem-estar. Michelle era dançarina amadora de dança de salão, e David estava sempre pronto a ir buscá-la depois das aulas e ensaios, mesmo tarde da noite. No início, a atitude de David ajudou no relacionamento: "Ele estava sempre disposto a sair do seu caminho, e isso me fazia sentir especial; era evidente que David não tinha olhos para mais ninguém", ela contou.

No entanto, a atitude zelosa de David logo se transformou em ciúme. "Meu parceiro de dança é homossexual, mas isso não impediu David de fazer comentários sarcásticos sobre como parecíamos felizes quando estávamos juntos na pista. Tentei explicar que era só um espetáculo para os juízes, mas ele acreditava que não há fumaça sem fogo." No final, Michelle se fartou dos comentários e mudou de parceiro. Nunca mais encontrou outro tão perfeito, mas amava David e julgava o sacrifício válido. "Esperava que ele se tornasse mais confiante depois do casamento. Com a troca de parceiro, isso funcionou por um tempo, mas ele sempre queria saber onde eu havia estado. Eu o surpreendi espionando minhas mensagens de texto no celular e, finalmente, ele passou a exigir que eu desistisse da dança." Dia após dia, Michelle sentia o amor se esgotando, até que disse a David: "Eu te amo, mas não estou mais apaixonada por você."

Ela se sentia culpada quando chegou à terapia, e David rapidamente apontou tudo que havia feito por ela: "Lembra-se dos votos do casamento? Eu estava falando sério quando disse aquelas palavras diante do altar. E você?" Porém, quando trabalhamos o tópico *Romper a armadilha da culpa*, Michelle foi se tornando mais e mais furiosa. "Ainda está tentando me manipular", ela explodiu. "Não pode mais usar a culpa para me controlar."

Em vez de suprimir ou ignorar a culpa, tente analisá-la. Por um lado, a culpa pode significar que você está fazendo algo que viola seu código de valores pessoal e sua consciência está tentando detê-lo; por outro lado, você pode estar assumindo mais responsabilidade do que lhe cabe por uma crise no relacionamento.

Resumo

- A culpa é uma emoção humana inevitável.
- Quando a vergonha se mistura à culpa, o resultado pode ser tóxico.
- Superar a culpa envolve examinar arrependimentos, questionar pensamentos tóxicos, luto, assumir posição e fazer reparações.
- A culpa normalmente traz uma mensagem para nós. É melhor ouvir do que correr às cegas para um futuro desconhecível.

Exercícios

O diário da culpa

Compre um caderno espiral, em vez de usar pedaços de papel, porque você vai precisar voltar a esse material. Este exercício exige muita redação, e comprar um bom caderno vai demonstrar compromisso com a perseverança.

1. Confessar. Em vez de deixar os pensamentos girando em sua cabeça, anote-os em seu diário da culpa. Alguns sentimentos se referirão a eventos do passado, outros estarão relacionados ao presente, e não

importa se os dois tipos de culpa se misturam. Ponha a data no topo de cada registro, apenas para que você possa examiná-los mais tarde e descobrir que culpa o preocupou e quando. Não se preocupe com o estilo, ortografia ou gramática. Apenas registre os sentimentos num fluxo de consciência.

2. Analisar. Você vai ter maior objetividade se houver um espaço de dois ou três dias entre escrever e analisar. Use um marca-texto e retome o que foi escrito; comece procurando os pensamentos preto-e-branco. Palavras como "sempre" e "nunca" são boas indicações. Em seguida, tente encontrar pensamentos que sugiram habilidades de super-herói e marque-os também. Sentenças com palavras como "deveria" ou "teria" são sempre indicadoras desse tipo de pensamento. Finalmente, procure frases de culpa e marque-as também. Talvez seja bom usar uma cor para você e outra para seu parceiro. Como as duas cores se equilibram?

3. Identificar os temas principais. Embora a culpa possa ter mil e uma variações, normalmente há um punhado de temas principais. Dê um nome a seu tema, ou a cada um de seus temas. Por exemplo, culpa por não apoiar o parceiro o suficiente enquanto o pai dele estava morrendo pode ser "desamparo".

4. Questionário. Para cada tema, escreva alguns pensamentos sobre as seguintes questões:
   - O que você poderia ter feito diferente?
   - Pensando nesse período, que recursos teriam sido necessários?
   - O que o impediu de agir assim?
   - Com o que você se sente furioso?
   - Com quem você está zangado?
   - O que poderia aprender para o futuro?

5. Refletir. Abandone o diário por uma semana e retome-o com um olhar renovado. Leia tudo e permita-se primeiro lamentar os erros passados, depois assumir posições quanto ao que vem pela frente.

6. Reabra o diário e responda a mais uma pergunta, apenas: Como posso fazer reparações? Escreva tantas soluções práticas quantas forem possíveis, mesmo que algumas pareçam ridículas nesse momento. Depois de esgotar todas as possibilidades — as sensatas e as insensatas — volte e escolha as mais apropriadas.

Nota: Alguns clientes descobrem que se sentem culpados por algum evento do passado, mas a pessoa ligada ao fato já não vive mais. Como é possível fazer reparações com alguém que já morreu? Nesse caso, sugiro uma carta imaginária para essa pessoa.

Depois da crise

Capítulo 14

Como formar o elo novamente

Gosto muito do momento da terapia em que fica claro que o casal reencontrou o caminho de volta para o relacionamento. É como ver as nuvens se dissipando num dia de férias até então chuvoso. Ninguém quer reconhecer o sol, porque não desejamos desafiar a sorte, mas há uma esperança inegável de que o dia ainda pode ser salvo. Cerca de duas semanas mais tarde, um dos parceiros admite "ter sentimentos". Há um sorriso tímido e um ligeiro inclinar de cabeça, mas os olhos brilham. Apaixonar-se novamente, ou realizar a Ligação Amorosa, deveria ser fácil a partir daí, mas raramente é. Muitos casais esperam algo dramático, em vez de hesitante. Nos filmes, o herói percebe de repente que a ama, afinal, e começa uma louca corrida para o aeroporto, onde sua amada espera para embarcar para o Congo, onde se tornará freira. Ou a heroína está em pé no altar, vendo o futuro marido cutucar o nariz, e de repente ela sabe que seu "outro interesse amoroso" jamais faria algo tão horrível, ou, mesmo que fizesse, seria até bonitinho. É claro que, nesse mesmo instante, o "outro interesse amoroso" está tentando passar por uma horda de convidados para impedi-la de cometer o maior erro de sua vida. O amor sempre vence. A vida real, porém, não é como os filmes. É mais gratificante.

Os primeiros movimentos do amor são hesitantes e incertos, mas muitos clientes querem que esses passos iniciais os levem diretamente ao grande mundo cintilante. Alguns falam sobre encerrar a terapia: "Graças a Deus, estamos fora da turbulência", suspirou Nina, parceira numa relação homossexual feminina que superou o ETAM. "Sinto que posso respirar novamente." No entanto, meu conselho é nunca relaxar tão depressa. Esse casal havia sido extremamente próximo e o ETAM fora particularmente doloroso. A fim de persuadir a parceira Sophia de que ainda havia muito a ser vivido, Nina tivera de suprimir muitas de suas necessidades. Na semana seguinte, as duas retornaram com expressões sombrias. "Vivemos momentos horríveis", reclamou Sophia, "sempre cobrando uma à outra. Qualquer coisa era motivo. Não telefonar na hora marcada, não levar o prato para a cozinha... O que aconteceu conosco?" Após meses de comportamento positivo, o ressentimento natural de Nina por ter sido forçada a enfrentar ETAM finalmente vinha à tona.

Outro extremo foi representado por Brenda e Mike, que passaram dois anos separados e tinham tanto medo de destruir o amor recuperado que estavam sempre pisando em ovos um com o outro. Mike concordou em comparecer à comemoração da família de Brenda, apesar do receio de ser tratado com hostilidade. Essa decisão ocorrera após várias sessões de terapia, por isso eu estava ansioso para saber como tudo havia transcorrido. "Bem", respondeu Brenda. "Não foi tão ruim quanto eu esperava", opinou Mike. As respostas soavam defensivas, por isso me aprofundei mais e descobri que Mike havia saído da mesa antes do final da refeição para ir brincar com os cachorros. Perguntei a Brenda como ela se sentia com isso. "Tudo estava indo tão bem que achei melhor não falar nada", ela admitiu. "Mas foi muito grosseiro."

Voltando à idéia de que o amor redescoberto é como uma plantinha ainda muito pequena e delicada: antes de a semente germinar, é necessário que o jardim seja preparado. Os horticultores sabem que plantas jovens devem ser aclimatadas gradualmente: primeiro, o aquecimento é desligado na estufa, depois as coberturas são removidas por algumas horas diárias, até que, finalmente, as novas plantas ficam do lado de fora definitivamente. Com o amor redescoberto, porém, alguns casais removem a proteção prematuramente, como Nina e Sophia, enquanto outros temem dizer alguma coisa, deixando a planta na estufa para sempre, como Brenda e Mike, e correm o risco de tornar o amor ainda mais vulnerável. Então, como realizar a aclimatação gradual?

Nivelar

Dei a este capítulo o título de "Como formar o elo novamente" porque duas coisas ainda têm de acontecer. A primeira delas é a nivelação, um compartilhar franco e aberto de sentimentos. Por exemplo: "Tudo bem, vamos nivelar o que sentimos; também estive infeliz." De fato, refazer o compromisso de amor não é o fim, mas o ponto em que o trabalho verdadeiramente produtivo pode começar. Quando George, um vendedor de quase 50 anos, voltou para casa e para a esposa Cherie, assistente jurídica na mesma faixa etária, eles ficaram até tarde conversando, por três noites seguidas. "Eu precisava provar a Cherie que estava falando sério. Antes eu teria abreviado a conversa, preocupado em acordar cedo no dia seguinte para ir trabalhar", contou George. "Creio que ela soube apreciar essa minha atitude." "Quando George se abriu", disse Cherie, "fiquei muito aliviada, mas foi como testemunhar o rompimento de um dique. Eu me descobri falando sobre minhas insatisfações, em especial sobre como George nem tentava me seduzir antes de fazer sexo comigo".

Nivelar é muito produtivo, mas essas conversas podem alcançar facilmente o estágio da estagnação. Por isso *nivelar* precisa se fazer acompanhar por quatro comportamentos: culpar, aplacar, racionalizar e desviar. Se você se descobrir afastando-se da *nivelação*, não se assuste, já que esses comportamentos em doses moderadas fazem parte do processo de endurecimento. Como o bom jardineiro, o truque é manter os olhos abertos e antecipar possíveis momentos de congelamento.

Culpar

Definição: Culpar o parceiro por alguma coisa que deu errado, em vez de examinar a própria contribuição. Exemplos disso são Cherie: "Você não me oferece preliminares suficientes", e George, "Você não presta atenção em mim".

Buscando a solução: George e Cherie diziam a verdade como cada um deles a percebia, mas isso os colocava no papel de vítima. O que aconteceria se Cherie assumisse alguma responsabilidade e reformulasse a expressão de seus sentimentos como, "Eu não peço preliminares suficientes", e se George dissesse, "Não explico a Cherie o que espero dela"? Ambos estariam novamente no comando dos próprios destinos. Cherie poderia mostrar a George como gostaria de ser acariciada, e George poderia pedir a Cherie para desligar a TV quando ele chegasse em casa.

Aplacar

Definição: Agradar o parceiro com palavras doces ou ofertas para silenciá-lo em curto prazo, em vez de abordar os problemas em sua raiz. George diria: "Não vou deixar você." Enquanto isso, Cherie cederia rapidamente, "Tem razão, tenho estado envolvida demais com minhas coisas", mesmo que não concordasse necessariamente com as queixas de George.

Buscando a solução: Não há nada errado em amenizar o desconforto do parceiro. No entanto, em longo prazo, o aplacar constante leva ao ressentimento. Se George só diz a Cherie o que ela quer ouvir, mas sem realmente acreditar no que diz, ele vai considerar cada vez mais difícil compartilhar seus verdadeiros sentimentos. Então o que pode ser feito? Aplacar funciona bem se for apenas a primeira parte de uma discussão, não uma interação isolada. É óbvio que George precisa reassegurar Cherie sobre não ter a intenção de deixá-la imediatamente. No entanto, ele deve seguir em frente e explicar que, sem mudanças fundamentais, ele não poderá ficar para sempre.

Racionalizar

Definição: Dar ênfase excessiva a pensamentos racionais, sempre com completa desconsideração pelos sentimentos. Um exemplo de Cherie: "Historicamente, os homens sempre trataram as mulheres como objetos sexuais e ignoraram suas necessidades." Enquanto George teria dito: "Financeiramente, faz sentido alugar um quarto na cidade para passar a semana, em vez de gastar tanto dinheiro com as passagens de trem."

Buscando a solução: Ser racional sobre um problema pode ser útil. Ajuda o casal a recuar, obter uma nova perspectiva e tornar as questões menos pessoais, mas uma solução duradoura deve fazer sentido para o coração também, não apenas para o cérebro. Racionalizar também pode prender um casal em argumentos inúteis, por exemplo, sobre a etiqueta sexual do século XIX, em vez de abordarem os verdadeiros problemas. Então, equilibre os pensamentos racionais e os sentimentos, e as generalizações com o impacto pessoal.

Desviar

Definição: Remover a atenção de alguém na esperança de que a queixa original seja esquecida. As três principais técnicas são negar, distrair ou ignorar. Por exemplo, George escaparia do assunto "performance sexual" dizendo: "Dê-se por feliz por eu não ser meu chefe, porque ele tem duas mulheres." Cherie tentaria a completa negação: "Estou sempre interessada no que você tem a dizer", quando, na verdade, ela prefere assistir à novela.

Buscando soluções: Às vezes desviar é uma resposta compreensível, especialmente tarde da noite, quando um parceiro se sente esgotado. Mas há uma abordagem mais honesta: negociar. Quando George perguntou "Podemos falar sobre isso amanhã?", Cherie teria se mostrado mais propensa a concordar se houvesse também a sugestão de um local e tempo específicos: "Amanhã, depois do jantar, nós nos sentaremos na cozinha enquanto as crianças estiverem assistindo aos *Simpsons*." Obviamente, é importante honrar esse compromisso. Desviar é só uma solução de curto prazo e, quando usada indiscriminadamente, vai criar as condições para o retorno ao ETAM com o passar do tempo.

Com um pouco de prática, *nivelar* tornou-se uma segunda natureza para George e Cherie. George disse a Cherie: "Fico desapontado quando você assiste à TV porque quero partilhar com você os eventos do meu dia." E ela disse a ele: "Fico frustrada quando você apressa o sexo, porque quero que nossos encontros amorosos sejam especiais." (Se você quer mais informações sobre *nivelar*, veja a seção de exercícios no Capítulo 5: a *declaração de três partes* o ajudará a ser aberto e honesto sem antagonismo indevido com o parceiro.)

Aprender

Se *nivelar* é a primeira parte de conectar-se realmente, a segunda parte será familiar se você trabalhou *Os sete passos... aprender*, o último passo, também é importante para refazer a ligação. Nas últimas semanas de terapia, meus clientes ETAM se sentem aliviados com o retorno do amor, mas ainda estão desconfiados.

Anna e Nick, a professora e o vendedor, decidiram ficar juntos. Embora o período inicial de lua-de-mel tenha sido maravilhoso, Anna e Nick temiam cair novamente nos velhos métodos. Então, eu os ajudei a analisar por que o relacionamento havia desenvolvido problemas. "Eu estava totalmente envolvida com nossos filhos", Anna respondeu, "e Nick tinha o trabalho". "Quando podíamos ter algum tempo para nós, cercávamo-nos de amigos", acrescentou Nick. "Era como se temêssemos o que poderia acontecer se estivéssemos apenas nós dois." Do que tinham medo? Minha pergunta obteve uma resposta direta. "De discutir", os dois disseram ao mesmo tempo rindo. "Não queria ter brigas horríveis como as de meus pais", disse Anna. "Meus pais nunca discutiam, por isso não sabia o que fazer, suponho", opinou Nick. Eles tinham o diagnóstico: o amor havia desaparecido porque eles nunca estavam juntos o suficiente para serem íntimos, e o medo de discutir os havia encurralado em lados distintos dessa divisa. Em seguida, perguntei como eles haviam mudado. "Não temos medo de falar o que pensamos", eles responderam, mais uma vez em uníssono. Então, o que poderiam fazer se, mais uma vez, eles se descobrissem resvalando para o velho problema? Nick e Anna não responderam; apenas se olharam e eu soube que a terapia havia terminado. Ao aprender o que causara seus problemas — e lembrar as novas habilidades que os haviam removido deles —, o casal estava confiante de que poderia evitar as mesmas armadilhas no futuro.

Para muitos casais, esse conhecimento é suficiente, mas outros gostam de olhar mais fundo e aprender o que os atraiu um para o outro em primeiro lugar. Como foi discutido anteriormente, é algo que vai além das características superficiais, como aparência, senso de humor e simpatia, citadas por muitos casais para explicar sua atração mútua.

Todos nós temos dilemas de relacionamento trazidos da infância, uma bagagem que se forma a partir da observação do casamento dos pais. Pode ser "não demonstrar os sentimentos", "lidar com a infidelidade", "explosões temperamentais", ou "atitudes perante a perda", a lista é infinita. Somos atraídos por pessoas que têm problemas complementa-

COMO FORMAR O ELO NOVAMENTE

res e lutam com questões semelhantes. Por exemplo, Julia, secretária de escola com 35 anos, sempre ouviu a mãe reclamar das ausências prolongadas do pai, um vendedor viajante. Então, Julia, por sua vez, não tinha uma imagem de como marido e mulher negociavam a vida diária juntos. Ela jurou não cometer os mesmos erros da mãe, mas, sem se dar conta, acabou casada com um workaholic que desempenhava um papel pequeno na vida familiar.

Repetir os mesmos erros de nossos pais pode parecer deprimente, mas, de fato, temos uma chance de reapresentar os dilemas e encontrar um compromisso mais confortável. Quando Julia entendeu que a revolta provocada pelo tempo que o marido passava no escritório era exacerbada pelas lembranças das brigas dos pais, ela foi capaz de recuperar a devida proporção de sua reação. Ela também admitiu que teria odiado o marido por perto o tempo todo, impedindo-a de dedicar-se aos próprios projetos. Com essa compreensão, Julia e o marido conseguiram negociar uma rotina na qual os sábados eram sempre dedicados à família, mas ele podia trabalhar aos domingos.

Formar relacionamentos e ter filhos com alguém sempre terá relação próxima com os velhos padrões de erro do passado e nos fará questionar o presente. As antigas gerações contavam com os problemas, mas nós somos mais impacientes e menos dispostos a tolerar qualquer coisa aquém da perfeição. Porém, se todos resistíssemos por mais tempo e acreditássemos mais, chegaríamos às questões subjacentes e colheríamos os frutos de um relacionamento duplamente íntimo e satisfatório. Se tudo isso soa como trabalho árduo, talvez um toque de *Limerence* seja útil. (Veja a seção de exercícios no final do capítulo.)

E se a lua-de-mel fracassou?

De quatro a seis semanas depois de um casal ter decidido tentar novamente, a confiança sempre oscila e um parceiro pode se tornar deprimido. Nessa circunstância, é importante certificar-se de que toda a raiva tenha sido ventilada. A dor de uma ferida profunda não pode ser curada imediatamente, mas, toda vez que é examinada novamente, um pouco mais de dor e raiva será amenizado.

Nina e Sophia, o casal homossexual apresentado no início deste capítulo, ainda tinham perguntas a fazer uma à outra. Nina queria saber se Sophia já estava deixando de amá-la no final de semana que elas passaram em Veneza, um período de lembranças particularmente boas para ela. Sophia queria saber se Nina havia falado com alguns de seus amigos, uma espécie de família adotiva, sobre seus problemas. Às vezes, examinar o passado despertava nelas o sentimento de estarem encurraladas, mas, no geral, elas consideraram o processo libertador. "Quando deixava de dizer alguma coisa", explicou Nina, "o que sempre fazia para não magoar Sophia, e a mim também, suponho, ia ficando mais e mais deprimida. Porém, quando me manifestava, deixava de me sentir tão vulnerável". Finalmente, depois de dois meses de conversa, não havia mais nenhuma pergunta a ser feita. "Recuperei a confiança em nós como casal", disse Nina. Se ainda há alguma raiva não resolvida em seu relacionamento, veja "Cinco assuntos úteis a discutir" na seção de exercícios.

O ritual pode ser uma importante ferramenta para seguir adiante, daí a existência de alguma forma de serviço ou cerimônia fúnebre em todas as religiões e culturas para marcar uma morte. Alguns casais lançam mão do ritual para enterrar velhas dores, enquanto outros preferem comemorar um amor novo, mais forte. Um bom ritual de encerramento é encontrar um ou dois objetos que representem os maus momentos e realizar uma pequena cerimônia de cremação. Outra idéia é um período de férias. (Veja "Rituais" na seção de exercícios.)

O passo final para reorganizar um relacionamento é planejar o futuro. Sentem-se e discutam os próximos cinco anos e ouçam o que o outro tem a dizer com a mente aberta. É claro que pode haver diferenças, mas um casal que enfrentou e sobreviveu ao ETAM terá aprendido todas as habilidades necessárias para lidar com isso. Se você está paralisado, sem idéias para o futuro, leia "Encontre seu sonho", o exercício de *colaboração* no Capítulo 2.

E se eu quero me apaixonar novamente, mas simplesmente isso não acontece?

Muitas emoções, como confiança, desejo sexual e, é claro, amor, não são racionais. Nenhum argumento ou racionalização vai abrir o coração. Perto do final da terapia, algumas pessoas com ETAM não querem mais partir, mas não sabem ainda se o relacionamento pode ser como precisam ou se serão capazes de realmente se abrir para o amor novamente.

Rod havia deixado de amar a esposa, Gemma, após 15 anos de casamento: "Eu era capaz de ver como havíamos deixado as coisas se desencaminharem, então decidimos fazer mudanças e tudo passou a parecer menos claustrofóbico. Mas e se eu ainda não amar Gemma como deveria? Gemma também tem receios quanto ao futuro: "Sei que é estúpido pedir garantias, mas isso não me impede de desejá-las." Enquanto Rod se preocupava em amar novamente, Gemma queria confiar outra vez. E depois? Bem, a solução é um paradoxo. Por um lado, um casal precisa ter trabalhado duro para remover os obstáculos que impedem o amor: raiva, sofrimento, cinismo e expectativas impossíveis. Mas, por outro lado, um casal precisa relaxar e deixar acontecer. Da mesma forma que Buda só encontrou o esclarecimento quando deixou de procurá-lo e esperou que a luz fosse até ele, casais com ETAM chegam a um ponto em que devem parar de perseguir o amor, a confiança e o desejo redespertado. Essas são emoções furtivas e, como o esclarecimento, são ainda mais esquivas quando colocadas no centro do palco.

Na terapia, revimos os antigos obstáculos para o amor de Rod e Gemma (não discutir, ressentimentos não-manifestos e as longas horas desnecessárias de trabalho de Rod) e lembramos quanto havia sido conquistado. Também pedi a Rod e Gemma para relacionar outros possíveis obstáculos e acabamos encontrando mais uma pequena questão (Rod acreditava que Gemma se ressentia com suas partidas de golfe, mas ela só se incomodava se a prática ocorria todos os finais de semana). Finalmente, Gemma olhou para Rod e disse: "Vamos ter de acreditar que somos capazes disso." Duas semanas mais tarde, amor e confiança não eram mais questões problemáticas. Apesar de nenhum dos dois ser capaz de apontar a razão com precisão, com o fim das preocupações, as emoções retornaram. Para casais que não conseguem acreditar, peço que se comportem "como se" confiassem, amassem ou esperassem sentir o desejo sexual novamente. "O que você faria?" "Como agiria?" Essa fase de "deixar acontecer" normalmente dura de duas a seis semanas e, em algum

DEPOIS DA CRISE

ponto, o casal passa sem nenhum esforço da representação à realidade. Com casais que permanecem estagnados, encorajo-os a examinar novamente o relacionamento e buscar obstáculos remanescentes.

Uma melhor compreensão do amor

Quando casais que enfrentaram o ETAM olham para trás e revêem sua jornada, lembrando o conhecimento adquirido e as novas habilidades aprendidas, encontram uma crença remanescente em si mesmos. Então, que conhecimento é esse?

- Amor é esforço. Em um bom relacionamento, os dois parceiros atendem regular e rotineiramente às necessidades do outro, independentemente de como se sentem. Esse esforço extraordinário é sempre o mais apreciado.
  Amor é dar e receber. Em um bom relacionamento, os dois parceiros se certificam de encontrar alegria nas duas metades da equação.
- Amor é coragem. Em um bom relacionamento, os dois parceiros partilham suas vulnerabilidades e suas forças e não se fecham, não se retraem, nem fazem a escolha mais fácil.
- Amor é recompensa. Em um bom relacionamento os dois parceiros apóiam um ao outro e se ajudam a crescer.
  O amor é mais apreciado quando um casal o considera perdido para sempre, mas o reencontra e acha o caminho de volta para o relacionamento.

E quanto às habilidades aprendidas?

- Ser honesto consigo mesmo.
- Ser honesto com o parceiro.
- Ser franco sobre as diferenças, em vez de ignorá-las ou escondê-las.
- Negociar melhor.
- Encontrar um compromisso genuíno, em vez de um só parceiro simplesmente recuar sempre.

Resumo

- Desde que ETAM seja tratado rapidamente, e o casal tenha sido honesto sobre seus sentimentos, não há razão por que não devam decidir dar uma chance ao relacionamento.
- Não espere a reconciliação cedo demais: no início, um compromisso com um relacionamento melhor é suficiente.
- Para estabelecer uma ligação, um casal deve antes se *nivelar* um com o outro e, depois, *aprender* o que aconteceu de errado; isso vai dar a eles a confiança de que os problemas não voltarão a acontecer.
- Quando nos apaixonamos, fazemos fundamentalmente boas escolhas. O segredo da felicidade é entender a atração e resolver dilemas do relacionamento enraizados em nossa infância.

Exercícios

Examine suas reações

Este exercício requer nervos de aço, não por ser difícil, mas por ser muito revelador. Na próxima vez que uma discussão parecer ruidosa demais, grave-a. Depois de 15 minutos, volte a fita e procure:

1. Culpa. Essas sentenças normalmente começam: "Você me faz sentir..."
2. Aplacar. Uso excessivo especialmente de "Sinto muito", "Você tem razão" e "Não vai mais acontecer".
3. Racionalização. Sentenças longas e rebuscadas que não vão a lugar algum são um bom sinal.
4. Desviar. Vocês dois estão ouvindo de verdade ou estão bloqueando, contradizendo e depreciando?
5. Com que freqüência se interrompem?
6. Depois de examinar sua conversa, retorne aos tópicos discutidos e tente cobrir o mesmo terreno novamente sem cair nas mesmas armadilhas.

Cinco assuntos úteis para discutir

A melhor maneira de estabelecer ligação é ter uma boa discussão. Todas as questões são trazidas à tona, o que proporciona um alívio dos sentimentos contidos e a sensação de que o relacionamento pode melhorar.

Pequenas coisas
Pequenas irritações, como arrumar mal os pratos dentro da lavadora, podem não ser crimes graves, mas causam grande ressentimento se não forem tratadas. Se você considera o conflito especialmente difícil, essas questões menores também podem oferecer um teste antes de ter de enfrentar uma questão realmente séria.

Dica: Cuide do assunto na hora, em vez de esperar duas ou três horas, quando será tarde demais para seu parceiro fazer algo a respeito disso. Não se esconda atrás de piadas, porque o parceiro vai se perguntar se você está mesmo falando sério. Evite também construir lentamente a solicitação com colocações como, "Você não vai gostar disso" ou "Há algo que preciso dizer". Isso vai colocar o parceiro na defensiva. Apenas fale diretamente.

Tempo de convivência
Com tantas demandas sobre seu tempo, é fácil deixar o parceiro em segundo plano. Mas, se a *ligação amorosa* não for nutrida, ela murcha, por isso assegure certo tempo de convivência.

Dica: Não caia na armadilha de se concentrar, por exemplo, em quanto tempo o parceiro passa fora de casa ou se dedicando a hobbies, porque isso só provoca uma justificação do comportamento dele ou uma disputa sobre os fatos. Em vez disso, discuta como isso faz você se sentir. Por exemplo, sinto-me negligenciado/menosprezado/pouco importante. Como você é o especialista em seus sentimentos, essas são colocações difíceis de contradizer.

Gostos diferentes
As diferenças tornam as coisas mais interessantes, enfatizando seus papéis de parceiros, diferente de melhores amigos ou irmãos. Escolha alguma coisa no noticiário ou um filme que ambos tenham visto e discutam o tema. Defender suas opiniões é saudável e vocês provavelmente apren-

derão coisas novas sobre o outro. Essas discussões podem até assumir um tom brincalhão e criar a oportunidade para uma disputa debochada, o que é muito útil para quem considera o confronto difícil.

Dica: Tenha sempre uma opinião. Se você se abstém — "Tudo bem, você escolhe o que vamos fazer no final de semana" —, seu parceiro se sentirá 100 por cento responsável pelo sucesso de um programa, o que pode se tornar cansativo.

Dinheiro

Discussões sobre dinheiro são mais difíceis de negociar, mas propiciam uma rota expressa para questões importantes e freqüentemente ocultas. Dinheiro pode representar poder, auto-respeito, liberdade, responsabilidade, segurança e até amor. Assim, quando discutirem o tema dinheiro, saibam que não estão falando apenas de reais e centavos e tentem mergulhar mais fundo.

Dica: Convença seu parceiro a falar sobre o que significava o dinheiro quando ele era criança. Em seguida, compartilhe as lições que aprendeu na infância. Isso o ajudará a ver suas diferenças com um novo olhar e encontrar espaço para o compromisso.

Sexo

Essa é outra área difícil, mas que pode gerar bons resultados quando trabalhada. Se os argumentos começam por "Você não tem mais interesse por mim" ou "Por que você sempre me evita?", o resultado será sempre uma incursão a assuntos mais profundos que muitos casais se sentem constrangidos em discutir.

Dica: Seja ainda mais cuidadoso. Em vez de culpar — "Você me faz sentir" —, aproprie-se do problema — "Eu sinto...". Isso vai impedir que a discussão se torne um confronto desnecessário.

Rituais

A humanidade sempre usou rituais para marcar as estações. Da mesma forma, precisamos marcar o fim de uma fase de nossa vida e o começo de outra. Este exercício vai permitir que você dê a seus antigos problemas de ETAM um "enterro decente" e olhe para frente, vislumbrando uma nova proximidade.

Certifique-se de que todo o conflito está em aberto
Passe uma noite revisando os últimos meses. Como cada um de vocês compreende o que aconteceu? O que cada um aprendeu com o outro? O que aprenderam sobre si mesmos? Se isso acaba em discussão, é provável que vocês não estejam prontos para encerrar o capítulo sobre ETAM. Se é esse o caso, veja "Examine suas reações" acima e continue conversando. Se conversar é produtivo e propicia apoio e suporte, vocês estão prontos para um ritual.

Crie um ritual
Encontre alguma coisa que pareça resumir ETAM em sua opinião. Alguns clientes fazem um relato escrito sobre o que aconteceu, outros rasgam folhas de seu diário ou reúnem as páginas usadas para os exercícios e as queimam. Outra estratégia é encontrar algo que encapsule seus argumentos, como um velho suéter de golfe ou um apoio para copos com o logotipo de uma casa noturna, e organizar uma cerimônia fúnebre. O ato também pode ser completamente simbólico, como segurar um balão de gás hélio no topo de uma colina e, imaginando que ele contém toda a dor, soltá-lo. Outras idéias incluem soltar barcos de papel na correnteza ou jogar pétalas ao vento. O único limite é sua imaginação.

Honre o ritual
Se está escrevendo uma carta, ou um relato de sua dor, certifique-se de fazer tudo corretamente, e não apenas rabiscar um envelope. Encontre um local que tenha significado para você. Eu tive uma cliente que queimou fotos antigas na praia, porque tinha lembranças felizes da infância naquele local, e depois viu a onda se aproximar e levar as cinzas. Use um tempo para conversar, pensar e estar com o parceiro. Alguns clientes escolheram poesia, enquanto outros trouxeram até músicas. Tudo isso ajuda a fazer da ocasião uma cerimônia solene e dá significado. Se, por razões práticas, a localização for extraordinária, como o depósito de lixo do município, encontre outro lugar para ir depois disso, um bar, por exemplo, ou um restaurante agradável.

Celebre o novo

Da mesma forma que o casamento precisa de testemunhas, o mesmo ocorre com um relacionamento renascido. Eu sempre penso que um banquete é uma boa maneira de marcar uma data importante, e você pode convidar pessoas que os apoiaram nos tempos difíceis, mas discutam o que seria melhor para a relação.

Exercício de *limerence*: lembrando a magia do primeiro encontro

Durante cinco anos, escrevi uma série para uma revista com os perfis de celebridades e seus parceiros. Sempre começava perguntando como o casal se conheceu. Em segundos, a atmosfera mudava; nervosismo e apreensão desapareciam, e eu sentia o calor verdadeiro como as pessoas o lembravam. O segredo estava nos detalhes que eu pedia: Onde vocês estavam? O que vestiam? O que comeram? Qual era a aparência do parceiro? O que ele fez? O que ela disse? Normalmente, as pessoas resumiam a história de como haviam se conhecido a uma ou duas frases que não forneciam material suficiente para despertar lembranças. Muitas vezes, as celebridades, quase sempre pessoas muito ocupadas e sem disponibilidade de tempo, acabavam estendendo o período reservado para a minha entrevista. Eu os levava de volta ao auge do *Limerence* e todos queriam prolongar as lembranças agradáveis.

Escreva uma história breve sobre suas lembranças de como conheceu seu parceiro ou aborde o assunto em uma conversa qualquer, talvez durante uma refeição. Normalmente, três ou quatro perguntas são necessárias para colocar o parceiro no clima. Para dar uma idéia, vou transcrever a primeira parte de minha entrevista com Twiggy e seu marido, Leigh Lawson (mais conhecido por seu papel de Alec D'Uberville no filme *Tess*, de Polanski). Veja quantos fatos extraí:

Twiggy começou: "Em 1985, saí com três amigos para ir jantar no Caprice, em Londres. Vi Jonathan Pryce em outra mesa e, como na época eu trabalhava para ele, fui cumprimentá-lo. Imediatamente, aquele homem lindo se levantou. Era Leigh, que se lembrou que já havíamos nos conhecido dez anos antes em um concerto de John Denver. Naquele tempo, eu já o considerava maravilhoso, mas éramos casados, por isso nada romântico passou por minha cabeça. Dessa vez, a química deve ter sido óbvia, porque me lembro de dizer aos amigos para desistirem de me arrumar namorados. Mas creio que fiquei curiosa, porque comprei uma revista com uma grande entrevista sobre Leigh. Soube que ele estava sozinho há dois anos e, depois do trauma do rompimento, não estava interessado em se relacionar com ninguém de forma séria pelos próximos dez anos! Três dias mais tarde, Robert Powell e sua esposa, Babs, convidaram-me para ir a um restaurante em Chelsea. Por uma série de surpreendentes coincidências, Leigh também foi convidado. Nós conversamos e rimos, mas não me deixei entusiasmar. Quem, em seu juízo perfeito, confiaria em um ator tão atraente? Eu não tinha mais 18 anos. Não era uma menina ingênua pronta para mergulhar de cabeça no primeiro romance que aparecesse. Por isso eu o deixei escapar. Mas o destino tinha planos para nós."

Nesse ponto, Leigh assumiu o relato: "Twiggy era simplesmente linda, mas eu sabia que todas as pessoas do mundo deviam estar atrás do telefone dela. Apesar de o destino nos ter colocado no mesmo restaurante duas vezes na mesma semana, eu me despedi e a deixei partir. Talvez isso tenha sido falta de confiança ou meu coração e sua necessidade de tratamento intensivo; ou talvez ainda o fato de que ela não me dava nenhum sinal positivo. Hoje, Twiggy diz ter ficado desapontada por eu não ter pedido seu telefone, mas ela precisa dizer isso. Enfim, cinco dias mais tarde, fui comprar meu jornal matinal e vi aquele Jaguar azul parar junto da calçada. Era Twiggy. Ela baixou a janela e me perguntou se eu queria uma xícara de chá. Naquele momento, reconheci o sinal positivo que tanto esperava."

Toda história sobre o começo de um romance é interessante, por isso permita-se apreciar a sua. Com sorte, haverá fatos sobre os quais brincar (note como Leigh provocou Twiggy sobre o número de seu telefone, e como ela se divertiu falando sobre a entrevista na revista), coisas que podem se transformar em uma piada afetuosa que vai integrar a rotina do casal.

Capítulo 15

Se o pior acontece: entender o fim

Em um mundo ideal, este livro teria terminado no capítulo anterior. Relacionamentos ETAM podem ser salvos, a paixão reacendida e os dois parceiros — não só o que havia deixado de amar — podem encontrar uma intimidade mais profunda e satisfatória. Mas sou realista. Algumas pessoas decidem mesmo terminar seus relacionamentos e, por maior que seja o compromisso do parceiro, são necessárias duas pessoas para formar um casal. Para outros leitores, pode ser tarde demais e o relacionamento acabou. Então, depois de aceitar o inevitável, o que fazer?

Quando o choque do rompimento começa a se esgotar e a dor realmente aparece, muita gente tenta se distrair: algumas mudam de aparência ou começam a freqüentar a academia, outras se enterram no trabalho. Nas primeiras semanas difíceis, não há atitude certa ou errada, somente algo que ajude a superar. No entanto, após esse primeiro jorro de energia, muitas pessoas recém-separadas descobrem que precisam entender o passado antes de seguir em frente. Devagar, mas com segurança, às vezes dividindo uma garrafa de vinho, elas discutem o que aconteceu com amigos ou familiares. Pode ser doloroso, mas, em última análise, é a decisão correta a ser tomada. Em um trabalho apresentado à British Psychological Society Conference, a Dra. Carla Willig, da London's City University, identificou três histórias principais usadas por ex-amantes para descrever o que aconteceu. "A necessidade de encontrar uma explicação é muito forte", ela diz, "e aqueles que não a tinham enfrentavam mais dificuldade para aceitar o rompimento. Das pessoas que estudei, havia apenas um homem sem uma história. Ele ainda se debatia com a dor muitos anos depois."

Escrevi anteriormente sobre Michelle, a pesquisadora de TV de 27 anos cujo marido, Claude, desapareceu por dois meses e reapareceu do outro lado do mundo. Quase dois anos mais tarde, ela ainda não conseguia entender bem o divórcio: "Não tenho respostas; é isso que torna tudo tão difícil. Só conversamos algumas poucas vezes por telefone, mas é isso. Não tenho uma explicação apropriada. O que deu nele para desaparecer?" É tentador pensar que um ex possui a resposta, e essa é a razão para muitos telefonemas no meio da madrugada, com o interlocutor bêbado do outro lado da linha, mas essas conversas não levam a nada. Cada metade de um casal desfeito precisa construir a própria versão do que aconteceu e por quê. De fato, em muitas ocasiões, essas histórias serão radicalmente distintas. Lentamente, eu ajudei Michelle a juntar os pedaços do que acontecera. Claude não gostava de conflito e nunca discutia. "Ele parecia feliz concordando com minhas sugestões", ela contou. E quando ele não concordava? "Ele guardava a opinião para si mesmo. Suponho que a pressão de tantos sentimentos contidos tenha sido excessiva", respondeu ela. Aparentemente, Claude havia levado ao extremo essa atitude de evitar o conflito e simplesmente desaparecera. Michelle começava a compor sua história.

Que tipos de histórias encontrou a Dra. Willig? A primeira, "Ao amargo fim", é criada em torno da idéia de amantes predestinados. Desde o primeiro beijo, cada porção do conto é dolorosa. Cada evento enciumado, as férias desastrosas e o segredo descoberto são usados para ilustrar como o relacionamento sempre teve problemas. A realidade da relação poderia, na verdade, ter sido diferente. Mas esses ex-amantes adotam uma técnica de cortar e queimar para obliterar doces lembranças e depois seguir adiante. Essa não é normalmente a escolha de casais ETAM, já que esses parceiros adeptos do "amargo fim" se odeiam mais do que se amam. Infelizmente, porém, conheço pessoas que acreditam que todo o relacionamento é invalidado pelo rompimento. Roberta passou 15 anos casada e tinha uma filha de 12, mas, quando o marido ameaçou pedir o divórcio, ela disse: "Estou furiosa com ele. Sinto que esse homem roubou os melhores anos de minha vida e agora não posso recuperá-los. Tudo está arruinado." O filósofo francês Henri Bergson rotularia esse pensamento de "as ilusões do determinismo retrospectivo". Bergson argumenta que sempre consideramos eventos históricos inevitáveis e, por conseqüência, também nossos atuais problemas sociais. Com essa falsa lógica, até os melhores tempos do início do relacionamento contêm as sementes para o fim e são, de alguma forma, maculados. É como lembrar as férias no momento em que se está retido no aeroporto esperando o vôo atrasado para voltar para casa e sentir que toda a viagem foi um desastre. Mas, por maior que seja o desconforto causado pelo contratempo, ele não pode anular o prazer experimentado no início das férias, a delícia de comer camarões olhando para o mar.

A segunda história, "Um caminho para a saída", se apóia em um princípio semelhante. Desde o início, alguma coisa não estava certa: os amantes tinham hábitos incompatíveis ou interesses distintos. Ele podia ser organizado, por exemplo, enquanto ela deixava coisas esquecidas no chão do banheiro; ela podia ser especialista em computação, e ele, um artista. Enquanto os adeptos do "amargo fim" deixam esses pequenos detalhes se acumularem até que alguém finalmente anuncia o rompimento, as pessoas desse segundo grupo encontram uma saída dramática. No estudo da Dra. Willig, quase sempre era um caso, um romance fora da relação, que proporcionava a desculpa para o fim. E, realmente, alguns ETAM se descobrem emaranhados nessas relações paralelas.

A terceira história, "Circunstâncias mudadas", tem uma narrativa inteiramente diferente. Esse relacionamento começa bem. Depois de um período de lua-de-mel, o casal começa um período feliz de vida a dois. Mas o verdadeiro amor não percorre estradas sempre lisas e suaves e, como em todas as histórias, há obstáculos a serem superados. Um parceiro é promovido e o trabalho os leva para outro lugar; os filhos saem de casa, ou o casal simplesmente se distancia. Todas essas novas circunstâncias podem minar o que já foi um relacionamento feliz. Essa é a história mais provável para casais ETAM, pois reconhece o amor e a afeição que sobrevivem ao rompimento.

A pesquisa da Dra. Willig também explica por que os homens são mais propensos a sofrer dano emocional causado pelo rompimento da relação. Experiências prévias simplesmente culpavam a tendência masculina de manter os problemas engarrafados, mas a questão vai além disso. Ao deixarem de falar, os homens também deixam de construir um fim para seus relacionamentos. Em oposição, as mulheres, quando desabafam com os amigos, estão sempre ensaiando e, finalmente, compondo uma versão para o rompimento. Se essas explicações são certas ou erradas, não importa. "Qualquer história é melhor do que nenhuma", afirma a Dra. Willig.

A história de Michelle não se enquadra de verdade em nenhuma dessas três categorias identificadas pela Dra. Willig, e por esse motivo acrescento uma quarta narrativa. Eu a chamo de "Oportunidade indesejada", e ela funciona tanto para a pessoa que é abandonada quanto para o parceiro que decide o fim. "Tivemos um relacionamento bom e satisfatório que funcionou por um tempo", diz a história. "Nós dois cometemos erros e seguimos em direções distintas. Ficar sozinho não é o que eu queria, mas estou disposto a olhar para as oportunidades em vez de lamentar o que perdi." Pessoas que adotam a "Oportunidade indesejada" utilizam exercícios dolorosos para aprimorar suas habilidades de relacionamento, de modo que, no futuro, quando conhecerem alguém, saberão tirar o máximo proveito disso. Muitas pessoas chegam a essa quarta narrativa depois de terem passado por uma das outras histórias, e chegar aqui é prova de que o indivíduo progrediu.

Quando constroem a história de como um relacionamento terminou, algumas pessoas se fixam na última etapa dolorosa e se sentem dominadas por ela. Para obter uma melhor perspectiva, pegue um pedaço de papel e crie um gráfico: no eixo horizontal, escreva "tempo" e no vertical, "prazer". O primeiro encontro com seu parceiro é o ponto zero do eixo tempo. A partir daí, coloque todo o relacionamento no gráfico, incluindo os picos e as quedas. Dê nomes a todos os bons momentos para não esquecê-los. Depois, examine as épocas ruins. Foram inevitáveis? Qual é o equilíbrio entre positivo e negativo?

Roberta usou essa técnica para examinar os 15 anos de casamento. Ela teve um pico de alegria no nascimento da filha, e depois tudo transcorreu mais ou menos em uma linha plana. Além dos últimos três anos e meio, o gráfico de Roberta mostrou que o relacionamento havia sido melhor do que ela pintara. "É claro que tenho arrependimentos, mas, na verdade, nem tudo foi tão ruim assim", ela concluiu.

SE O PIOR ACONTECE: ENTENDER O FIM

Ao examinar o passado de um relacionamento, muitas pessoas sentem que são um completo fracasso e encontram um único culpado: elas mesmas. Considerados um milhão de arrependimentos e mil coisas que deveriam ter sido feitas de maneira melhor, elas ficam deprimidas e começam a se desesperar. Nesse ponto, recomendo a análise a partir de um novo ângulo. Maquiavel, fundador do pensamento político, sugeriu em seu texto *O Príncipe* como a poderosa família Médici deveria agir para se manter no poder e influenciar os eventos em favor próprio. Ele é famoso por sua frieza, mas, ainda assim, escreveu: "Creio ser provavelmente verdade que a sorte é o árbitro de metade das coisas que fazemos, deixando a outra metade para ser controlada por nós." No entanto, muitos de nós agimos como se a proporção das coisas que controlamos fosse muito maior, e acabamos nos punindo.

Michelle, cujo marido desapareceu, assumiu toda a culpa. "Penso que o afastei de mim; devia ter perguntado o que ele queria", ela disse. Porém, ao longo da terapia, encontramos um cenário mais equilibrado: "Ele poderia ter dito alguma coisa, se estava infeliz. Quando falei com a mãe dele, ela me contou que na adolescência ele já havia desaparecido sem aviso prévio." Michelle descobriu que a responsabilidade pelo fim do relacionamento era algo em torno de meio a meio.

Se assumir toda a responsabilidade por um rompimento é um erro, também é errado seguir para o extremo oposto e culpar a outra pessoa. Pode ser inicialmente confortante sentir que "não foi minha culpa", e que ou as circunstâncias ou a crueldade da outra pessoa são as verdadeiras culpadas, mas, em longo prazo, assumir o papel da vítima torna mais difícil encontrar outra pessoa. Em vez de dizer, "Tiraram proveito de mim", diga, "Eu devia ter me defendido melhor". A primeira explicação o torna vulnerável para repetir desempenhos; a segunda leva a um curso mais assertivo. Em todos os bons filmes e livros, o personagem central aprende alguma coisa sobre si mesmo a partir de suas dificuldades e atribulações. É isso que torna o drama satisfatório; e também é isso que constrói uma vida mais gratificante.

É doloroso quando um parceiro culpa o outro pelo fim do relacionamento, ou, no outro extremo, assume toda a culpa, porém isso não deve ser levado a sério. Uma das poucas vantagens da separação é que a opinião do ex sobre os eventos não tem mais importância. Cada metade do casal se dirige para um futuro diferente e, mesmo que um ex-parceiro tenha uma história distinta, isso não vai impedir o progresso do outro.

Fechamento

Às vezes, os clientes chegam a meu consultório procurando alguma coisa chamada "fechamento". Depois da primeira vez que me vi diante disso, consultei meus dicionários de termos psicológicos e psicanalíticos, mas não encontrei nada. Fiquei surpreso. De onde havia surgido esse termo? Não é um conceito médico ou religioso — as outras fontes principais para as palavras de cunho psicológico que penetram no vocabulário geral. Fechamento, a idéia de que podemos de alguma forma lidar com um relacionamento doloroso do passado, decretá-lo concluído e seguir em frente, é uma idéia tão sedutora que inventamos uma palavra para ela, e agora queremos torná-la crível. Mas isso é possível?

Quando alguém se dispõe a alcançar o fechamento, eu me mostro solidário, mas sempre vou mais fundo. Alguns clientes esperam poder escapar de parte da dor racionalizando e empacotando todos os eventos em compartimentos distintos. Esse processo pode até ser útil, mas não é mágico. Outros clientes usaram o fechamento como um disfarce para algum tipo de comportamento mesquinho e cruel. Hannah mantinha um romance com um homem casado há três anos: "Não tive escolha a não ser procurar a esposa dele e contar tudo. Ela tinha o direito de saber. E de que outra forma eu conseguiria o fechamento?" Isso é dramático, mas não é definitivo. O confronto só promove uma nova rodada de recriminações. Na verdade, o amante de Hannah apareceu na casa dela aos berros. "Não foi nada benéfico", ela admitiu.

A melhor maneira de seguir em frente é dar à dor uma nova embalagem positiva. Ajudei Hannah a examinar a dolorosa separação e vê-la como o momento em que ela havia começado a pintar. Outro cliente lembrou como a ex-amante o apresentara à meditação. Mesmo os maus relacionamentos trazem algo de bom, algum ensinamento. Se isso não serve para você, dê uma boa olhada nos benefícios de permanecer onde está. Parece loucura, porque quem vai querer prolongar o sofrimento? Mas, às vezes, parece ser mais seguro se agarrar a um sofrimento fracassado do que enfrentar os próprios medos: "Nunca mais encontrarei alguém que me ame", ou, "Não sei lidar com a solidão". Seja tão honesto quanto puder consigo mesmo e continue se aprofundando. Assim que tudo estiver descoberto, as pressuposições subjacentes poderão ser devidamente questionadas, as ansiedades serão reduzidas e surgirá um caminho a seguir.

Finalmente, seja paciente consigo mesmo. O fim de um relacionamento é tão traumático quanto o luto, por isso nunca subestime o que você teve de enfrentar. Dê parabéns a si mesmo pelo progresso obtido até esse ponto e assegure-se de que o tempo reduzirá a dor. É possível que nunca possamos alcançar o fechamento total, mas podemos integrar o passado a um futuro melhor.

Resumo

- Ter uma história que dê sentido ao rompimento é o primeiro passo para a cura.
- É importante aprender com o passado antes de realmente deixá-lo para trás.
- Não ponha toda a culpa no parceiro nem a assuma sozinho.
- Terminar um relacionamento é como viver um luto.

Exercícios

Ponha o rompimento sob o holofote

Esse teste simples vai ajudá-lo a decidir como contar sua história.

1. Que afirmação melhor descreve suas discussões:
   a) Ela/ele nunca ouve.
   b) Tentamos resolver nossos problemas, mas resvalamos sempre para os velhos métodos.
   c) Não discutimos muito.
   d) De alguma forma, nunca conseguimos nos aproximar realmente.

2. Que afirmação melhor descreve sua vida sexual?
   a) Fogos de artifício freqüentes.
   b) Ficamos entediados na cama.
   c) Satisfatória, mas nada de fazer tremer a terra.
   d) Tivemos nossos bons e maus momentos.

3. Que afirmação melhor descreve o rompimento?
   a) Estou melhor sem ele/ela.
   b) O caso foi um catalisador, não a causa.
   c) Nós nos tornamos quase irmãos.
   d) Talvez possamos ser amigos no futuro.

4. Que afirmação melhor descreve como você se sentiu?
   a) Não sei como agüentei essa pessoa por tanto tempo.
   b) Podia ter se arrastado por mais tempo.
   c) Foi só uma dessas coisas.
   d) Desde que eu tenha aprendido algo...

5. Que afirmação melhor descreve seus sentimentos sobre conhecer outra pessoa?
   a) Esqueça. Não com meu registro passado.
   b) Tenho medo de deixar alguém se aproximar de mim.
   c) Vou ter de esperar para ver.
   d) Sou geralmente otimista.

Mais a = Amargo fim
Pelo menos o sexo era bom; muitas pessoas aturam relacionamentos pobres por causa da magia da reconciliação depois de uma briga. Tente perceber o relacionamento menos em termos de preto-e-branco; a vida se faz com uma variedade mais rica de cores. A principal vantagem de um final tão definitivo é que você é poupado da farsa de fingir que ainda são amigos.

Mais b = Saída
Atente para uma tendência de reescrever a história a fim de fazer seu relacionamento parecer pior do que foi e, assim, reduzir sua culpa. Os momentos que sucedem um caso sempre produzem níveis elevados de ciúme causado por uma maior consciência de como os relacionamentos

podem terminar facilmente. Também há uma possibilidade de que você queira retornar ao relacionamento original depois de um tempo e do distanciamento o ter levado a reavaliar o que perdeu.

Mais c = Circunstâncias modificadas

Lembre-se: um relacionamento precisa do ambiente certo para florescer; amor apenas nem sempre é suficiente. Esses bons relacionamentos podem murchar porque cada um dos parceiros engole suas diferenças a fim de preservar a imagem de felicidade, e nada é resolvido. O positivo é que você provavelmente não vai se culpar ou ao parceiro, de modo que sempre há a possibilidade de salvar um bom relacionamento.

Mais d = Oportunidade indesejada

Você está fazendo bons progressos, mas não se surpreenda se houver ocasiões em que vai se sentir deprimido ou furioso: a recuperação nunca é uma linha reta e muitas pessoas regredirão de tempos em tempos. Se você se descobrir preso em um desses buracos, pode valer a pena considerar a terapia como forma de encontrar uma nova perspectiva.

Exercício

1. Pegue um pedaço de papel e desenhe uma linha divisória bem no meio dele. Em um lado, escreva "minha responsabilidade" e, no outro, "responsabilidade dele/dela".
2. Comece pelo lado do parceiro — e isso normalmente é mais fácil — e relacione todos os fatores com que ele contribuiu para o rompimento. Deixe espaço do outro lado para retornar mais tarde e verificar se você tem uma contribuição semelhante.
3. Siga em frente e relacione os fatores com que você contribuiu, registrando-os de seu lado da folha.
4. Volte e verifique se existem fatores semelhantes a serem anotados na coluna oposta. Por exemplo, ao lado de "Ele sempre queria mais sexo", alguém pode escrever, "Usei o sexo como arma para me vingar dele".

Se você tem dificuldades para pensar em qualquer coisa em uma das colunas, peça a um amigo para ajudar e fazer sugestões.

Capítulo 16

Como voltar a voar alto

Recuperar-se do fim de um relacionamento — especialmente se você não escolheu o fim — é difícil. Em minha experiência, pessoas que nadam mais do que afundam conseguem superar mais depressa. Essas pessoas dedicaram o tempo necessário à compreensão do relacionamento (o passado), mas se concentram em mudar as coisas para melhor (o futuro); porém, quando os tempos são difíceis, elas se concentram apenas nos poucos dias seguintes (o presente). Embora a capacidade de alternar essas três molduras de tempo seja útil em qualquer ocasião, ela se torna crucial em um momento de dificuldade pessoal, como um divórcio. Pessoas que se prendem à moldura do passado correm o risco de cair em depressão, enquanto as que mantêm os olhos fixos no presente podem sofrer esgotamento e colapso. Pessoas com problemas causados pela fixação no presente são casos mais raros, pois muitos de nós temos dificuldades para viver o momento, mas, ocasionalmente, vejo clientes que estão vivendo no presente de modo hedonista (concentrados apenas em se sentir bem hoje, presas de uma inútil busca incessante pelo prazer) ou fatalista (deixam-se simplesmente arrastar pelos eventos).

Então, como ser flexível o bastante para encontrar a moldura adequada ao momento? O segredo é entender as vantagens de cada uma delas. No último capítulo, olhei para as lições do passado, e o Capítulo 12 cobre o presente, o que nos deixa ainda a terceira moldura, o futuro, a ser tratado neste capítulo.

O futuro oferece a promessa de um amanhã mais brilhante: chega de lágrimas, chega de dor, e talvez haja até um novo parceiro. Não é surpreendente que muitas pessoas queiram esses objetivos agora e perguntem: "Por que tudo tem de ser tão difícil?" Não respondo a esses clientes, em parte porque não sou filósofo, mas, principalmente, porque a terapia trata de ajudar as pessoas a encontrarem as próprias respostas. Se eu pudesse convocar um filósofo para tratar de emergências, ele provavelmente responderia: "Porque ninguém jamais aprendeu algo importante com a felicidade ou o sucesso: os problemas geram crescimento." Talvez seja melhor mesmo que esses filósofos de plantão não existam, porque não seriam muito populares. Uma mulher que entrevistei para um artigo em uma revista feminina resume bem a resposta típica.

Nuala Bingham desenvolveu uma enfermidade viral complexa quando tinha apenas 29 anos, e seu marido, Harry, teve de abdicar de uma promissora carreira para cuidar dela em tempo integral. Três anos mais tarde, quando os conheci, seus níveis de energia ainda eram tão baixos que ela considerava um bom dia aquele em que conseguia se vestir sozinha. Essa mulher foi uma das pessoas mais sábias que já conheci, e depois da entrevista, ela ofereceu ajuda com um problema com o qual eu estava lidando. "Pelo bem da honestidade, por mais curiosas e profundas tenham sido as recompensas que essa doença nos trouxe, *jamais* a teríamos escolhido", ela disse. "O cotidiano é mais difícil e exaustivo do que eu teria desejado para meu pior inimigo. Juro que teria preferido ser saudável e superficial a ser doente e profunda." Ofereço outro texto extraído da entrevista com Nuala porque ele mostra como a adversidade pode fortalecer o amor. "Quando fico muito deprimida, não posso fazer uma corrida ou beber alguma coisa como fazem as outras pessoas. Preciso simplesmente trabalhar meu eu interior; não há outro lugar para onde ir. É como ser um monge tibetano sem o Himalaia ao fundo! Eu costumava pensar que havia perdido tudo que fazia alguém se sentir digno, valoroso. Onde estava minha dignidade quando Harry tinha de me carregar para o banho? Mas descobri que a questão vai além de ser capaz de me lavar sozinha. Ainda me sinto um ser humano porque é isso que vejo refletido nos olhos de Harry. Ele ainda tem por mim o mesmo respeito e o mesmo afeto."

Voltando ao cliente que me perguntou por que a vida é tão difícil, se as evidências do meu filósofo de plantão e de Nuala Bingham não servirem para ajudá-lo, eu provavelmente convocaria Dave Stewart, do grupo pop Eurythmics. Esse músico talentoso e rico já sofreu a Síndrome do Paraíso. Ele sofria ataques de pânico que o deixavam paralisado no chão, simplesmente por não ter nada com que se preocupar! Parece que os humanos precisam dos problemas, porque a dor provê os tijolos para a construção de um amanhã melhor.

Focando novamente o ETAM, aqui vão dois exemplos de meu registro de casos sobre buscar o futuro, um deles bem-sucedido, o outro nem tanto.

Mark se sentia sozinho depois do fim do casamento de 15 anos, mas, apesar da saudade da filha adolescente, ele decidiu concentrar-se nas oportunidades. "Havia duas coisas que eu sempre quis fazer: voar e dançar. Mas não tinha tempo para nenhum dos dois e, para scr franco, minha esposa nunca encorajava interesses externos ao casamento. Agora, não só aprecio os novos desafios, como também conheci pessoas muito interessantes."

Phil fora casado pelo mesmo período de tempo e também tinha filhos, mas sua história é bem diferente: "Meus amigos disseram que eu estava melhor sem minha esposa. Não acreditei neles, mas eles me levaram para beber, e aposto que você pode imaginar o restante. Comecei a sair com a garçonete do bar e o começo foi incrível. Em pouco tempo, já estávamos falando em viver na mesma casa e planejávamos uma viagem à Flórida. Mas descobri que ela estava saindo com outro homem também." Phil sofreu um impacto maior com esse rompimento do que com o fim do casamento e caiu em depressão. Infelizmente, ele tentou chegar ao futuro depressa demais. Phil julgou ter encontrado uma mulher interessada em compromissos duradouros, enquanto ela via o relacionamento como simples diversão.

Então, como evitar a tentação de correr para o futuro, especialmente quando o presente parece vazio?

Os primeiros três meses depois de um rompimento

- Mesmo que vocês queiram permanecer amigos, dê a si mesmo espaço para encerrar o relacionamento antigo antes de começar um novo.

- Lembre-se de que está lidando com a dor. Por isso, seja gentil consigo. Coma bem, durma bem e não se submeta a pressões excessivas.
- Desligar-se exige tempo. No começo de um relacionamento, as pessoas dividem tarefas. Quando a relação termina, cada parceiro toma de volta responsabilidades anteriormente delegadas ao ex. Às vezes, esse desligamento pode ser fonte de alegria, especialmente se o parceiro, por exemplo, sempre cozinhou, e agora você tem uma chance de redescobrir seus talentos culinários. Outras vezes, é um tempo de crescimento: por exemplo, o parceiro sempre cuidou de todas as questões financeiras, e então você decide que é hora de aprender a administrar o dinheiro.
- Para as tarefas que não pode desempenhar sozinho — e não quer aprender —, é melhor pedir a ajuda de um amigo ou contratar alguém para telefonar para o ex-parceiro. Essa última opção o manterá ligado ao velho relacionamento, em vez de empurrá-lo para o futuro.

Encontrar um novo caminho

- *Pense no que você quer, não no que não quer.* Muitas pessoas em crise têm grande consciência daquilo que não querem: por exemplo, estarem sozinhas. No entanto, os objetivos são muito melhores se emoldurados de forma positiva. Por exemplo: "Quero fazer novos amigos."
- *Seja o mais específico possível.* Quanto mais nítida for a imagem de sua nova vida, mais fáceis serão os primeiros passos do caminho. Você pode pensar: "Quero fazer novos amigos que me acompanhem ao teatro." Esse objetivo mais específico direciona a mente para a descoberta de colegas de trabalho que possam se interessar por teatro, gente que poderá passar de conhecidos a amigos.
- *Quando procurar novas oportunidades, insira novos padrões em sua vida.* Se você sempre fizer as mesmas coisas, sua vida será sempre a mesma. Então, comece a alterar a rotina. Pode ser algo simples como seguir um novo caminho para ir ao trabalho e ver alguma coisa que atraia seu interesse.

- *Abra-se à inspiração.* Vá caminhar ou adote algum tipo de exercício físico, qualquer coisa que ocupe o corpo e deixe a mente livre para vagar. Isso vai libertar as idéias, que começarão a saltar do inconsciente para o consciente. Outras opções incluem: cercar-se de beleza (ir a uma galeria de arte ou a um concerto); navegar na Internet; organizar a casa; fazer algo que o faça rir; pedir conselhos a um amigo.
- *Aprecie os passos do caminho.* Às vezes, ficamos tão obcecados com a realização do objetivo que esquecemos de parar para sentir o perfume das flores no caminho. Apreciar a viagem também evita que se fique preso a objetivos rígidos demais e que se percam de vista outras opções que também podem trazer felicidade.

Obstáculos para a cura

- *Raiva.* É perfeitamente natural sentir raiva, especialmente quando o relacionamento acaba contra sua vontade. Enquanto a raiva expressa explode e desaparece, a suprimida pode borbulhar para sempre sob a superfície.
- *Desejo de vingança.* A Internet está repleta de sites em que se pode despejar o lixo da vida de um ex-amante, e os jornais sempre trazem histórias de pessoas que rasgaram as roupas do ex-amante, costuraram camarões nas barras das cortinas ou deixaram uma preciosa coleção de vinhos na porta da casa do vizinho. A vingança pode proporcionar uma euforia temporária, mas ela será um tiro pela culatra em médio e longo prazos. Em primeiro lugar, ela leva à retribuição. Em segundo lugar, o vingativo permanece ligado pelo ódio ao antigo relacionamento, em vez de pensar em seguir em frente.

Filhos. Quando temos filhos com alguém, a ligação é eterna. Não só quando as crianças são pequenas, mas na formatura, no casamento e no batizado dos netos. Então, aceite o inevitável e tire proveito disso. Nos primeiros meses, pode ser mais fácil deixar as crianças na porta da casa do parceiro do que entrar para tomar uma xícara de chá, mas se a animosidade pessoal impossibilita um comportamento civilizado, procure um serviço de reconciliação. Por maior que possa ser seu ódio pelo ex-parceiro, por favor, não o manifeste através das crianças. Lembre-se de que elas amam o pai e a mãe. E nunca as pressione para tomar partido.

- *Esperar uma reconciliação.* Algumas pessoas desistem depressa demais e terminam um relacionamento que podia ser salvo, enquanto outras esperam por uma reconciliação por tempo demais, retardando o processo de cura. Então, como chegar ao equilíbrio? Essa é uma decisão muito pessoal, mas eu tentaria me dirigir a um futuro melhor e independente, em busca de novos interesses, mesmo mantendo a porta aberta. Se o ex começou um novo relacionamento ou partiu porque estava mantendo um caso com alguém, é improvável que volte para você enquanto o *Limerence* estiver no auge.

- *Tempo.* Algumas vezes, circunstâncias e simples falta de sorte podem impedir alguém de seguir adiante. Primeiro, dê uma olhada em sua vida: o que pode estar retendo você? Segundo, pergunte: há outro caminho? Terceiro, seja paciente. É preciso tempo para recuperar-se, e se tudo parece ser um grande esforço, como empurrar água montanha acima, essa pode não ser a escolha certa nesse momento.

- *Você tem o objetivo certo?* Muitas pessoas só querem ser felizes. Infelizmente, a felicidade pode ser muito elusiva, especialmente para alguém que acabou de enfrentar o fim de um relacionamento e sente que a vida o acertou com um soco na boca. Embora prazeres hedonistas (como uma boa noite de farra) ou os sensuais (roupas novas) possam trazer felicidade, também representam alívios de curta duração. No entanto, se o objetivo é crescer e se tornar uma pessoa melhor, nenhuma experiência é perdida. Além disso, enquanto a felicidade pode levar a atenção para o que o está errado (e deixar alguém encurralado e sem ânimo), o crescimento pessoal põe em foco um futuro positivo.

Encontrar um novo relacionamento

- *Certifique-se de estar realmente pronto.* Divórcio nunca é bom para a auto-estima, e alguém, qualquer pessoa, que o considere atraente pode mexer com sua cabeça. O entusiasmo inebriante de um novo amor também vai afastar a tristeza, e por isso muitos divorciados se envolvem imediatamente com outras pessoas. "Seria apenas uma diversão", conta Maggie, secretária de 31 anos, "e nós ríamos muito e começamos a nos sentir melhor, mais relaxados. Foi quando ele pensou que eu estava me tornando muito séria cedo demais e partiu. Voltei à Terra com um solavanco que, francamente, foi pior que o anterior."

Dica: Não subestime a importância do tempo de solidão, pois é uma chance de encontrar sua identidade individual antes de se tornar novamente metade de um casal. Como regra simples, precisamos de um ano para superar todas as datas difíceis sozinhos. Natal, aniversário, datas especiais... Só depois de passar por cada uma delas é que começamos a nos curar. Então, cerque-se de amigos e familiares nessas ocasiões difíceis.

- *Não se deixe prender pela repetição.* Muitos noivos de segunda viagem alegam ter se casado com alguém inteiramente diferente do primeiro parceiro, quando a realidade é justamente o oposto. Isso significa que as mesmas questões ainda estão em cena, exceto pela diferença de uma posição. "Meu primeiro marido gostava de estar no comando, a ponto de estar sempre me dizendo o que fazer e como agir, fazendo-me sentir uma garotinha", diz Patsy, secretária de 29 anos. "Então, o que gostei realmente em meu segundo marido foi aquela atitude moderada, a capacidade de me deixar decidir as coisas como eu achava melhor. Porém, era como se nada acontecesse, e eu me vi tomando todas as decisões e cobrando dele alguma atitude. Qualquer pessoa pensaria que eu era mãe dele!" Infelizmente, Patsy não havia aprendido a negociar adequadamente e encontrar um relacionamento em que as responsabilidades fossem divididas igualmente.

    Dica: O tipo de homem ou mulher que o atrai remete à infância e como você aprendeu sobre relacionamentos: observando seus pais. As questões com as quais eles lidavam serão as mesmas que você vai tentar resolver.

- *Não olhe muito longe.* Um ano se passou, você superou o pior e está namorando outra vez. A tentação agora é pensar que todo novo parceiro é seu final feliz. Embora seja uma reação natural, porque isso nos dá a esperança de não estarmos completamente imprestáveis para os relacionamentos, não é útil fantasiar no segundo encontro sobre que tipo de cachorro vocês vão ter quando forem viver juntos. "Sempre mantenho esse tipo de conversa na superfície", conta Jô, 32 anos e divorciada há um ano e meio, "mas os homens se afastam, ou se tornam tão pegajosos que chego a ficar claustrofóbica". Embora não saiba, Jô enviava sinais que afastava os homens certos.

Dica: Lembre-se de que há três tipos de encontros: aqueles em que se conhece alguém (de três aos cinco primeiros), aqueles em que as pessoas se divertem (saboreando a companhia um do outro) e aqueles em que se namora. Não é possível chegar ao terceiro tipo sem passar pelos dois anteriores. Às vezes, um relacionamento de mera diversão, aquele em que se pode relaxar e desfrutar da companhia do outro, pode ser muito positivo e benéfico mesmo que não leve a uma relação duradoura. Então, aproveite o momento.

- *Separe o que pertence ao passado e o que pertence ao presente.* Quando você começar um novo relacionamento, não fique zangado com o novo parceiro por algo feito pelo parceiro anterior. É fácil ler um velho script, especialmente quando se está cansado ou sob tensão. "Eu me senti congelar com John, meu novo marido, quando ele entrou na cozinha e anunciou que ia interromper a decoração porque precisava ir à cidade comprar algumas coisas", conta Suzanne, mãe de dois filhos. "Respondi de forma ríspida, ele ficou irritado e nós tivemos uma terrível discussão por conta de minha atitude. Só mais tarde, quando me acalmei, contei a ele que meu primeiro marido usava um milhão de desculpas para escapar das tarefas domésticas. Mas John realmente precisava de mais tinta."

Dica: Conscientize-se das sensações em seu corpo, coisas como coração batendo acelerado ou rosto quente, de modo a ter consciência dos sinais de alerta para a raiva. Depois, lembre-se de parar para pensar antes de mergulhar numa briga que é, na verdade, sobra do relacionamento anterior. Por exemplo, "Sinto que você está usando essa ida à cidade como uma desculpa. Isso é verdade, ou não?"

- *Não compare... nem mesmo em sua cabeça.* Por mais que desgoste de seu ex, deve haver coisas que você apreciou um dia: a prontidão com que ele consertava a torneira; a habilidade com as plantas. Subtrair o passado pode cegá-lo às virtudes do novo parceiro. E também não se compare ao ex de seu novo parceiro. "Meu segundo marido tinha um chalé em Provence. Ele havia comprado o imóvel com a ex-mulher, mas eles mantinham a propriedade conjunta", conta Gillian, vendedora de 43 anos. "O lugar era ótimo para todos os filhos que juntamos com a união, mas as férias foram arruinadas porque ele estava sempre mencionando a ex-mulher. Como ela gostava daquele restaurante, quando eles haviam comprado esse ou aquele objeto. O tempo todo eu pensava se minha culinária estava à altura da dela, se ela ficava melhor em um biquíni." Embora o novo parceiro demonstre uma curiosidade natural sobre o passado, após os primeiros 12 meses é melhor não mencionar o ex (nem mesmo de maneira pejorativa).

Dica: Faça amizade com outros casais que não tenham recordações de seus primeiros cônjuges. Manter o antigo círculo de amigos pode prender o relacionamento no passado.

- *Permita-se estar vulnerável outra vez.* Depois de ser magoado, é natural defender-se por medo de sofrer uma nova deepção. Isso também pode significar que você não está 100 por cento comprometido com o novo relacionamento, ou que seu novo parceiro pode sentir que não conhece você de verdade. "Um mês depois da lua-de-mel, eu me descobri num humor estranho, enjaulada, como um animal", relata Donna, professora de ginástica de 26 anos. "Meu marido perguntou o que estava acontecendo, e eu quase respondi que não era nada, mas uma voz dentro de minha cabeça disse que eu estava com medo. Ele me abraçou e eu chorei, chorei e chorei. Nunca me senti tão perto dele quanto naquele momento."

  Dica: É impossível evitar a dor; ela é parte do que nos faz humanos. É melhor aceitar os altos e baixos do que não assumir riscos e viver em ponto morto.

- *Acredite em si mesmo.* Se você conquistou mais autoconhecimento, e em particular uma maior compreensão de suas necessidades, não há razão para seu novo relacionamento ser menos que um grande sucesso. "Quando entrei no cartório, vi uma série de amigos e familiares que haviam estado na grandiosa cerimônia de meu primeiro casamento", diz Lucy, 31 anos. "Tive medo de que eles pensassem: lá vamos nós novamente. Mas, no fundo, eu sabia que dessa vez seria diferente."

Dica: Cerque-se de pessoas que acreditam no poder dos bons relacionamentos, não por amigos que espantam possíveis parceiros. Em última análise, fazemos boas escolhas e, com amor e progressivas habilidades de argumentação, qualquer obstáculo pode ser superado.

Resumo

- Durante um contratempo importante, como o fim de um relacionamento, parece que o mundo vai acabar. Porém, os dias sombrios podem ser o prelúdio de uma nova vida excitante. O segredo é transformar os limões azedos de hoje na limonada de amanhã.
- É preciso tempo para se recuperar do que, afinal, foi um desastre pessoal. Portanto, proteja-se e não se exponha a uma pressão desnecessária.
- Permita-se ficar furioso, mas não extravase essa ira nas crianças nem tente se vingar, porque isso vai impedir o processo de recuperação.
- Com o tempo, o autoconhecimento e o compromisso de não tomar atalhos, você vai alcançar um futuro melhor e voar alto outra vez.

Exercícios

Por mais que as pessoas decidam ser positivas, há sempre um momento em que a dor retorna. Normalmente, esses pensamentos destrutivos aparecem como cenas isoladas ou trechos de um filme. Por exemplo, você imagina o ex-parceiro no banheiro com uma revista ou um drinque. Enquanto isso, você continua cuidando dos três filhos. Ou então, pode ser um evento que causa arrependimento e a memória insiste em trazer de volta. A resposta natural é banir da mente essas imagens e distrair-se com outra coisa. Em vez disso, experimente fazer o próximo exercício. Funciona melhor se você não for interrompido.

Pacote de resgate emocional

1. Mudar a imagem é a melhor maneira de reprogramar seu cérebro para lidar com o desastre. Dê à imagem um nome. Fale esse título em voz alta, pois esse é o primeiro passo para se distanciar da dor. (Por exemplo, você pode chamar a imagem do banho de "hipo". Um pouco de humor sempre ajuda a disseminar a dor.)

2. Onde está a imagem em sua imaginação? (Bem na frente dos seus olhos, ou para um dos lados, ou à sua volta?) Seja específico. Onde pode colocá-la e se sentir melhor? Tente transformar a imagem em um filme projetado na parede. Isso pode tornar a visão mais distante e, portanto, menos dolorosa. Lembre a importância de ser específico e tente mais uma vez dizer os resultados em voz alta.

3. De que cor é a imagem? Às vezes, mudar as cores de preto-e-branco para colorido, ou vice-versa, pode ajudar a tornar menos nítida a imagem ou sua idéia da nova vida de um ex-parceiro. Depende de como funciona sua imaginação.

4. É uma imagem estática ou dinâmica? O que você consegue ouvir? Mais uma vez, mudar a forma da imagem ou as vozes (baixando o volume, adotando um tom do tipo Mickey Mouse etc.) pode modificar a forma como a lembrança é armazenada. Há algum cheiro ou sabor envolvido? Você é capaz de substituir uma sensação triste por outra mais feliz?

5. Tente passar o filme novamente. Como você gostaria de modificá-lo? (Por exemplo, a água do banho se torna quente demais e seu ex-parceiro tem de pular para fora da banheira, ou a rainha é convidada a conhecer o banheiro e vai dar uma espiada dentro da banheira. Ela pode até perguntar: aonde espera chegar com isso?) Brincar com a fantasia da nova vida de um antigo parceiro serve para lembrar que tudo é apenas uma fantasia. Agora, imagine a câmera se afastando da banheira e filmando o restante da casa, as roupas espalhadas pelo chão. Em seguida, você pode se sentir aliviado por não ter mais de recolhê-las.

Finalmente...

Conclusão:

- "Eu te amo, mas não estou apaixonado por você" é o mais grave problema dos relacionamentos de hoje. Não estamos mais dispostos a aceitar relações confortáveis, mas esperamos outras completamente satisfatórias.
- O amor se tornou a cola que mantém os relacionamentos em pé, mas nossa cultura o tem tratado como um assunto muito grandioso ou místico para ser esclarecido, medido e compreendido.
- Nenhum mito de nossa sociedade é mais forte que "O amor tudo conquista". Porém, essa é apenas uma parte da história. Determinação, coragem e investimento de tempo são igualmente importantes. Mas, por nos esquivarmos de investigar a verdadeira natureza da Ligação Amorosa, tornamo-nos cegos à sua complexidade.
- É impossível ter um relacionamento plenamente satisfatório sem conflito; evitar discussões pode impedir o verdadeiro amor. A alternativa é a falta de esperança e a impotência do "Lamento, meu bem, mas não amo mais você".
- ETAM é evitável e, com mais conhecimento do amor e de como ele muda com o tempo, a paixão retornará e trará de volta um relacionamento realmente gratificante.

Apêndice

Acentue o positivo

Seguem algumas possíveis respostas para o exercício no Capítulo 11:

- Por que tenho sempre de resolver tudo?
  Positivo: Fico muito grata quando você me ajuda a manter a casa limpa.
  Objetivo concreto: Significaria muito para mim se você esvaziasse a lata de lixo.

- Quer parar de me apertar?
  Positivo: Gostaria de ser acariciada mais delicadamente.
  Objetivo concreto: Você pode massagear as minhas costas?

- Você nunca toma a iniciativa no sexo.
  Positivo: Eu adorava quando você me seduzia.
  Objetivo concreto: Vou parar de pedir e esperar até você se sentir pronto.

- Você está sempre fora com os amigos.
  Positivo: Gosto de ficar com você.
  Objetivo concreto: Podemos ir ao cinema às quartas-feiras?

- Odeio quando você me evita.
  Positivo: É maravilhoso quando você chega cedo em casa.
  Objetivo concreto: Vamos nos encontrar depois do trabalho para um drinque?

APÊNDICE

- Você é muito crítico.
  Positivo: Foi muito bom quando você me elogiou por...
  Objetivo concreto: Acho que devemos dizer "obrigado" um ao outro com mais freqüência.

- Por que não consegue relaxar?
  Positivo: Aprecio os momentos em que nos divertimos juntos.
  Objetivo concreto: Vamos fazer algo maravilhoso esse final de semana?

- Por que não telefonou?
  Positivo: É bom ouvir sua voz durante o dia.
  Objetivo concreto: Vamos tentar manter contato em algum momento amanhã?

- Você não faz nada com as crianças.
  Positivo: É muito importante para as crianças quando você faz algo com elas.
  Objetivo concreto: Você pode levar as crianças ao parque hoje à tarde?

- Já não é hora de você consertar a luz do corredor?
  Positivo: Muito obrigada por ter arrumado a gaveta emperrada. Minha vida ficou muito mais fácil.
  Objetivo concreto: Tem alguma idéia de quando vai poder arrumar a luz do corredor?

Nota sobre o autor

Andrew G. Marshall é terapeuta conjugal com vinte anos de experiência. Ele trabalha para a RELATE, a maior entidade beneficente de terapia de casais do Reino Unido, e escreve sobre relacionamentos para o *The Times*, para o *Observer*, *Mail on Sunday* e muitas revistas femininas ao redor do mundo.

www.iloveyoubut.info

Este livro foi composto na tipologia Minion-Regular,
em corpo 11,5/14,5, impresso em papel offwhite 80g/m²
no Sistema Cameron da Divisão Gráfica
da Distribuidora Record.